U0867496

REFERENCE TO CRIMINAL TRIAL

刑事审判参考

中华人民共和国最高人民法院
刑事审判第一、二、三、四、五庭／主办

总第124集

法律出版社
LAW PRESS·CHINA

总第124集

刑事审判参考

编辑说明

《刑事审判参考》系最高人民法院刑事审判庭主办的业务指导和研究性出版物，自1999年4月创办以来，秉承立足实践、突出实用、重在指导、体现权威的编辑宗旨，在编辑委员会成员、作者和读者的共同努力下，密切联系刑事司法实践，为刑事司法人员提供了有针对性和权威性的业务指导和参考，受到刑事司法工作人员和刑事法律教学、研究人员的广泛肯定和欢迎。

《刑事审判参考》作为最高人民法院用以指导全国各级人民法院刑事审判工作的唯一出版物，由最高人民法院刑事审判第一、二、三、四、五庭共同主办，最高人民法院李少平副院长担任编辑委员会主任，姜伟、高憬宏、杨万明副院长和裴显鼎、沈亮专委担任副主任。姜伟副院长担任主编，各刑事审判庭庭长担任副主编。

根据《刑事审判参考》主编会的决定，自2012年始，《刑事审判参考》由原32开改版为特16开。改版后的《刑事审判参考》仍为双月出版，全年共出版六集，设有以下栏目：

【指导案例】选择在认定事实、采信证据、适用法律和裁量刑罚等方面具有研究价值的典型案例，详细阐明裁判理由，为刑事司法工作人员处理类似案件提供具体的指导和参考。

【立法、司法规范】收录与刑事司法工作密切相关的法律、行政法规、部门规章、司法解释及其他规范性文件。

【刑事政策】最新的刑事司法政策，如最高人民法院院领导在刑事审判工作会议上的讲话、刑事审判工作会议讨论的问题等。

【审判实务释疑】最高人民法院刑事审判庭解答在刑事审判工作中具有普遍指导价值的法律适用问题。

【理论前沿】摘要登载近期刑事理论界、实务界最新研究成果，及时跟踪研究刑事审判中出现的新问题，为刑事司法人员提供最新理论参考。

【域外司法】评介域外的刑事立法及司法制度、实务问题和典型案例的文章。

【经验交流】地方司法机关制定的刑事司法规范性文件及其背景说明；地方各级人民法院在刑事审判工作中对于某些问题的处理政策和意见等。

【实务探讨】针对刑事司法工作中必须解决的疑难、复杂问题，登载相关学者与司法人员的研究文章，为刑事司法工作人员提供解决相关问题的思路。

【大案传真】登载在社会上影响较大的案件的有关裁判文书，及时传递大要案、热点案件的审判信息。

【疑案争鸣】针对实践中发生的疑难案例，对其中争议问题进行分析，给读者提供参与交流探讨的平台，推动相关问题的深入研究。

【裁判文书选登】选择典型裁判文书进行评析，展现法官智慧，指出不足，促进裁判文书制作水平的不断提高。

最高人民法院刑事审判第一、二、三、四、五庭

目 录

指导案例

［第 1364 号］

汪庆樟交通肇事案

——肇事者交通事故后滞留现场不履行救助义务，
在二次事故发生后，隐瞒身份并离开现场，
可以构成因逃逸致人死亡

一、基本案情

被告人汪庆樟，男，汉族，1973 年 3 月 12 日出生。2018 年 7 月 20 日被逮捕。

浙江省三门县人民检察院指控被告人汪庆樟犯交通肇事罪，向浙江省三门县人民法院提起公诉。

被告人汪庆樟辩称，其是后车碾轧后才离开事故现场，并没有逃避责任。汪庆樟的辩护人提出，指控汪庆樟逃逸致人死亡理由不能成立。汪庆樟的逃逸行为与陈蒙根死亡之间没有因果关系，即使汪庆樟不逃逸，陈蒙根也会死亡；事故认定是按逃逸进行推定，已经作为入罪事实，而公诉机关又将逃逸作为加重情节进行指控，属于重复评价；如果汪庆樟构成犯罪，其具有如实供述、初犯、预缴赔偿款等从轻情节。

三门县人民法院经审理查明：2018 年 7 月 5 日 20 时 23 分，被告人汪庆樟驾驶防盗编号为三门 A12739 的二轮电动车从高枧驶往海游方向，行驶至三门县 214 省道甬临线 105KM＋740M 珠岙镇下胡村路段时，与靠道路右侧路边持续、稳定同向行走的被害人陈蒙根发生碰撞，致使陈蒙根倒在车道中，汪庆樟也连人带车摔倒，二轮电动车右侧碰地。事故发生后，汪庆樟未报警和实施救助。汪庆樟起来后，发现倒在车道中间并发出“哎哟”一声的陈蒙根。20时24分00秒,汪庆樟站在路边白线外。20时24分50秒左右,汪庆樟开始捡东西,并扶二轮电动车。20时26分,许坚洁驾驶浙JC28C3号小型轿车行驶至事故发生地时,将倒地的陈蒙根碾轧。

二次碰撞后,许坚洁下车查看,并问被告人汪庆樟有什么东西,汪庆樟回答没有。许坚洁将车底下的麦秆袋拉出扔在路边,向驾驶室方向走去。在此过程中,即20时26分47秒,汪庆樟驾驶肇事车辆逃离现场。20时27分—20时29分,许坚洁上车,发现车子仍开不动,倒车后发现车前倒着陈蒙根,就再次下车,并与同车的周扬一起报警、报医。此时,陈蒙根头部还会动。当警察和医生赶到现场时陈蒙根已经死亡。经三门县公安局交通警察大队认定,汪庆樟承担此事故的主要责任,许坚洁承担此事故的次要责任,陈蒙根无责任。

另查明,事故现场位于三门县214省道甬临线105KM+740M珠岙镇下胡村路段,道路呈东西走向,沥青路面,道路中心漆划黄虚线,边白实线,机非混合道,照明条件为夜间无路灯照明,标志、标线齐全。另外,被告人汪庆樟已预缴赔偿款人民币61 000元。

三门县人民法院经审理认为:被告人汪庆樟违反交通运输管理法规,发生重大事故,且因逃逸致一人死亡,并负事故主要责任,其行为已构成交通肇事罪。汪庆樟如实供述犯罪事实,予以从轻处罚;已预缴部分赔偿款,酌情从轻处罚。依照《中华人民共和国刑法》第一百三十三条、第六十七条第三款之规定,判决如下:

被告人汪庆樟犯交通肇事罪,判处有期徒刑七年。

一审宣判后,被告人汪庆樟上诉。其提出,陈蒙根是因后车碾轧致死,并非其逃逸造成,原判认定其行为系逃逸致人死亡错误,致量刑过重,请求依法改判。

二审出庭检察员认为,原判定罪正确,量刑适当,审判程序合法,被告人汪庆樟的上诉理由不能成立,建议驳回上诉,维持原判。

台州市中级人民法院经审理查明,原判所认定的事实清楚,证据确实、充分。上诉人汪庆樟违反交通运输管理法规,发生重大事故,且因逃逸致一人死亡,并负事故主要责任,其行为已构成交通肇事罪。原判综合考虑本案犯罪事实、犯罪情节、被告人认罪态度依法判处刑罚，汪庆樟称量刑过重的上诉理由不能成立，不予采纳。出庭检察员关于驳回上诉、维持原判的意见予以支持。原判定罪和适用法律正确，量刑适当。审判程序合法。依照《中华人民共和国刑事诉讼法》第二百三十六条第一款第（一）项之规定，裁定：驳回上诉，维持原判。

二、主要问题

肇事者交通事故后滞留现场不履行救助义务，在后车发生第二次事故后，隐瞒身份并离开现场，能否构成“因逃逸致人死亡”？

三、裁判理由

本案的主要争议在于被告人的行为是否属于“因逃逸致人死亡”，主要有以下两种意见：

第一种意见认为，被告人汪庆樟构成交通肇事罪中的因逃逸致人死亡。理由如下：(1)虽然汪庆樟在事故发生后没有立即逃跑，而是在后车发生事故后离开现场，但其在此期间没有暴露自己是肇事者，而是将自己隐匿在现场。(2)虽然有第三人的碾轧行为介入被告人肇事与被害人死亡之间，但从案发时间、地点、环境和被害人的情况来看，此介入因素的发生并未超出被告人合理预见的能力范围，并不能阻断被告人肇事与被害人死亡之间的因果关系，应认定为交通肇事逃逸致人死亡。

第二种意见认为，被告人不构成交通肇事罪中的因逃逸致人死亡，属于一般交通肇事后逃逸。理由是认定交通肇事逃逸必须具备离开事故现场这一客观要件，而被告人汪庆樟在第一次事故后并没有离开事故现场，且被害人在第一次事故后并未死亡，而是第二次事故后死亡的，故不能认定为交通肇事逃逸致人死亡。

我们同意第一种意见。理由如下：

根据《最高人民法院关于审理交通肇事刑事案件具体应用法律若干问题的解释》（以下简称《交通刑事解释》）第五条规定，“因逃逸致人死亡”是指行为人在交通肇事后为逃避法律追究而逃跑，致使被害人得不到救助而死亡的情形。不论是“交通肇事后逃逸”还是“因逃逸致人死亡”的加重处罚基础均为未履行法定义务，前者侧重于未履行报警、保护现场等义务，以及对其后交通状况所造成的抽象危险等，后者则突出救助义务。上述规定明确了认定“因逃逸致人死亡”的主观和客观条件，一般来说，需要符合以下四个条件：

（一）被告人交通事故后有救助义务及救助能力

根据《道路交通安全法》第七十条的规定，肇事者发生交通事故后必须立即停车，保护现场；造成人身伤亡的，应当立即抢救受伤人员，并迅速报告执勤的交通警察或者公安机关交通管理部门。由此可见，保护事故现场、抢救伤员、报警并接受公安机关的处理，是肇事者必须履行的法定义务。除了上述法律明文规定外，基于交通肇事这一先行行为，交通肇事者在肇事后也负有救助义务。

肇事者是否具有救助能力，应依据肇事者所在现场的时空条件来认定。一是肇事者本人处于清醒状态并具有活动能力。二是肇事者明确知晓被害人受伤。三是当时现场有充分的条件允许肇事者进行救助。认定上述内容，不仅要看肇事者的供述，还应从事故的时间、地点、路况、行为人的知识、能力、经验等方面客观地评判肇事者是否具有救助能力。如果肇事者不具备救助的条件，“法律不能强人所难”，肇事者虽负有救助义务，但也不能过分要求肇事者在没有救助能力时履行救助义务。

从本案的相关证据来看，被告人驾驶二轮电动车与同向行走的被害人发生碰撞，致被害人倒在车道中，被告人连人带车摔倒后站在路边白线外，并开始捡东西、扶二轮电动车。此时来往车辆车速比较缓慢，行驶在被害人倒地一侧车道的车辆经过事故点时，都做短暂停顿，接着借道对向车道行驶，被告人完全有机会将被害人搬离到安全的路边或阻拦呼叫车辆施救，但其未采取任何救助措施。上述事实足以说明被告人明知自己交通肇事，且在当时现场的时空条件下具有救助能力。

（二）被告人交通事故发生后逃逸，未履行救助义务

《刑法》规定对逃逸加重处罚，一是为了及时抢救伤者，防止事故损失的扩大；二是便于尽快查清事故责任，处理事故善后。司法实践中，对以下几

种情形应当区分处理：一是肇事者交通肇事后为逃避法律追究，不顾被害人的受伤结果，拒不履行救助义务而逃跑，致被害人因得不到及时救助而死亡，应构成“因逃逸致人死亡”；二是肇事者履行了救助行为，如将被害人送往医院，但肇事者履行救助义务后为逃避法律追究又逃跑，被害人因抢救无效而死亡，不能认定肇事人“因逃逸致人死亡”，只能认定肇事人“交通肇事逃逸”；三是肇事者将受害人带离事故现场后隐藏或者遗弃，致使被害人无法得到救助而死亡或者造成严重残疾的，则应当按照《交通刑事解释》第六条的规定，以故意杀人罪或者故意伤害罪定罪处罚。

本案的特殊性在于，被告人在交通事故发生后并未马上离开现场，而在后车发生第二次事故后，隐瞒身份并离开现场，该行为能否认定为逃逸，存在争议。我们认为，是否认定“因逃逸致人死亡”中的逃逸，不应仅限于交通事故后逃离事故现场，还需要根据肇事者的主观目的与社会危害性进行评判。

1. 逃离现场不是交通肇事逃逸的唯一要件

《道路交通事故处理程序规定》中规定，交通肇事逃逸，是指发生道路交通事故后，当事人为逃避法律责任，驾驶或者遗弃车辆逃离道路交通事故现场以及潜逃藏匿的行为。司法实践中，大多数情形下，逃逸表现为逃离现场，但现实的情况千差万别，有的没有逃离现场也可能构成逃逸，而有的离开现场却不构成逃逸。同样，《交通刑事解释》的原文使用的是抽象的“逃跑”，可见《交通刑事解释》并没有把是否在“现场”作为硬性要件，而“逃跑”的手段与形式也是多种多样，核心问题仍在于是否逃避法律的追究。司法实践中，在事故现场躲藏、在现场却谎称不是肇事者或者虽在现场但指使、同意他人冒名顶替等情形，其最终目的是隐瞒肇事者身份、逃避法律的追究，仍然可以构成“逃逸”。

《浙江省高级人民法院关于在审理交通肇事刑事案件中正确认定逃逸等问题的会议纪要》第三条规定，让人顶替的情形有多种，有的肇事者让同车人顶替或者打电话让人来现场顶替；有的肇事者逃离现场后叫顶替者到现场，应认定为交通肇事逃逸并从重处罚。处理这类案件，还要区分肇事者是否逃离了事故现场。对肇事者让人顶替但自己没有逃离现场的，可酌情从轻处罚。参考这一规定，在一定条件下即使没有离开事故现场也可以构成交通肇事逃逸。

2. 认定“因逃逸致人死亡”中“逃逸”的关键是有救助能力而不履行救助义务

交通肇事后逃逸行为的本质特征就是为了逃避法律追究不履行法定义务，因而正确认定“逃逸”也应当围绕肇事者在肇事后是否履行了法定义务去考察。“因逃逸致人死亡”中的逃逸，应着重于审查肇事者在有救助能力的情况下是否履行了救助义务。

首先，本案被告人的供述及其他在案证据证实，在后车肇事者问询时，被告人隐瞒了自己的肇事者身份，并马上驾驶电动车逃离现场，反映了被告人在肇事后有逃避法律追究的主观故意。其次，两次事故是一个整体的延续状态。根据视频监控显示，事故发生后，被告人下车开始捡东西、扶二轮电动车。在后车发生事故后，被告人驾驶二轮电动车离开。在这个三分钟的延续状态里，被告人神志清醒、行动自如、未受到任何威胁，其在有救助能力和条件的情形下，未采取任何救助措施，而是在短时间内实施了逃离事故现场的行为。最后，本案第二次碰撞后，后车肇事者下车查看，并问被告人有什么东西，被告人回答没有。虽然被告人第一次事故发生后没有立即逃跑，而是在第二次事故后才离开现场，但其在此期间没有表明自己是肇事者，而是将自己隐匿在现场。隐匿行为从本质上说仍是一种交通肇事后的逃逸行为，人在现场与不在现场没有本质区别，因为现场的人民群众和警察都无法发现其就是肇事者，其自身不受被害方、群众或者事故处理人员控制。因此，被告人在有救助能力的情况下未履行救助义务，可以认定其属于“因逃逸致人死亡”中的“逃逸”。

（三）被告人的逃逸行为与被害人死亡之间存在因果关系

在案件事实存在介入因素的场合，要判断后车的第二次碰撞行为是否阻断前车碰撞、逃逸行为与被害人死亡之间的因果关系需要考虑以下因素：(1)逃逸行为导致被害人死亡结果发生的危险性大小；(2)后车第二次碰撞行为的异常性大小；(3)后车第二次碰撞行为对结果的发生的作用大小；(4)后车第二次碰撞行为是否为逃逸行为的可控范围。但最重要的是判断哪个行为对结果的发生起到了决定性作用，同时也要考虑后车行为的可能性。

就本案而言，被告人肇事后明知受害人受伤倒地不能自救，在晚上来往车辆较多的公路上，正常人都会合理预见被害人若得不到救助，随时有被后车碾轧的可能。被告人的先行肇事行为使受害人面临生命安全的紧迫危险，负有采取有效措施排除危险或防止结果发生的特定义务，如果被告人履行救助义务，或者即使没有救助但保护了现场，危害结果便不会发生，但此时被告人选择了逃逸、不作为。因此，后车事故行为的发生和介入在被告人合理预见的能力范围之内，被告人的逃逸行为导致被害人再次被碾轧甚至死亡发生的危险性增大。后车事故行为虽然介入被告人肇事、逃逸与被害人死亡之间的因果进程，但不属于异常介入因素，即使不是该第三人驾车驶过，也可能是其他司机驾车碾轧被害人，因而后车事故行为并不能阻断被告人、逃逸与被害人死亡之间的因果关系。

（四）被告人的逃逸行为与故意杀人行为不具有相当性

《交通刑事解释》第六条规定行为人将被害人带离事故现场后隐藏或者遗弃的，可以以故意杀人罪定罪。实施隐藏、抛弃或移动至危险地带等积极移置性行为，使被害人得不到救助而死亡或发生再次碾轧事故，致被害人死亡的风险增加，其与杀人行为具有相当性，因而不再认定为“逃逸致人死亡”。此外，在判断逃逸行为与故意杀人是否具有相当性时，还应考虑逃逸行为对结果的客观归责程度以及肇事者不履行义务对结果的原因力大小，而不是仅从形式上是否有积极移置行为来加以判断。如果第二次碰撞的肇事者被认定不负责任，则说明第二次事故发生具有较大可能性，那么逃逸行为与故意杀人行为仍然具有相当性，死亡结果完全归责于逃逸行为，则应根据案件的具体情况来判断先前逃逸的肇事人是否构成故意杀人罪；如果第二次碰撞肇事者被认定负有责任，则说明第二次事故发生存在偶然性，不能将被害人被第二次碰撞致死完全归责于逃逸行为，一般认定“因逃逸致人死亡”。本案中，被告人不存在上述积极移置性行为，不符合《交通刑事解释》第六条的规定，同时，经事故认定，第二次碰撞肇事者负次要责任，存在一定过错，被告人的逃逸行为与故意杀人行为不相当。

综上,被告人撞倒被害人后,在具备救助条件的情况下,置被害人生命处于高度危险状态而不顾,并故意隐瞒自己的肇事者身份,不履行作为肇事者应该履行的法定义务,意图逃避法律追究,致使被害人被后车碾轧致死,应当认定被告人的行为属交通肇事后逃逸致人死亡。一审、二审法院根据犯罪的事实、性质、情节和对社会的危害程度,以交通肇事罪判处被告人汪庆樟有期徒刑七年,是合适的。

(撰稿:浙江省台州市中级人民法院　王永兴

浙江省三门县人民法院　黄江南

审编:最高人民法院刑二庭　王晓东)

[第 1365 号]

江彬、余志灵、陈浩保险诈骗、诈骗案

——带领侦查人员抓捕同案犯,但并未当场捕获的,能否认定有立功表现

一、基本案情

被告人江彬,男,1992 年 4 月 7 日出生。2016 年 10 月 21 日被逮捕。

被告人余志灵,男,1993 年 3 月 20 日出生。2015 年 9 月 28 日被取保候审。

被告人陈浩,男,1993 年 4 月 5 日出生。2015 年 8 月 19 日被刑事拘留,同年 9 月 16 日被取保候审。

浙江省衢州市柯城区人民检察院指控被告人江彬、余志灵犯诈骗罪,被告人江彬、陈浩犯保险诈骗罪,向柯城区人民法院提起公诉。

被告人江彬、余志灵、陈浩对起诉书指控的事实均无异议。江彬的辩护人提出,江彬在未被采取强制措施前,自动到公安机关接受传唤,属自首;主动提供线索帮助抓捕同案犯陈浩,虽未当场抓获,但符合带领侦查人员抓捕同案犯情形,属立功。

柯城区人民法院经审理查明:

(一)被告人江彬、余志灵诈骗部分

2013 年 3 月至 7 月,被告人江彬分别驾驶浙 H59895 号东南菱帅轿车(被保险人系邵某某)、浙 HZ6502 号桑塔纳轿车(被保险人系陈浩),在浙江省衢州市柯城区巨化中央大道昌苑菜场附近等地,以驾车故意碰撞路边电线杆、指示牌石墩、护栏,制造轿车撞击电线杆、指示牌石墩、护栏的虚假事故等方式,由其本人或者指使被告人余志灵冒充车辆驾驶员并提供相关材

料，分别向中国太平洋财产保险股份有限公司衢州中心支公司（以下简称太平洋财产保险公司）、中国人民财产保险股份有限公司衢州市分公司（以下简称人民财产保险公司）报案并定损理赔，骗得理赔金共计人民币22 130元（以下币种同）。

2014年12月1日12时许，被告人江彬驾驶浙H9330S号东南菱帅轿车（被保险人系陈浩）搭载张文良、徐震南驾驶浙H0D343号丰田凯美瑞轿车至衢州市柯城区阳关水岸小区南侧道路，故意制造了两车刮擦的虚假事故，后江彬指使张文良冒充浙H9330S号东南菱帅轿车驾驶员并提供相关材料向太平洋财产保险公司报案并定损理赔，骗得理赔金4 830元。

（二）被告人江彬、陈浩保险诈骗部分

1. 2013年10月30日12时许，被告人江彬驾驶浙H1126R号名爵轿车（车辆实际所有人系江彬）至浙江省开化县长虹乡附近路段，故意制造了车辆碰撞路边山体的虚假事故，后提供相关材料向人民财产保险公司报案并定损理赔，骗得理赔金9 075元。

2. 2014年7月8日9时许，被告人江彬驾驶浙HAD237号马自达轿车（被保险人系陈浩、车辆实际所有人系江彬），行驶至320国道衢州市火车站至梅家村路段，故意制造车辆碰撞路边护栏的虚假事故，后江彬指使陈浩赶往现场，冒充该车驾驶员并提供相关材料向太平洋财产保险公司报案并定损理赔，骗得理赔金4 240元。

3. 2014年8月1日19时许，被告人江彬与陈浩为谋取非法利益，预谋故意制造保险事故实施诈骗。江彬驾驶浙HAD237号马自达轿车行驶至衢州市柯城区双港街道孙姜村老鹰潭路口，故意制造了车辆碰撞路边树墩的虚假事故，后陈浩冒充该车驾驶员并提供相关材料向太平洋财产保险公司报案并定损理赔，骗得理赔金6 200元。

4. 2015年4月25日12时许，被告人江彬与钟理锦为谋取非法利益，预谋故意制造保险事故实施诈骗。后钟理锦驾驶浙K30483号大众帕萨特轿车（车辆实际所有人系钟理锦），搭载江彬至浙江省开化县长虹乡附近路段，故意制造了车辆碰撞路边山体的虚假事故，后钟理锦提供相关材料向太平洋财产保险公司报案并定损理赔，骗得理赔金6 940元。

2015 年 8 月 18 日，公安机关对被告人江彬抓捕未果后，以通知其领取他案退赔款为由将其传唤到案。江彬归案后主动提供了公安机关尚未掌握的同案犯陈浩的租住地，并带领公安机关前往该地址进行抓捕，虽未当场抓获，但公安机关根据其提供的线索于次日将陈浩抓获。

综上，被告人江彬单独或伙同被告人余志灵、陈浩等人以非法占有为目的，故意制造保险事故，骗取保险金。其中，被告人江彬参与诈骗金额为 26 960 元，参与保险诈骗金额为 26 455 元，被告人陈浩参与保险诈骗金额为 10 440 元，被告人余志灵参与诈骗金额为 8 040 元。江彬获得赃款 50 375 元，陈浩、余志灵未参与分赃。2015 年 9 月 16 日，江彬退赔保险公司共计 50 375 元保险金。

柯城区人民法院认为：被告人江彬、余志灵以非法占有为目的，多次利用他人车辆制造保险事故，骗取保险金，数额较大，其行为均已构成诈骗罪；被告人江彬、陈浩以非法占有为目的，虚构事实、隐瞒真相，故意制造保险事故，骗取保险金，数额较大，其中江彬以故意造成保险事故方式骗取保险金三次以上，并具有其他严重情节，其行为均已构成保险诈骗罪。江彬一人犯数罪，应实行数罪并罚。江彬系在公安机关对其抓捕未果后，以通知其领取他案退赔款到案的，可见江彬不具有投案的自动性和主动性，不能认定为自首。本案部分属共同犯罪，江彬在共同犯罪中起主要作用，是主犯，应按其参与的全部犯罪处罚；余志灵、陈浩起次要、辅助作用，是从犯，应从轻处罚。江彬主动向公安机关提供同案犯的租住处，协助公安机关抓获同案犯，具有立功表现，可减轻处罚；江彬、余志灵、陈浩归案后如实供述自己的罪行，可从轻处罚；江彬已退赔全部赃款，可酌情从轻处罚。根据陈浩的犯罪情节、悔罪表现及社会危害程度等情况，陈浩符合缓刑的适用条件，可对其宣告缓刑。依照《中华人民共和国刑法》第二百六十六条，第一百九十八条第一款第（四）项，第二十五条第一款，第二十六条第一款、第四款，第二十七条，第六十七条第三款，第六十八条，第六十九条第一款、第三款，第七十二条第一款、第三款之规定，判决如下：

1. 被告人江彬犯保险诈骗罪，判处有期徒刑三年二个月，并处罚金人民币二万元；犯诈骗罪，判处有期徒刑十个月，并处罚金人民币五千元，决定执

行有期徒刑三年四个月,并处罚金人民币二万五千元;

2. 被告人陈浩犯保险诈骗罪,判处有期徒刑一年,缓刑一年六个月,并处罚金人民币一万元;

3. 被告人余志灵犯诈骗罪,判处罚金人民币五千元。

一审宣判后,三被告人均未上诉。柯城区人民检察院提出抗诉称,江彬归案后供述同案犯陈浩的居住地等身份信息,并带领民警进行现场辨认,应属如实供述自己罪行的范畴,况在辨认当日并未抓获陈,次日才在陈住处将陈抓获,因此江的行为不能认定为立功。故一审判决认定江彬系立功,属适用法律错误,并导致量刑畸轻,应当依法改判。

衢州市中级人民法院经审理认为,被告人江彬带领公安机关指认同案犯的租住处,协助公安机关抓获同案犯,具有立功表现,可减轻处罚。原判认定事实和适用法律正确,量刑适当,审判程序合法。抗诉意见不予采纳。据此,依照《中华人民共和国刑事诉讼法》第二百二十五条第一款第(一)项[①]之规定,裁定如下:

驳回抗诉,维持原判。

二、主要问题

(一)如何区分诈骗罪和保险诈骗罪?

(二)带领侦查人员抓捕同案犯,但当时并未捕获的能否认定有立功表现?

三、裁判理由

(一)诈骗罪和保险诈骗罪的区别问题

本案中,被告人江彬同样向保险公司骗取理赔金,但有的认定为诈骗罪,有的认定为保险诈骗罪。这涉及诈骗罪与保险诈骗罪的区别问题。保险诈骗罪是诈骗罪的一种,两者属于法条竞合的关系,一般应遵循特殊法优于一般法的原则。

---

① 此处引用的是2012年《刑事诉讼法》,对应2018年修正后的《刑事诉讼法》第二百三十六条第一款第(一)项。

诈骗罪与保险诈骗罪在犯罪主观方面均表现为有诈骗的故意，但两罪的客观表现不同。诈骗罪是指以非法占有为目的，采用虚构事实或隐瞒真相的方法，骗取数额较大的公私财物的行为。而保险诈骗罪则是指以非法获取保险金为目的，违反保险法规，采用虚构保险标的、保险事故或者制造保险事故等方法，向保险公司骗取保险金，数额较大的行为。即保险诈骗罪是定向的诈骗，没有诈骗罪侵害的范围广。

两罪的犯罪主体不同。诈骗罪的犯罪主体为一般主体，即任何达到刑事责任年龄，具有刑事责任能力的人即可；而保险诈骗罪的主体系特殊主体，只能是投保人、被保险人或受益人；保险事故的鉴定人、证明人、财产评估人若故意提供虚假的证明文件，为他人诈骗提供条件的，以保险诈骗的共犯论处。

本案中，根据查明的事实及在案证据，被告人江彬于2013年10月30日、2014年7月8日、2014年8月1日、2015年4月25日实施的诈骗行为，或者江彬系车辆的所有人即受益人，或者与江彬共同实施诈骗行为的钟理锦系车辆所有人即受益人，其主体符合保险诈骗罪的构成要件的主体特征，因而认定为保险诈骗罪。而除该4起以外的其他诈骗事实，因江彬等人均不是车辆的投保人、被保险人或受益人，故只能认定为诈骗罪。

（二）带领侦查人员抓捕同案犯，当场未抓获并不当然阻却立功的构成，应根据案情具体分析

本案在审理过程中，对于各被告人行为的定性争议不大。但对于被告人江彬归案后供述同案犯相关信息，又带领侦查人员抓捕同案犯，当时并未抓获的情形能否认定为有立功表现，存在两种不同观点：

第一种观点认为，被告人江彬归案后，供述同案犯的居住地等信息，并带领公安人员进行辨认，属如实供述自己罪行的范畴，而当时并未因此捕获同案犯，故江彬的行为不构成立功。

第二种观点认为，根据本案的具体情况，被告人江彬供述同案犯居住地信息不属如实供述自己罪行的范畴，况且江彬有带领侦查人员捕获同案犯的行为，是否当场捕获并不当然阻却立功的认定，江彬的行为应认定有立功表现。

我们同意第二种观点。已归案的犯罪分子协助司法机关抓捕其他犯罪嫌疑人(包括同案犯)的,能否认定有立功表现,关键在于如何理解行为人是否有协助抓捕行为以及协助行为对抓捕其他犯罪嫌疑人(包括同案犯)是否起决定性作用。本案中被告人江彬的行为构成立功,主要理由如下:

1.应结合案件具体情况综合分析被告人的相关供述是否属于如实供述自己罪行的范畴

《最高人民法院关于处理自首和立功若干具体问题的意见》第五项关于"协助抓捕其他犯罪嫌疑人"的具体认定中规定:"犯罪分子提供同案犯姓名、住址、体貌特征等基本情况,或者提供犯罪前、犯罪中掌握、使用的同案犯联络方式、藏匿地址,司法机关据此抓捕同案犯的,不能认定为协助司法机关抓捕同案犯。"该项规定明确上述内容属于被告人如实供述的范畴,如果既认定被告人有如实供述这一法定的从轻处罚情节,再认定被告人具有立功情节,有重复评价之嫌。

本案中,三被告人实施的犯罪行为均在2015年5月之前,江彬于犯罪行为完成后在正常社会交往过程中知晓陈浩于同年6月搬到新的租住地点,可见陈浩的租住地与本案的犯罪行为之间没有关联性,那么江彬即便不向公安机关陈述陈浩新的租住地,亦能够把其伙同他人共同实施犯罪的行为说清楚,不影响司法机关对其如实供述情节的认定。江彬对同案犯陈浩租住地的陈述已超出了其应当如实供述的范畴。后公安机关借助江彬提供的信息及时抓获同案犯,江彬供述同案犯的住址信息,可以看作为公安机关捕获同案犯提供了重要线索。

2.带领公安机关抓捕同案犯的行为与如实供述不能混同

最高人民法院在《全国部分法院审理毒品犯罪案件工作座谈会纪要》规定:"共同犯罪中同案犯的基本情况,包括同案犯姓名、住址、体貌特征、联络方式等信息,属于被告人应当供述的范围。公安机关根据被告人供述抓获同案犯的,不应认定其有立功表现。被告人在公安机关抓获同案犯过程中确实起到协助作用的,例如,经被告人现场指认、辨认抓获了同案犯;被告人带领公安人员抓获了同案犯等,属于协助司法机关抓获同案犯,应认定为立功。"

参照上述规定，本案中，被告人江彬带领侦查人员去同案犯的租住地进行现场指认，公安机关依据江彬的指认，最终在该租住处将同案犯陈浩抓获。江彬的带领行为客观上为公安机关顺利捕获同案犯起到很大的协助作用，因此，不能与如实供述相混同。

3. 未当场抓获不影响立功的认定

前述第一种观点认为，该案中被告人江彬带领侦查人员并没有将陈浩当场抓获，所以不构成立功。我们认为，相关司法解释中均只强调构成立功需有其他犯罪嫌疑人（包括同案犯）被抓获的实际结果，并没有规定带领侦查人员抓获其他犯罪嫌疑人（包括同案犯）的，需要当场抓获才构成立功。因此，是否当场抓获并不当然阻却立功的认定。具体到本案，江彬提供了公安机关未掌握的同案犯租住地这一重要线索，并带领侦查人员指认具体地点，其协助抓捕行为已经完成。侦查人员在掌握了以上信息后于次日直接到该地点将陈浩抓获，并未再付出时间和精力去排查，江彬在整个过程中所起的作用与带领侦查人员将陈浩当场抓获基本无异，江彬提供信息的行为与抓获同案犯陈浩的结果之间有因果关系，正是借助于江彬提供的信息，公安机关才得以及时抓获同案犯。如果一定要以是否当场抓获来确定立功与否，则侦查人员若在第二日将江彬从看守所提出，让江彬重复指认一遍，再将同案犯抓获，则江彬构成立功；若侦查人员自行前往抓获，江彬即不构成立功，这显然是不合理的。

4. 被告人的带领抓捕行为客观上节约了司法资源，符合立功制度的本质

本案中，被告人江彬对同案犯的租住地并不能说出具体门牌号，只能提供一个大概的方位，若公安机关通过具体排查、技术侦查或者其他途径抓获同案犯，就说明江彬仅是为抓捕提供方向，并未对抓捕同案犯起到真正的协助作用，不能认定为立功。但本案中，江彬除如实供述同案犯陈浩的租住地外，还有带领侦查人员到现场指认的行为。根据公安机关对抓捕过程出具的说明，侦查人员在当晚根据江彬现场指认确定陈浩的租住处后，因出租房内未亮灯，判断房内无人，未实施抓捕，并将江彬送回看守所。次日民警根据江彬前一天晚上的指认，以检查暂住证的名义敲开房门，核实陈浩身份后

将其抓获。如果没有江彬的带领、指认行为,公安机关只能进行排查抓捕,势必消耗大量的人力物力。因而,江彬的协助抓捕行为客观上为公安机关顺利抓捕同案犯起到了关键作用,节约了司法资源,提高了办案效率,符合立功的本质特征,认定其构成立功符合立法本意。

综上,被告人江彬供述同案犯居住地信息不属应当如实供述自己罪行的范畴,一审、二审法院认定其带领侦查人员现场指认同案犯住处的行为构成立功是准确的。

(撰稿:浙江省衢州市中级人民法院　金朝文
浙江省衢州市龙游县人民法院　李萌欣
审编:最高人民法院刑四庭　陆建红)

[第 1366 号]

李二胜故意杀人案

——死刑案件被告人翻供且缺乏客观证据的审查判断

一、基本案情

被告人李二胜,男,汉族,1991 年 7 月 6 日出生。2016 年 9 月 14 日被逮捕。

安徽省滁州市人民检察院指控被告人李二胜犯故意杀人罪,向滁州市中级人民法院提起公诉。

被告人李二胜辩称没有将龚传福推下楼,有罪供述是在侦查人员的诱供、逼供下作出,不知道龚传福如何死亡,请求宣告无罪。李二胜的辩护人提出:(1)李二胜的有罪供述是公安机关采取非法限制人身自由的方法取得,且是在侦查人员的逼供、诱供下作出,不能作为认定李二胜有罪的证据;(2)法医物证鉴定不能证实李二胜与龚传福有过身体接触;(3)专家证人的观点属其推断,不应采信;(4)不能排除龚传福系醉酒后坠落或自杀的可能。公诉机关指控李二胜犯故意杀人罪的事实不清,证据不足,请求宣告李二胜无罪。

滁州市中级人民法院经公开审理查明:被告人李二胜和被害人龚传福均系安徽省定远县润鑫制衣有限公司(以下简称润鑫制衣公司)工人。2016 年 9 月 3 日 21 时许,李二胜与龚传福酒后来到润鑫制衣公司四楼车间内休息。23 时许,龚传福醉酒呕吐,后龚传福拿李二胜手机玩游戏,因游戏声音嘈杂引起李二胜的不满,双方发生口角。当龚传福走到车间四楼走廊窗户附近,双方又发生争执。李二胜趁龚传福不备,抱住龚传福左腿,将龚传福掀出窗外,致龚传福当场死亡。润鑫制衣公司院内一修理厂员工发现龚传福坠楼后报警。次日凌晨,警察在润鑫制衣公司四楼车间将正在睡觉的李二胜抓获。经定远县公安局司法鉴定中心鉴定,龚传福由于机械性暴力致颅脑损伤引起呼吸循环衰竭,合并腹腔脏器破裂致失血性休克死亡。

滁州市中级人民法院经审理认为,被告人李二胜的行为构成故意杀人罪,鉴于因偶发矛盾临时起意,对李二胜判处死刑,可不立即执行。依照《中华人民共和国刑法》第二百三十二条、第四十八条第一款、第五十七条第一款之规定,认定被告人李二胜犯故意杀人罪,判处死刑,缓期二年执行,剥夺政治权利终身。

一审宣判后,李二胜提起上诉。上诉理由同前辩解。

安徽省高级人民法院经审理认为,上诉人李二胜因琐事与他人发生争执,即故意非法剥夺他人生命,致被害人死亡,其行为已构成故意杀人罪。原判根据李二胜犯罪的事实、犯罪的性质、情节和对社会的危害程度,考虑系因偶发矛盾临时起意,对其判处死刑,可不立即执行。原审判决认定事实清楚,证据确实、充分,定罪准确,量刑适当。审判程序合法。依照《中华人民共和国刑事诉讼法》第二百二十五条第一款第(一)项[①]的规定,裁定驳回上诉,维持原判。根据《中华人民共和国刑事诉讼法》第二百三十七条[②]的规定,同时核准李二胜的死缓刑事判决。

二、主要问题

对于被告人翻供且缺乏客观性证据的案件,应当如何审查证据?

三、裁判理由

本案是一个证据"先天不足"的典型。公安人员在案发现场未提取到任何直接证明被告人李二胜到过现场的痕迹、物证;作案过程无目击证人;本案也无作案工具;李二胜又先供后翻,在一审开庭时、二审时均称没有推龚传福,是一个难啃的"骨头案"。对此类案件的证据应如何审查分析?在何种程度上才能达到死刑案件证据确实、充分的证明标准?这些都成为本案

---

① 此处引用的是2012年《刑事诉讼法》,对应2018年修正后的《刑事诉讼法》第二百三十六条第一款第(一)项。

② 此处引用的是2012年《刑事诉讼法》,对应2018年修正后的《刑事诉讼法》第二百四十八条。

审理的难点。对本案的证据审查，审理中形成以下两种意见：

第一种意见认为，被告人李二胜关于将龚传福从四楼推下的有罪供述，无其他证人证言、监控录像、现场勘验检查笔录等主、客观性证据相印证，不能排除龚传福酒后坠楼和他人作案的可能性，应贯彻落实证据裁判、疑罪从无等原则制度，宣告李二胜无罪。

第二种意见认为，通过审查在案间接证据，据以定案的间接证据已经形成完整的证明体系，且与被告人李二胜的有罪供述诸多细节能够相互印证，可排除一切合理怀疑，足以认定李二胜实施了故意杀害龚传福的行为。

我们同意第二种意见。理由如下：

本案的争议焦点是案件证据是否达到确实、充分的证明标准。证据是准确认定事实、正确适用法律、恰当裁量刑罚的基础，是保证案件质量的“生命线”。死刑案件人命关天，在证据问题上容不得丝毫疏漏，必须达到确实、充分的证明程度，在任何时候、任何情况下都不能打折扣。如果一个案件的侦破经过客观、自然，有目击证人、有直接证实被告人作案的客观性证据，被告人又始终供认不讳的，定案比较容易。但是，不是所有的案件都有那么多直接的客观性证据。对这种缺乏客观性证据的案件，审查、分析时不能简单地罗列证据，而是要抓住关键证据深入分析，抓住主要矛盾点，从整体上把握证据。就本案而言，主要应从以下两个方面着手审查证据：

（一）审查判断被告人的有罪供述是否真实、可信，翻供理由是否合理，是否适用非法证据排除

翻供是刑事审判过程中并不罕见的情形。犯罪嫌疑人、被告人翻供，既有据实翻供，也有不实翻供，而且从司法实务的角度以及实践经验判断，不实翻供、真假混杂的翻供并不是少数。在司法实务中，经侦查审讯，犯罪嫌疑人、被告人往往在意志最薄弱的时刻心理防线被突破，从而全盘交代；而在后来的阶段，随着侦查审讯的压力逐渐减弱，犯罪嫌疑人、被告人趋利避害、最后一搏的心理逐渐加强，在此消彼长的过程中，往往容易出现全盘翻供或部分翻供。尤其在审判阶段，被告人的亲属、被害人或其亲属到庭，被告人当庭翻供的现象更为突出。因此，在司法实务中，如何有效地预防、应对、审查非真实的翻供，成为侦查、起诉、审判阶段不得不面对的重要课题。

在司法审判中，法官处于居中裁判的位置。在面对被告人翻供时，应当客观中立地进行倾听、审查。首先，应当对被告人翻供的言谈、举止、表情、心态、陈述的口气等进行观察，从直觉上对被告人翻供是否有理作出经验判断。其次，为了查清翻供理由是否成立，法官还应充分发挥法庭讯问、举证、质证功能，运用交叉询问规则来查明案件事实。正如美国著名证据法学家威格莫尔所说，"交叉询问无疑是人类迄今为止所发明的发现事实真相的最伟大的法律引擎"。因而，法官可以充分引导控辩双方就翻供是否有理进行举证、质证和辩论，认真听取控辩双方的不同意见，在争辩中发现被告人的前后供述的矛盾之处，并在全面掌握案件的基本事实上，对每一份供述进行认真的审查，最终找出最贴近事实真相的供述。在必要的情况下，法官还可以依职权对被告人就有关的问题进行发问，以此来打消心中的疑虑，增强内心确信。具体到本案：

1. 本案可以排除非法取供的情形

《刑事诉讼法》第五十五条、第五十六条及第五十八条规定，对一切案件的判处都要重证据，重调查研究，不轻信口供；采用刑讯逼供等非法方法收集的犯罪嫌疑人、被告人供述和采用暴力、威胁等非法方法收集的证人证言、被害人陈述，应当予以排除；当事人及其辩护人、诉讼代理人有权申请人民法院对以非法方法收集的证据依法予以排除。《最高人民法院关于适用〈中华人民共和国刑事诉讼法〉的解释》（以下简称《适用解释》）第八十条第（四）项亦规定，对被告人供述和辩解应当着重审查被告人的供述有无以刑讯逼供等非法方法收集的情形。

本案审理期间，辩护人提交排除非法证据的申请及相关材料，认为公安机关在讯问被告人李二胜时程序违法且有逼供、诱供的情形，申请排除李二胜在公安机关的有罪供述、亲笔供词、辨认现场笔录等证据。开庭审理期间，李二胜提出其有罪供述是被警察逼供作出，申请排除其有罪供述。

据此，法庭依法启动非法证据排除程序。公诉人先后出示了被告人李二胜在派出所和看守所的二份有罪供述、李二胜自书的有罪供词、播放了公安机关讯问李二胜的同步录音录像、参与抓捕的警察朱绍红和讯问的警察刘兵出庭作证等证据，用以证明李二胜有罪供述来源的合法性。合议庭组织被告人及其辩护人对上述证据逐一进行了质证，并就相关问题讯问了被告人。经合议庭当庭评议认为，法庭当庭有针对性地播放了公安机关讯问李二胜的同步录音录像，录音录像证实公安机关依法对李二胜进行讯问，没有采用殴打、违法使用戒具、威胁等非法方法。在回答警察讯问时，李二胜神情自然，回答切题，在派出所和看守所内多次供述与龚传福发生争执后将龚推下楼的详细经过。且侦查人员出庭作证时，法庭讯问李二胜出庭侦查人员有无对其进行非法取证时，李二胜表示没有非法取证情形。相关事实并有李二胜的自书供词和在讯问笔录上的签字、捺印等证据证实。

通过对被告人李二胜翻供的形式审查和实质审查，能够认定其翻供系逃避责任的虚假翻供，而非合理辩解性质的真实翻供。李二胜的有罪供述、亲笔供词、辨认现场笔录等证据来源清楚、收集程序合法，可以作为定案证据。李二胜及其辩护人提出有罪供述、亲笔供词、辨认笔录是在侦查人员逼供、诱供下作出的翻供理由和辩护意见与查明的事实不符，合议庭当庭决定对李二胜的有罪供述不予排除。

2. 被告人李二胜作过多次有罪供述，且翻供理由不充分

《适用解释》第八十条第（六）项规定，对被告人供述和辩解应当着重审查被告人的辩解内容是否符合案情和常理，有无矛盾。被告人李二胜被带至派出所后作了三份供述，第一份是无罪辩解，第二份、第三份是有罪供述，供述了因龚传福玩手机游戏产生噪声，双方产生口角，其将龚传福推下楼的整个过程。李二胜被羁押至定远县看守所的第四份是有罪供述，第五份未供述，第六份供述翻供原因，称是因为不知道自己要被判多少年，心里害怕，不想在看守所里面关着，希望能够少判几年。在第七份讯问中李二胜又供述了将龚传福推下楼的起因及过程。

（二）审查其他间接证据是否能与被告人的有罪供述相互印证，形成完整的证据锁链，并排除合理怀疑

1. 结合其他言词证据进行审查判断，主要是将被告人的供述与证人证言等言词证据进行对比、分析，查看是否存在矛盾以及对这些矛盾能否作出合理解释。本案的言词证据主要有李二胜亲属、制衣公司工友、商店经营者等的证言。在被告人李二胜的有罪供述和无罪辩解中，李二胜对其和龚传

福二人当晚一起喝酒、一起到制衣公司四楼车间睡觉、遇到制衣公司女工、只有其和龚传福两人在制衣公司四楼车间等事实一直予以认可，而上述相关事实亦有商店经营者关于李二胜和龚传福在商店购买啤酒、零食的证言，有李二胜哥哥嫂子关于李二胜和龚传福喝酒后一起到制衣公司睡觉的证言，有多名工友关于在制衣公司三楼看见李二胜和龚传福并证实二人喝酒的证言等印证。故李二胜关于作案前其和龚传福酒后到制衣公司睡觉的供述可以认定。

2. 将被告人的有罪供述与物证、书证等实物证据对比审查。《适用解释》第一百零六条规定，根据被告人的供述、指认提取到了隐蔽性很强的物证、书证，且被告人的供述与其他证明犯罪事实发生的证据相互印证，并排除串供、逼供、诱供等可能性的，可以认定被告人有罪。因而，审查时要将被告人的多份供述与客观提取的物证、书证等实物证据进行比对，将被告人的每一份供述与现场勘查提取的物证、书证等证据按照时间顺序排列，详细辨明被告人供述与这些客观性证据的先后顺序，分析是“先供后证”还是“先证后供”，以及是否存在人为制造的“先供后证”等情况。一般而言，在排除非法取证的前提下，如果根据被告人的供述提取到隐蔽性很强的实物证据，则被告人的供述具有较强的可信性、真实性。

本案中的物证有被告人李二胜的手机，相关证据有手机检查笔录和照片、讯问李二胜的同步录音录像。李二胜有罪供述中提到其和龚传福发生争执的原因，是因为龚传福玩其手机中的“热血奥特曼”游戏，因游戏声音太大把其吵醒，后双方发生口角。对李二胜供述发生争执的原因，讯问视频反映，在李二胜供述争执的具体原因后，侦查人员将李二胜手机上唯一的游戏“热血奥特曼”打开，进入游戏界面后确实发现游戏音量较大。该过程还有手机检查笔录和照片加以证实。提取手机的过程客观、合法。该份证据属于“先供后证”，具有一定隐蔽性的证据，具有不易被伪造、证明力强的特点。该组证据与李二胜有罪供述中关于双方引发争执的原因一节能够相互印证。

3. 将被告人的有罪供述同尸体检验意见、尸体照片等证据进行比对审查。被告人有罪供述中供认了采取何种方式杀害被害人，在审查证据时着重应对尸体照片、尸体检验意见中有关被害人伤情部位及形成原因等细节进行审查判断,看能否与被告人的有罪供述相互印证,特别是细节之处能否对应。

本案在审理过程中,为查明案件事实、调查核实证据,合议庭依职权通知安徽省公安厅物证鉴定管理处法医病理损伤检验科的秦明法医,作为有专门知识的专家辅助人出庭,就相关专业问题发表意见。秦明法医当庭陈述:该案经定远县公安局和滁州市公安局向省公安厅申请,对龚传福的尸体进行重新检验。结果和第一次检验结果一致。经检验,死者死亡原因符合颅脑损伤致死,附加性损伤第一处是左腿膝关节内侧数条浅表条索状划痕,清楚的有3条,较为浅淡的有2条,致伤工具是由末端较为尖锐的条索状钝性物体形成,常见的物体包括手指指甲;第二处是右侧肩前部片状方向性擦挫伤,肩关节自上而下的作用力,此处附加伤起始端整齐,有方向性并可以看出皮纹的断裂,致伤工具是由凸起的钝器轮边刮擦右肩部形成,经过对现场的勘察,窗台上窗轨或墙边可以形成此处创伤。相关伤情亦有尸体照片相印证。根据检验和勘察,死者损伤的形成与他人抱着死者左腿从窗户扔下坠落符合法医学解释。另对于物证检验中没有检验出李二胜手指、指甲有龚传福DNA的问题,秦明法医提出DNA检测是概率性事件,接触时间短或者洗手后可能检不出基因型。尸检结论、照片、专家证人的证言等证据证实龚传福左腿膝关节内侧有划痕、右侧肩前部有方向性擦挫伤,同李二胜有罪供述中关于抱着龚传福左腿将龚从窗台推下一节能够相互印证。

这里需要注意的是,被告人李二胜的此节供述是在2016年9月4日9时至13时,龚传福尸体解剖的时间是在9月6日,警察讯问李二胜作案手段时并不知道龚传福左腿处有伤。此节可以侧面印证李二胜供述取得的客观性、合法性。

4. 将被告人的有罪供述与现场勘验检查笔录等证据进行比对审查。现场勘验检查笔录及照片是能够客观反映案发现场的重要证据,将被告人的有罪供述中对案发现场,特别是细节之处的描述,与现场勘验检查笔录、照片中反映的情况进行细致的比对,看二者能否对应。在办理刑事案件过程中,法官还应视案件情况到案发现场进行查看,身临其境往往能够看到卷宗内现场勘验检查笔录和照片所不能反映的情况。

具体到本案:(1)公安机关经现场勘验,发现过道往南的墙上有一扇四开玻璃推拉窗户,窗户外侧窗台上有呕吐物痕迹,进入室内,西墙上有两扇窗户,在靠南的窗户外侧窗台上有呕吐物。经对两处呕吐物进行检验、鉴定,证实是龚传福所留。上述证据与被告人李二胜关于龚传福在两处窗户台上呕吐的有罪供述能够相互印证。(2)李二胜指认现场的笔录、照片、现场指认视频反映,李二胜对当天晚上二人睡觉的房间、龚传福呕吐的地点、与龚传福发生争执的地点及将龚传福推下四楼的窗户地点均予以指认、辨认,特别是辨认出四楼南面第二扇打开的窗户就是其将龚传福掀下楼的地点。(3)李二胜指认现场时,公安机关进行全程同步录音录像,录音录像显示,在四楼南面的窗前,侦查人员讯问李二胜是如何将龚传福掀下楼,要求李二胜现场模拟案发时情形,并让一名侦查员模拟龚传福站立的位置和姿势。李二胜现场进行了模拟,即龚传福背对着其站在第二扇打开的窗户前,李二胜上前抱住龚传福的左腿,用力向前向上推、掀龚传福,将龚传福掀到楼下。同时,现场同步录音录像也反映了全过程没有侦查人员诱供、指供、威胁等情形。(4)法官查看了案发现场,特别是龚传福坠楼的位置。在案现场勘验检查笔录、照片证实窗台距离地面94厘米,窗户内侧窗台宽9厘米,外侧窗台宽41厘米。经现场勘查,地面距离外侧窗台共144厘米,龚传福身高162厘米,且从其呕吐物遗留在窗台外侧的位置看,能够排除龚传福是在呕吐过程中不慎坠楼。

上述现场勘验笔录、照片以及被告人指认现场的笔录、同步录音录像等与被告人有罪供述中有关杀害龚传福的细节相互印证,对现场的查看进一步增强了法官的内心确信,反映了被告人翻供的不合理性。

5.综合全案证据,依照法律程序,排除一切合理怀疑。《适用解释》第八十三条第一款、第二款规定:“审查被告人供述和辩解,应当结合控辩双方提供的所有证据以及被告人的全部供述和辩解进行。被告人庭审中翻供,但不能合理说明翻供原因或者其辩解与全案证据矛盾,而其庭前供述与其他证据相互印证的,可以采信其庭前供述。”虽然本案的证据“先天不足”,但是通过重点审查关键证据的客观性、关联性和合法性,可以充分认识并发挥现有证据的证明力；通过查看案发现场、同侦破该案的公安人员座谈、走访部分证人、请专家证人出庭作证等，可以加强对现有证据的内心确认，排除一切合理怀疑。同时，本案的审理切实贯彻最高人民法院“三项规程”的要求，案件审理过程中召开了庭前会议，庭审中启动非法证据排除、侦查人员出庭作证、专家辅助人出庭作证等程序，确保证据出示、查明在法庭、案件事实认定在法庭、诉辩意见发表在法庭，充分体现了庭审实质化的要求。

综上，法院将关键证据与其他相关证据串起来进行综合审查判断，认为被告人翻供内容不属实，其有罪供述真实、可信，且与其他证据相印证，能形成完整的证据锁链，从而得出本案事实清楚，证据确实、充分的结论，最终依法作出有罪判决。

（撰稿：安徽省滁州市中级人民法院　樊朝勇

审编：最高人民法院刑二庭　王晓东）

[第 1367 号]

朱晓东故意杀人案

——对有证据指向是预谋杀人但被告人否认的，如何审查判断证据

一、基本案情

被告人朱晓东，男，1987 年 11 月 28 日出生。2017 年 4 月 28 日被逮捕。

上海市人民检察院第二分院指控被告人朱晓东犯故意杀人罪，向上海市第二中级人民法院提起公诉。

被告人朱晓东对公诉机关指控的犯罪事实无异议，但辩称其没有预谋杀人，且具有自首情节。其辩护人提出：(1)本案系婚姻家庭矛盾引发的突发性犯罪，朱晓东是在情绪失控后激情作案而非预谋作案；(2)朱晓东犯罪手段一般，对被害人死亡结果持放任态度，属间接故意杀人，主观恶性较小；(3)朱晓东系自首并系父母陪首，且认罪、悔罪；(4)被告方愿意对被害方进行赔偿。建议对朱晓东从轻处罚。

上海市第二中级人民法院经审理查明：2015 年 12 月 31 日，被告人朱晓东与被害人杨某某登记结婚。2016 年 10 月 17 日上午，朱晓东在家中因故用手扼住杨某某的颈部致杨机械性窒息死亡。嗣后，朱晓东将杨某某的尸体用被套包裹并藏于家中阳台的冰柜内。2017 年 2 月 1 日，朱晓东将其杀害杨某某一事告知父母，并在父母陪同下向公安机关投案，供述了杀害杨某某的犯罪事实。

上海市第二中级人民法院认为，本案虽因婚姻家庭矛盾引发，且被告人朱晓东有自首情节，但朱晓东故意杀人犯罪性质恶劣，作案后长时间藏匿被害人尸体，其间用被害人的钱款、身份证多处旅游，与异性开房约会等，肆意

挥霍享乐，无悔罪表现，社会危害极大，罪行极其严重，故依法不予从轻处罚。对公诉机关所提不予从轻或减轻处罚的建议、诉讼代理人请求对朱晓东严惩的意见，予以采纳。依照《中华人民共和国刑法》第二百三十二条、第五十七条第一款之规定，判决如下：被告人朱晓东犯故意杀人罪，判处死刑，剥夺政治权利终身。

一审宣判后，被告人朱晓东以量刑过重为由提出上诉。其辩护人提出朱晓东有以下可从轻处罚的法定、酌定量刑情节：(1)朱晓东属激情杀人而非预谋杀人；(2)朱晓东有自首情节；(3)朱晓东认罪、悔罪，且系初犯、偶犯；(4)本案社会舆论偏向被害方，但社会影响大不等于社会危害大；(5)朱晓东作案后行为属道德评价层面，不能成为不予从轻处罚的理由。

上海市高级人民法院经二审审理，所查明的事实、证据与一审相同，但在争议焦点评判和裁判理由部分增加认定被告人朱晓东系预谋杀人，认为一审认定朱晓东犯故意杀人罪的事实清楚，证据确实、充分，定性准确，量刑适当。审判程序合法。据此，依法裁定驳回上诉，维持原判，并依法报请最高人民法院核准。

最高人民法院经复核认定：2015 年 12 月 31 日，被告人朱晓东与杨某某(被害人，女，殁年 28 岁)登记结婚。案发前，二人因故产生矛盾。朱晓东先后购买了《死亡解剖台》等书籍和冰柜，并从工作单位离职。其间，杨某某亦以陪同朱晓东赴香港培训为由提出辞职，并于 2016 年 10 月 14 日正式离职。同月 17 日上午，朱晓东在家与杨某某发生争执，用手扼掐杨某某的颈部，致杨某某机械性窒息死亡。后朱晓东将杨某某的尸体用被套包裹，藏于家中阳台冰柜内。当日上午，朱晓东将杨某某支付宝账户中的 4.5 万元转至自己账户，并在之后数月内大肆挥霍其与杨某某的钱财用于旅游、消费。2017 年 2 月 1 日，朱晓东将其杀害杨某某一事告知父母，并在父母陪同下投案。

最高人民法院认为，被告人朱晓东故意非法剥夺他人生命，其行为已构成故意杀人罪。朱晓东与妻子杨某某产生矛盾后，经预谋杀害杨某某，并藏尸冰柜三个多月，作案后大肆挥霍其与妻子的钱财，犯罪情节恶劣，罪行极其严重，应依法惩处。朱晓东虽有自首情节，但综合其犯罪的事实、性质、具体情节和社会危害程度，不足以从轻处罚。第一审判决、第二审裁定认定朱晓东故意杀人的事实清楚,证据确实、充分,定罪准确,量刑适当。审判程序合法。依照《中华人民共和国刑事诉讼法》第二百四十六条、第二百五十条和《最高人民法院关于适用〈中华人民共和国刑事诉讼法〉的解释》第三百五十条第(一)项的规定,裁定核准上海市高级人民法院维持第一审以故意杀人罪判处被告人朱晓东死刑,剥夺政治权利终身的刑事裁定。

二、主要问题

(一)对有多项证据指向是预谋杀人的案件,被告人予以否认的,如何通过审查判断证据认定被告人是预谋杀人?

(二)对婚姻家庭矛盾引发,被告人兼具多个从宽、从严处罚情节的故意杀人案件,如何把握死刑适用标准?

三、裁判理由

本案即为近年来引发较高社会关注度的“上海杀妻冰柜藏尸案”。本案发生在夫妻之间,因夫妻矛盾引发,犯罪事实本身并不复杂,但因被告人朱晓东杀妻后藏尸冰柜105天,且在该期间恣意玩乐,引起被害人亲属和社会公众的极大愤慨。本案在事实认定上最为突出的问题,就是在案有多项证据显示朱晓东是预谋杀人,但朱晓东始终予以否认,其辩护人也辩称是激情杀人。司法实践中,预谋杀人虽不是法定从重处罚情节,但因其直接体现被告人的主观恶性和人身危险性,故属于对适用死刑有较大影响的情节。预谋杀人所体现的主观恶性和人身危险性要明显大于临时起意杀人特别是激情杀人,对预谋杀人犯罪适用死刑的根据也更加充分。以下就如何认定朱晓东系预谋杀人的证据问题以及对朱晓东核准死刑的理由进行分析。

(一)通过综合审查案发前后被告人朱晓东的一系列行为表现,可以认定其系预谋杀人

被告人朱晓东是否属预谋杀人,是本案审理过程中被告方和被害方的争论焦点,相关司法人员之间也有一定意见分歧。朱晓东及其辩护人始终坚称朱晓东系激情作案,没有预谋;被害人亲属及诉讼代理人则坚称朱晓东系预谋作案。公诉机关、一审法院认为不排除朱晓东预谋杀人的可能,但认

定其预谋的证据尚不充分，故未予认定；二审法院明确认定朱晓东系预谋杀人，并在裁判文书中用相当篇幅阐述了朱晓东系预谋杀人的理由。最高人民法院经复核审查，认为本案共有五个方面的证据指向朱晓东系预谋杀人。具体分析如下：

1. 被告人朱晓东具有预谋杀人的动机。朱晓东数次婚内出轨被妻子杨某某发现进而导致二人发生矛盾，是本案最重要的案发起因。朱晓东本人供称，其在与杨某某婚前恋爱期间曾与一公司女同事发生过性关系，婚后又与另一同事发生不正当两性关系，并向对方谎称自己已离婚。朱晓东的朋友证实，朱晓东曾在聚会场合将妻子送回家后带其他女性返回聚会现场，还曾在网上订票带其他女性去外地或看电影，并被其妻子发现。朱晓东亲笔书写的保证书亦反映出朱晓东曾向杨某某承诺不再与其他女人联系。可见，由于朱晓东婚前婚后私生活混乱，其与杨某某婚后矛盾突出。而朱晓东供称，其提出离婚时杨某某称如离婚就自杀，致二人离婚不成。据此分析，由于朱晓东无法通过离婚来摆脱束缚，可能产生通过杀妻以求摆脱、回归自由放荡生活的作案动机。

被告人朱晓东供述的案发起因和作案动机是，妻子杨某某因对案发前两天二人去杭州旅游期间预订酒店、车票等问题不满而多次抱怨并与其争吵，案发当日早晨杨再次为此事与其争吵，其为阻止杨某某继续说下去，用双手掐扼杨某某颈部致杨死亡。在案其他证据可证实朱晓东夫妇案发前两天往返杭州，但无法证实二人是否发生争吵。朱晓东的辩护人提出，因杨某某声称如离婚就自杀，朱晓东反而没有杀人的必要，朱晓东如果想让杨某某死亡，通过离婚即可达到目的，但这一逻辑难以成立。杨某某在发现朱晓东婚内出轨后并未决定放弃婚姻，否则没必要要求朱晓东写保证书等，更不会因即将陪朱晓东赴我国香港特别行政区培训而愉快辞职。因此，杨某某声称的如离婚就自杀只是一种威胁性说辞，不能推断出朱晓东可以顺利通过离婚的方式摆脱杨某某或让杨某某自杀身亡。

2. 案发前购书情节。被告人朱晓东于2016年8月28日（案发前一个多月）凌晨2时许购买包括《死亡哲学》《死亡解剖台》在内的5本书籍，其中《死亡解剖台》的相关内容与朱晓东的杀人手段，特别是藏尸方式（书中第一篇案例)高度相似。其购书行为有如下反常之处:第一,朱晓东购书的时间是在其供称与杨某某离婚未果(因杨某某称如离婚就自杀)2天后的凌晨,使离婚未果与买书之间建立一定关联,且朱晓东自称平时从不看书,其下单买书更显异常。朱晓东辩称该批订单的书籍均系杨某某想买,让其帮忙下订单,但从杨某某卧室内其他书籍来看,反映不出杨某某爱看《死亡解剖台》这类书,杨某某的好友亦证实该书不属于杨某某爱看的类型。第二,朱晓东下单时将收货人信息填写为其父姓名、电话、地址,让其父代为收货,此举也让人生疑,可能是不希望杨某某知道其购买该书。第三,朱晓东上述订单中购买的书籍,唯有《死亡解剖台》一书去向不明,其他4本均在现场找到,朱晓东无法解释该书去向。同时,与《死亡解剖台》有相通之处的《死亡哲学》一书未开封,并被放在家中相对隐蔽、一般不放书的厨房橱柜里,而其他书籍均放在卧室衣柜或杨某某一侧床头柜上,且已拆封,说明本次购书中有部分书籍系杨某某想买、想看,而朱晓东可能刻意隐瞒了其一并购买《死亡解剖台》《死亡哲学》这两本书的事实。结合朱晓东下单购书时间是凌晨2时许,杨某某可能根本不知道这两本书的存在。

3. 夫妻二人双双辞职情节。杨某某于案发前一个月以丈夫朱晓东升职要去香港培训,其需陪同赴港为由向任职的学校提出辞职,朱晓东陪同其去与校长谈辞职的事,后于被害前3天正式离职。但朱晓东同事的证言及朱晓东的供述证实,朱晓东不但没有升职去香港培训,反而在妻子递交辞职信6天后亦从公司辞职,后一直处于待业状态。显然,系朱晓东向杨某某虚构了其因升职要赴香港培训一事,而杨某某信以为真,并辞职准备陪同朱晓东一起赴港。

对此,被告人朱晓东辩称,杨某某因厌烦教师工作想辞职,其便与杨某某编造了其要赴港培训的辞职理由。该辩解与如下证据不符:一是杨某某的同事证实,杨某某平时工作勤恳,学生和家长对其反映都很好,未曾表现出朱晓东所称杨某某觉得小孩很烦、不想工作的迹象。二是杨某某的辞职信情真意切,反映出对与丈夫共同赴港生活的期待和不舍两地分离的依恋,结合杨某某同学所证,杨某某是一个信仰爱情、比较单纯的女孩,看不出其为辞职而编造丈夫赴港谎言的迹象。三是杨某某的同事、同学证实,杨某某提出辞职很坚决，且提到辞职一事时很开心，并发微信朋友圈公布离职一事，这反映杨某某对自己要陪丈夫去香港心怀向往，笃信无疑，如仅是为辞职编造的理由，应该不会有如此坚定且开心的反映。四是杨某某的辞职信、同事证言证实，杨某某说出了准确的赴港日期，并在其同事提出要与其吃“散伙饭”时，其称因其办的是旅游签证，两周后肯定会回沪，届时再与同事聚会，如为编造理由，无须编造和计划得如此详细，也不会在同事临时提出吃“散伙饭”的建议时不假思索地说出上述理由。五是出入境管理局的记录证实，朱晓东夫妇于案发前 8 天一起去申办了港澳通行证，案发次日朱晓东将办好的证件取回，办证时间与杨某某所称与朱晓东一起赴港的时间完全吻合。六是朱晓东母亲证实，朱晓东曾说要带杨某某去香港培训的时间亦与杨某某所称赴港时间吻合，且朱晓东母亲知道朱晓东夫妇为此申办港澳通行证一事。再反观朱晓东的表现，其在妻子辞职一事中起主导作用，且在妻子提出辞职 6 天后亦向公司提出辞职，并对妻子隐瞒其辞职一事，这极为反常。不排除朱晓东骗杨某某辞职共同赴港是让其淡出亲友视线，以致杨某某被害失联后无人关注。并且，朱晓东夫妇经济条件一般，朱晓东平日开销比较大，其在明知妻子提出辞职的情况下自己也提出辞职，完全不顾二人的经济来源，且在作案前带妻子去杭州旅游，不排除其已决意犯罪、不再顾虑日后的生活开支等问题。而杨某某在正式离职 3 天后即遇害，在时间上也高度巧合。

4. 案发前购买冰柜情节。被告人朱晓东在案发前 20 多天（其辞职 2 天后）购买一台冰柜，即后来藏尸所用冰柜。朱晓东对此辩称，其饲养冷血动物常需冷冻存放喂宠物的食物，家中原有冰箱用来放宠物的食物，购买冰柜用来存放其夫妇二人的食物。该情节有如下反常之处：第一，朱晓东购买冰柜是在其购买《死亡解剖台》一书 3 周后、杨某某提出辞职 8 天后、其本人辞职 2 天后，时间的“巧合性”异常。第二，朱晓东夫妇的住处为一居室（无厅），面积不大，且只有其二人居住生活，即便朱晓东需为宠物冷冻部分食物，也没必要在已有冰箱的情况下购买同款冰柜中容积最大的。事实证明，购买该冰柜后并未储存过多食物。因此，从购买时间和实际需求来看，朱晓东购买冰柜可能系作案后用于藏尸。

5.被告人朱晓东作案后的行为表现也不支持其系激情杀人。朱晓东掐死妻子杨某某后，不是立即自行施救或拨打120或亲友电话求救，反而很快修改杨某某的支付宝账户密码将杨某某的4.5万元转至自己账户，随后预订韩国首尔的酒店和往返机票，并在下午联系朋友邀约当晚聚会，后清洗现场床单，出门扔弃床垫，当晚与朋友喝酒玩乐至次日凌晨。这一系列行为，与社会生活中冲动下失手杀人后的通常反应存在巨大差异，看不到朱晓东的惊愕、恐慌，也看不到懊悔、愧疚和积极补救。

综上，案发前被告人朱晓东先购买写有杀人手段、冰冻尸体内容的《死亡解剖台》一书，之后虚构其因升职将去香港培训的理由让被害人杨某某申请辞职，其本人亦离职并购买冰柜，夫妻二人一起申办港澳通行证，在杨某某正式离职(10月14日)3天后将杨杀死。这一系列行为看似"孤立""巧合"，但在时间轴上先后发生、紧密衔接，与外围证据也能印证，而朱晓东对上述事件不能作出合理解释，故恰恰成为认定朱晓东系预谋杀妻的证据链条和事实基础。本案一审判决未认定朱晓东系预谋杀人，二审裁定用相当篇幅论证了朱晓东系预谋杀人的理由，并在裁判理由部分明确表述朱晓东属预谋作案，但未将预谋情节写入认定的事实，而是沿用了一审认定的事实。最高人民法院复核审查中，考虑预谋作案是本案事实认定方面的重要问题，故在裁定书中将朱晓东案发前与妻子产生矛盾、购买《死亡解剖台》等书籍及冰柜、与被害人先后辞职、作案后挥霍钱财等证明其系预谋作案的情节，在事实部分予以明确表述，丰富了犯罪事实中具体情节的认定，正面回应了辩护意见和社会关切。

(二)根据被告人朱晓东故意杀人的事实和相关情节，可以依法对其适用死刑

实践中，对于因婚姻家庭等民间矛盾激化引发的故意杀人案件，在适用死刑时十分慎重。最高人民法院2010年印发的《关于贯彻宽严相济刑事政策的若干意见》第二十二条规定，对于因恋爱、婚姻、家庭、邻里纠纷等民间矛盾激化引发的犯罪，应酌情从宽处罚。这是从犯罪性质角度所确立的一项基本的政策原则。其中，对被告人既有从宽处罚情节又有从严处罚情节的，要综合考虑各方面情节后最终决定是否适用死刑。

被告人朱晓东有一些从宽处罚情节,例如,本案系婚姻家庭矛盾引发,朱晓东自首且系父母"陪首",被告方也有赔偿意愿。但是,综合考虑全案事实和从宽、从严情节,最高人民法院最终核准了朱晓东死刑。主要理由如下:第一,从上文的分析可以看出,朱晓东系精心预谋作案,并非冲动之下临时起意犯罪,体现了比激情犯罪更大的主观恶性。第二,从案发起因看,朱晓东素行不良,对婚姻不忠诚是引发夫妻矛盾的直接原因,被害人杨某某对引发案件没有过错。第三,朱晓东在杀妻后将尸体藏于冰柜三个多月,并在此期间实施了一系列恶劣行径。例如,使用妻子和自己的账户大肆消费、透支、借贷,到处旅游,同其他女性开房;多次使用被害人的微信制造被害人还存活的假象等。这一系列行为反映出其毫无悔罪表现,给被害人亲属造成巨大伤害,也引起社会公众极大愤慨。第四,朱晓东虽有自首情节,但其在作案三个多月后因负债累累、无法继续隐瞒真相的情况下,才在父母陪同下投案,且在投案前一天扔弃被害人的身份证、手机和本人手机以毁灭罪证。这种投案看似"自动",其实是走投无路所致,与作案后因悔罪而立即主动投案的情形有区别,加之被害人尸体藏于家中冰柜内,一旦有人报案很容易锁定犯罪嫌疑人,故朱晓东自首的价值不大。第五,被害方未提起附带民事诉讼,反应强烈,拒不谅解,坚决要求判处朱晓东死刑。

值得一提的是,罪犯朱晓东已于2020年6月4日被依法执行死刑。执行死刑当日,最高人民法院、《人民法院报》、中央政法委长安剑等多家微信公众号和网络媒体进行了报道,当晚该条新闻长时间在百度热搜榜中排行前十,公众舆论基本"一边倒"地对裁判结果表示支持、肯定。

(撰稿:最高人民法院刑五庭　方文军　刘岩岩

审编:最高人民法院刑五庭　马　岩)

[第 1368 号]

余正希故意伤害案

——被害人过错的认定标准

一、基本案情

被告人余正希,男,1961 年 4 月 6 日出生。2016 年 8 月 24 日被逮捕。

广东省潮州市潮安区人民检察院指控被告人余正希犯故意伤害罪,向潮州市潮安区人民法院提起公诉。

被告人余正希对公诉机关的指控无异议。

潮州市潮安区人民法院经审理查明:2016 年 7 月 15 日晚,被告人余正希与被害人王某(时年 47 岁)因琐事在潮州市潮安区古巷镇古巷三村美厝公厅前发生口角,后被在场群众劝阻。后余正希为泄愤,持一把菜刀返回现场与王某打架。过程中,余正希持刀砍打王某,致王某的身体多处受伤,余正希也被王某打伤,后余正希逃离现场。案发后,余正希的家属已代其向王某先行支付赔偿款 12 550 元。

经法医鉴定:王某的身体损伤程度评定为轻伤二级,余正希的身体损伤程度评定为轻微伤。

另查明,附带民事诉讼原告人王某共用去医疗费 21 903.32 元。

潮州市潮安区人民法院经审理认为,被告人余正希持械故意伤害他人身体,致一人轻伤,其行为已构成故意伤害罪,依法应予以惩处,并应赔偿被害人王某因本案而遭受的物质损失。鉴于余正希归案后如实供述自己的罪行,且案发后能积极赔偿被害人的部分经济损失,依法予以从轻处罚。王某在本案中有一定过错,依法可以减轻余正希 20% 的民事赔偿责任,即余正希应赔偿王某经济损失共计 43 530.53 元。抵除余正希一方前已支付的 12 550 元,余正希还应当赔偿王某 30 980.53 元。依照《中华人民共和国刑法》第二百三十四条第一款、第六十七条第三款、第三十六条第一款,《中华人民共和国民法通则》第一百三十一条,《最高人民法院关于审理人身损害赔偿案件适用法律若干问题的解释》第十九条、第二十条、第二十一条、第二十二条、第二十三条、第二十四条、第三十五条之规定,判决如下:

1. 被告人余正希犯故意伤害罪,判处有期徒刑一年二个月。

2. 被告人余正希应赔偿附带民事诉讼原告人王某的医疗费、后续治疗费、住院伙食补助费、误工费、护理费、营养费、鉴定费、交通费共计43 530.53元,抵除余正希一方前已支付的款项12 550元,余款30 980.53元应于本判决发生法律效力之日起十日内付还。

3. 驳回附带民事诉讼原告人王某的其他诉讼请求。

宣判后,附带民事诉讼原告人王某对该案附带民事部分判决不服,上诉称整个案件都是余正希故意挑起事端,其在本案中没有任何过错,原审判决认定其在本案中有一定过错不当。

潮州市中级人民法院认为,被告人余正希故意伤害他人身体,致一人轻伤,其行为已构成故意伤害罪,应依法予以惩处。余正希故意伤害致王某轻伤,应对王某因此而遭受的物质损失承担相应的民事赔偿责任。原审判决审判程序合法,但认定王某在本案中有一定过错并据此减轻余正希应当承担的民事赔偿责任不当,应予纠正,判决如下:

1. 维持潮州市潮安区人民法院(2016)粤5103刑初524号刑事附带民事判决的第三项;

2. 撤销潮州市潮安区人民法院(2016)粤5103刑初524号刑事附带民事判决的第二项;

3. 原审被告人余正希应赔偿上诉人王某因本案而遭受的物质损失共计54 413.16元,抵除余正希一方前已支付的款项12 550元,余款41 863.16元应于本判决发生法律效力之日起十日内付还。

二、主要问题

司法实践中如何认定被害人过错?

三、裁判理由

本案中,关于被害人王某是否存在过错的问题,有两种意见:第一种意见认为,虽然被告人余正希持刀砍打王某,但因王某在现场未能冷静处理双方纠纷,且王某在打架过程中也将余正希打致轻微伤,故应认定王某在本案中存在过错;第二种意见认为,在案证据不足以认定王某存在过错。

我们同意第二种意见,理由如下:

被害人过错是司法案件中常见的情形。如《民法通则》第一百三十一条规定,受害人对损害的发生有过错的,可以减轻侵害人的民事责任。在刑事案件中,被害人是否有过错也影响被告人的量刑。但是,刑事案件中的被害人过错不同于一般话语环境中的过错,具有其自身特定的含义。刑法意义上的被害人过错,是指被害人出于主观上的过错实施了错误或不当的行为,且该行为违背了法律或者社会公序良俗、伦理规范等,侵犯了被告人的合法权益或其他正当利益,客观上激发了犯罪行为的发生。

实践中,认定被害人具有刑法意义上的过错,应具备以下条件:

第一,过错行为的实施者是被害人。如果过错行为是第三人所实施的,而被告人却针对被害人实施了犯罪行为,那么不能认定被害人有过错。

第二,被害人实施的行为违反了法律规定,或者违背社会公序良俗、伦理规范,应当受到社会的否定性评价。同时,这种应受谴责性应当达到一定的程度,即并非所有的过错都属于刑法意义上的过错,轻微的过错,不属于刑法意义上的被害人过错。在司法实践中,通常认为,只有被害人的言语或行为对被告人的合法权益或者社会公共利益造成比较恶劣的影响或比较严重的损害,为常人所不能容忍时,才属于刑法评判的范畴。比如,因夫妻矛盾引发的杀妻案件中,如果是因为妻子有婚外性关系,违背夫妻忠诚义务的,通常认为属于被害人过错;如果仅仅因为夫妻双方日常争执引发案件,通常不认为被害人有过错。

第三,被害人主观上具有过错。即被害人主观上是故意或过失的心态,应当受到法律或道德上的谴责。至于不可归咎于被害人的其他行为,则不能认定为被害人过错。

第四,过错行为与犯罪行为的发生之间具有关联性。这表现在以下几个方面:一是时间上的相近性,必须是过错行为在前,犯罪行为在后。同时,如果过错行为已经发生很久,被告人在多年之后实施犯罪行为的,通常情况下不再认定是被害人的过错激发了犯罪的发生。二是利益上的关联性,利益关联性是被害人行为构成过错的事实条件。比如,甲住在乙家与乙同居数年,后二人在生活中发生矛盾,乙欲结束这种同居关系而不让甲在其家继续居住,甲搬出后恼怒,于某夜潜入乙家将乙杀死。本案的诱因是乙不让甲在乙家居住,但乙的行为并未侵犯甲的正当利益因而不构成过错。两人同居关系与案件的发生并没有利益关联性,故而本案中乙与甲同居之后又将甲从其家中赶出,都不属于被害人过错。三是作用上的因果性,即被害人的过错行为与犯罪行为的发生之间具有引起与被引起的因果关系,被害人的行为直接激化或加剧了被告人的犯罪。

本案中,首先,王某的陈述和证人杨某的证言均证实被告人余正希与王某第一次、第二次发生争吵均是由余正希先挑起事端。其次,王某和证人周某、杨某均证实案发时是余正希先持刀砍人,之后王某才拿起凳子抵挡并打余正希,而不是王某先拿凳子打余正希。王某在拿起凳子抵挡的过程中虽然致余正希轻微伤,但这是由于余正希的先行侵犯行为所引起的。王某的行为与余正希的犯罪行为之间不具有因果性,故王某的行为不属于刑法意义上的过错行为。

综上,二审法院依法认定王某在本案中不存在过错,并据此对附带民事诉讼部分进行改判是正确的。

(撰稿:广东省潮州市中级人民法院　江　瑾

审编:最高人民法院刑四庭　叶邵生)

[第 1369 号]

高某某故意伤害案

——死刑缓期执行期间故意犯罪案件“情节恶劣”的把握

一、基本案情

被告人高某某，男，1985 年 7 月 30 日出生。2014 年 1 月 3 日因犯故意杀人罪被河南省许昌市中级人民法院判处死刑，缓期二年执行，剥夺政治权利终身，并限制减刑。2014 年 7 月 12 日经河南省高级人民法院裁定核准。

河南省许昌市人民检察院指控被告人高某某在死刑缓期执行期间又犯故意伤害罪，向河南省许昌市中级人民法院提起公诉。

河南省许昌市中级人民法院经审理查明：被告人高某某因犯故意杀人罪被判处死刑，缓期二年执行，剥夺政治权利终身，并限制减刑，2014 年 8 月 7 日入某省第三监狱服刑。2014 年 8 月 23 日下午，高某某被同监狱罪犯张某某（被害人）打骂，便怀恨在心。2014 年 8 月 24 日午饭后，高某某趁张某某在监舍休息之际，将放在监舍门口的暖水瓶内的开水，倒在趴在床上睡觉的张某某的面部、颈部、肩部、背部等处，致张某某被烫伤。经鉴定，张某某的损伤程度为轻伤一级。

河南省许昌市中级人民法院认为，被告人高某某主观上有伤害他人的故意，客观上实施了伤害他人的行为，并造成了被害人轻伤一级的后果，其行为已构成故意伤害罪。鉴于被害人对本案的引发存在过错，可以对高某某从轻处罚。依照《中华人民共和国刑法》第二百三十四条第一款、第六十一条之规定，判决如下：

被告人高某某犯故意伤害罪，判处有期徒刑一年；依据《中华人民共和国刑法》第五十条第一款（此处指《刑法修正案（九）》修正前的条款）、《中华人民共和国刑事诉讼法》第二百五十条第二款[①]、《最高人民法院关于适用〈中华人民共和国刑事诉讼法〉的解释》第四百一十五条第二款之规定，本判决生效以后，层报最高人民法院核准对被告人高某某执行死刑。

一审宣判后，在法定期限内没有上诉、抗诉。河南省许昌市中级人民法院依法报请河南省高级人民法院复核。

河南省高级人民法院裁定同意原判，同时依法报请最高人民法院核准。

最高人民法院复核认为，被告人高某某在死刑缓期执行期间，用开水浇烫他人身体，致人轻伤一级，其行为构成故意伤害罪，但鉴于被害人在本案起因上具有明显过错等情节，高某某故意犯罪尚未达到情节恶劣的程度，第一审判决和复核审裁定对高某某决定执行死刑的刑罚不当。根据《中华人民共和国刑法》第五十条第一款（此处指经《刑法修正案（九）》修正后的条款）、《中华人民共和国刑事诉讼法》第二百三十九条[②]和《最高人民法院关于执行〈中华人民共和国刑事诉讼法〉的解释》第三百五十条第（五）项、第三百五十三条第一款之规定，裁定如下：

不核准河南省高级人民法院同意第一审决定对被告人高某某执行死刑，剥夺政治权利终身的刑事裁定，并发回重审。

河南省许昌市中级人民法院经重审后认为，被告人高某某在死刑缓期执行期间，在受到同监室服刑人员被害人张某某打骂后，不通过正当渠道反映，而是伺机报复，致张某某轻伤一级，应以故意伤害罪追究高某某的刑事责任，但鉴于高某某因工作慢受到被害人的打骂，不存在不服管教、故意违反监规的问题；张某某在本案起因上存在明显过错，系引发高某某此次犯罪的主要原因。故对高某某所犯故意伤害罪予以从轻处罚，高某某的行为不属“情节恶劣”。依照《中华人民共和国刑法》第二百三十四条、第七十一条、第五十条第一款、第六十七条第三款、第六十九条、第六十一条之规定，判决如下：

被告人高某某犯故意伤害罪，判处有期徒刑一年；与其前犯故意杀人罪

① 此处引用的是2012年《刑事诉讼法》，对应2018年修正后的《刑事诉讼法》第二百六十一条第二款。

② 此处引用的是2012年《刑事诉讼法》，对应2018年修正后的《刑事诉讼法》第二百五十条。

所判处的刑罚并罚，决定执行死刑，缓期二年执行，剥夺政治权利终身，对被告人高某某限制减刑。

宣判后，被告人未提出上诉，检察机关亦未抗诉。判决已发生法律效力。

二、主要问题

（一）《刑法修正案（九）》对死刑缓期执行期间故意犯罪的规定对修正案施行前所判处的死缓罪犯及其于修正案施行前实施的故意犯罪有无溯及力？

（二）死刑缓期执行期间故意犯罪“情节恶劣”应如何把握？

（三）死刑缓期执行期间故意犯罪案件的审理程序应如何适用？

三、裁判理由

（一）《刑法修正案（九）》关于死刑缓期执行期间故意犯罪“情节恶劣的”才能执行死刑的规定，应当适用于该修正案实施之前已经判决并生效的死刑缓期执行罪犯

死刑缓期执行是我国特有的一种刑罚执行制度，自1979年《刑法》实施以来，先后经过两次修改。根据1979年《刑法》第四十六条的规定，对于判处死刑缓期执行的罪犯，在死刑缓期执行期间，“如果抗拒改造情节恶劣，查证属实的，由最高人民法院裁定或者核准，执行死刑”。1997年《刑法》第五十条对死缓罪犯变更执行死刑的条件作出修改，规定“如果故意犯罪，查证属实的，由最高人民法院核准，执行死刑”，限定了死缓罪犯变更为执行死刑的范围，要求抗拒改造的行为表现必须构成故意犯罪，才能考虑执行死刑。2015年11月1日施行的《刑法修正案（九）》对《刑法》第五十条再次作出修改，规定“如果故意犯罪，情节恶劣的，报请最高人民法院核准后执行死刑；对于故意犯罪未执行死刑的，死刑缓期执行的期间重新计算，并报最高人民法院备案”。这一修改，进一步严格了死刑缓期执行罪犯变更执行死刑的条件，要求该罪犯不但要有故意犯罪行为，而且必须达到“情节恶劣”的程度，才能变更为执行死刑。与1997年《刑法》相比，《刑法修正案（九）》的规定

对于死刑缓期执行罪犯故意犯罪的刑罚处理更轻，根据《刑法》第十二条“从旧兼从轻”的溯及力原则，该规定对于2015年11月1日之前判处的死刑缓期执行罪犯及这一类罪犯在2015年11月1日之前实施的故意犯罪行为，均应予以适用。因此，《最高人民法院关于〈中华人民共和国刑法修正案(九)〉时间效力的解释》第二条规定，“对于被判处死刑缓期执行的犯罪分子，在死刑缓期执行期间，且在2015年10月31日以前故意犯罪的，适用修正案刑法第五十条第一款的规定”。

具体到本案中，罪犯高某某于2014年7月12日被河南省高级人民法院裁定核准死刑，缓期二年执行，并限制减刑。2014年8月23日又再犯故意伤害罪，依照当时有效的《刑法》(《刑法修正案(九)》实施之前的1997年《刑法》)第五十条第一款之规定，应当报请最高人民法院核准后执行死刑，故第一审判决和复核审裁定决定对高某某执行死刑在当时是适当的。但在最高人民法院复核期间，《刑法修正案(九)》实施，因高某某的死刑执行裁定尚未生效，根据从旧兼从轻的原则，即应当适用修正后的《刑法》第五十条第一款规定予以审查。在最高人民法院不予核准并发回重审后，某某中级人民法院适用修正后的《刑法》第五十条第一款规定作出判决，也是正确的。

(二)死刑缓期执行期间故意犯罪“情节恶劣”的认定，应当根据故意犯罪的动机、手段、造成的危害后果等犯罪情节，并结合罪犯在缓期执行期间的改造、悔罪表现等，综合作出判断

根据修正后《刑法》第五十条第一款的规定，对于被判处死刑缓期执行的罪犯，如果在死刑缓期执行期间故意犯罪，情节恶劣的，报请最高人民法院核准后执行死刑。这里的“情节恶劣”该如何把握，目前尚没有司法解释予以规定。有观点认为，应当与《刑法》其他故意犯罪条文中规定的“情节恶劣”作同一理解；也有观点认为，应当以其故意犯罪所判处的刑罚为准，凡被判处三年有期徒刑以上刑罚或者五年有期徒刑以上刑罚的，均应当执行死刑。

我们认为，这两种观点均存在不妥之处，理由如下：

第一，现行《刑法》分则中关于“情节恶劣”的规定共有十条，其中危险驾驶罪，出版歧视、侮辱少数民族作品罪，打击报复会计、统计人员罪，虐待罪，

遗弃罪,寻衅滋事罪,虐待部属罪,遗弃伤病军人罪,虐待俘虏罪九个条文将“情节恶劣”规定为构成犯罪的基本条件,也就是说,属于入罪条款,针对的是故意犯罪的一般情形;另外,就是强奸罪条文中“强奸妇女、奸淫幼女情节恶劣的”处十年以上有期徒刑、无期徒刑或者死刑的规定。如果将“情节恶劣”理解为故意犯罪的一般情形,意味着所有的故意犯罪都属于“情节恶劣”的情形,就抵消了《刑法修正案(九)》对死缓罪犯故意犯罪执行死刑增加“情节恶劣”这一限制条件的意义,无疑不符合立法的原意。如果将“情节恶劣”理解为强奸罪条文中所规定的可能判处十年有期徒刑以上刑罚的严重情形,则死缓罪犯变更执行死刑的条件过于严格,既不符合民意,也不利于刑罚执行机关对罪犯的改造和管理。

第二,在我国刑法理论中,“情节恶劣”既包括对被告人主观心态或人格的判断,也包括对其客观行为表现的判断。死缓罪犯在监狱的封闭环境中可能实施的犯罪种类有限,但也存在死缓罪犯由于脱逃或者其他原因而脱管于社会的可能性,在后一种情况下,其可能实施一般自然人为主体的大多数种类犯罪。在死缓罪犯是否变更执行死刑的问题上,如果按其故意犯罪可能判处的刑罚搞“一刀切”,也不能应对实践中千差万别的情形。

因此,合理的做法是通过追本溯源,从“为什么对被告人缓期执行”出发来寻找“为什么对被告人执行死刑”的答案,换句话说,设置死缓制度的目的决定了死缓的适用条件,同样也就决定了死缓的撤销条件。

死缓制度设置的目的是减少和限制死刑,体现了社会主义人道精神。《刑法》第四十八条规定:“死刑只适用于罪行极其严重的犯罪分子。对于应当判处死刑的犯罪分子,如果不是必须立即执行的,可以判处死刑同时宣告缓期二年执行。”对该规定应当从以下两个方面理解:一方面,死刑缓期执行不是一种独立的刑种,而是死刑的一种执行方法,是对于本应当判处死刑的犯罪分子,考虑其存在一定情节,因此对其死刑不予立即执行,而是判决缓期二年执行,予以考察,以观后效。这就决定了死缓的适用对象仍是罪行极其严重的犯罪分子。另一方面,刑事责任的评价要素既包括犯罪行为的社会危害性大小,也包括犯罪人的主观恶性和人身危险性大小。死刑适用于社会危害性极为严重的罪行,在判断被告人所判处死刑是否属于“不是必须立即执行”的情形，还要从其主观恶性和人身危险性方面来分析，能否给其一个改过自新、重新做人的机会。因而，对于罪犯在缓期执行期间的故意犯罪，判断是否属于“情节恶劣”应予执行死刑，也应从其所犯新罪体现出来的主观恶性和人身危险性来评价。在司法实践中，判断是否达到“情节恶劣”的程度，可以根据犯罪的动机、手段、造成的危害后果等犯罪情节，并结合罪犯在缓期执行期间的改造、悔罪表现等，综合作出判断。具体而言：

1. 从犯罪原因上看，如果死缓罪犯所犯新罪事出有因，被害人有一定的过错或者责任，或者说系受被害人刺激而为，则说明该罪犯主观上并没有积极地对抗改造；如果其出于狭隘心态而针对他人或者不特定多数人实施犯罪，并且没有可归责于该罪犯以外的原因，则充分说明其主观上仍抱有仇恨社会的心态、抗拒改造。

2. 从犯罪手段及后果上看，如果被告人的犯罪手段节制，未造成特别严重后果，说明其内心对法制尚有敬畏之心，仍有改造余地；如果其行为毫无节制，受制于意外因素才被终止，或者造成特别严重的后果，则说明其行为不计后果，无视甚至蔑视法制，没有再改造的可能性。

3. 从死缓罪犯在缓期执行期间的整体表现来看，如果其在考验期间一贯表现不好，经常有不服管教、故意违反监规的行为，说明其主观上具有拒绝改造的心态，认定其故意犯罪是否属于“情节恶劣”时应当将这些情况考虑进来，从严对待；如果其在考验期间一贯表现良好，积极接受改造，则认定其故意犯罪是否属于情节恶劣时也应当结合其平时表现，从宽对待。

4. 死缓罪犯新犯故意犯罪被判处三年有期徒刑以上刑罚或者五年有期徒刑以上刑罚的，可以作为判断“情节恶劣”的重要参考，但不能一概而论，仍应结合上述三个情节予以综合判断。比如，对于被告人出于正当防卫的目的而实施故意杀人或者故意伤害犯罪，可能也会被判处五年以上有期徒刑，但如果绝对认定这种情况下即应执行死刑，恐怕与社会公众的道德价值观念也相违背；如果死缓罪犯实施以不特定多数人为犯罪对象的故意犯罪，如实施放火、爆炸、决水、投毒等，即使因未遂仅被判处三年以上五年以下有期徒刑的，但犯罪已反映出该罪犯极端仇视社会的心理和反社会人格，主观恶性和人身危险性极大，也应当判决报请最高人民法院核准死刑。

具体到本案中,从犯罪前因上看,罪犯高某某因劳动速度慢而被作为同监罪犯的被害人多次扇耳光并辱骂,并不存在不服管教,故意违反监规、对抗改造的问题,被害人在本案起因上存在明显的过错;从其犯罪表现上看,也是出于泄愤之举,并非要严重伤害被害人;而且高某某于2014年8月7日入监狱服刑,8月24日再犯故意伤害罪,实际接受监狱改造时间很短,就此判定其不服管教、抗拒改造,会有"不教而诛"之嫌。

综合以上考虑,认定高某某的故意犯罪不属于"情节恶劣",对其不执行死刑,是适当的。

(三)对死刑缓期执行期间故意犯罪决定不执行死刑的,不需再经过高级人民法院的复核程序;决定执行死刑的,则需要经过最高人民法院核准

根据修正后的《刑法》第五十条第一款的规定,对于被判处死刑缓期执行的罪犯,如果在死刑缓期执行期间故意犯罪,情节恶劣的,报请最高人民法院核准后执行死刑;对于故意犯罪未执行死刑的,死刑缓期执行的期间重新计算,并报最高人民法院备案。《最高人民法院关于对死刑缓期执行期间故意犯罪未执行案件进行备案的通知》第二条指出:"中级人民法院判决对死刑缓期执行期间故意犯罪不执行死刑的,不需要再报高级人民法院核准。"之所以对故意犯罪未执行死刑的不再报高级人民法院核准,是因为死刑(死缓刑)复核的主要目的是确定生效判决所认定死刑罪名的相关事实清楚、适用法律正确、对被告人判处的死缓适当,对于这类罪犯来说,其原来所判处的死缓已经经过高级人民法院的复核程序予以核准,再次上报的话,高级人民法院复核的主要对象仍是原判处死缓刑罪名的事实认定、法律适用及量刑问题,从诉讼经济的角度出发,没有必要再重复一次复核工作。而对于一审、二审裁判决定执行死刑的情形,因为最高人民法院是《刑法》规定的唯一死刑核准机关,而原来的死缓判决并未经最高人民法院复核,因此,应当报请最高人民法院核准。根据上述规定,对于死刑缓期执行期间故意犯罪的案件,在审理程序上应当作如下把握:

1.如果一审判决不执行死刑,控辩双方不提出上诉、抗诉,或者控辩双方提出上诉(认为自己无罪或者不构成故意犯罪)、抗诉(认为应当执行死

刑)而高级人民法院二审维持一审不执行死刑判决的,该一审判决即发生法律效力,不需由高级人民法院进行复核程序;或者一审判决对被告人执行死刑,控辩双方提出上诉或抗诉,高级人民法院二审改判不执行死刑的,即为终审判决;上述情形均应当将被告人移交监狱执行刑罚,同时将判决层报最高人民法院备案审查。如果高级人民法院和最高人民法院在备案审查中认为生效裁判确有错误的,按照审判监督程序予以纠正。

2. 如果一审判决决定对被告人执行死刑,控辩双方不提出上诉,或者控辩双方提出上诉(认为自己无罪、不构成故意犯罪的或者不应当执行死刑)、抗诉(认为不应当执行死刑)而高级人民法院二审维持一审执行死刑判决的;或者一审判决对被告人不执行死刑,检察机关提出抗诉而高级人民法院二审改判对被告人执行死刑的,应当报请最高人民法院核准。

(撰稿:河南省高级人民法院　蔡智玉
审编:最高人民法院刑四庭　周　峰)

[第 1370 号]

岳德分盗窃案

——无期徒刑减为有期徒刑后在执行期间发现漏罪，应当如何处理？

一、基本案情

被告人岳德分，男，1967 年 8 月 26 日出生。2006 年 11 月因犯盗窃罪被判处有期徒刑一年；2008 年 6 月因犯盗窃罪被判处无期徒刑，剥夺政治权利终身，2011 年 1 月 28 日减为有期徒刑十九年，剥夺政治权利九年，2013 年 7 月 28 日减刑一年十个月。2013 年 7 月 16 日因本案被依法解回再审。

浙江省杭州市人民检察院指控被告人岳德分犯盗窃罪，向杭州市中级人民法院提起公诉。

被告人岳德分对公诉机关指控的犯罪事实无异议。

杭州市中级人民法院经审理查明：2004 年至 2005 年 3 月，被告人岳德分伙同陈凯、于云飞（均已判刑）等人，分别进入杭州市萧山区靖江镇和顺村靖江春来布厂、靖江镇花神庙村五一化纤厂、靖江镇雷东村被害人孙尔军家、义蓬镇长红村被害人沈伯啸家、南阳镇雷山村威迈工艺厂，窃得铝管 800 余只、电缆线 30 米、电线 2 300 米、铝制品和铝合金一批、“五粮液”酒 2 瓶、硬盒“中华”香烟 1 条、护套线 1 400 米及音箱、VCD、功放等物，共计价值人民币 50 240 元。

2005 年 2 月至 5 月，被告人岳德分伙同张祥、岳邦全、岳邦利（均另案处理），采用挖墙洞、爬窗、撬窗等方式分别进入萧山区党湾镇曙光村梅西校办化纤预制砖厂变电房、党湾镇新前村党湾校办化纤厂，窃得变压器铜芯及铜线等财物，共计价值人民币 66 755 元。

综上，被告人岳德分共参与盗窃7次，窃得财物价值共计人民币116 995元。

杭州市中级人民法院认为，被告人岳德分以非法占有为目的，秘密窃取公私财物，数额巨大，其行为已构成盗窃罪。鉴于其归案后能如实供述部分罪行，对其可酌情从轻处罚。因该罪系前判宣告后且刑罚执行完毕前发现的漏罪，依法应与前判之刑罚并罚。据此，依照《中华人民共和国刑法》第二百六十四条、第六十九条、第七十条、第五十七条之规定，判决如下：

被告人岳德分犯盗窃罪，判处有期徒刑三年六个月，并处罚金人民币四千元，与前判无期徒刑，剥夺政治权利终身，并处没收个人全部财产并罚，决定执行无期徒刑，剥夺政治权利终身，并处没收个人全部财产。

宣判后，被告人岳德分提出上诉，辩称其现已服刑数年经两次减刑之后，仅因三年六个月有期徒刑的漏罪又被判处无期徒刑，不知刑期怎么折算。要求给其公正判决。

浙江省高级人民法院经审理认为，一审参照《中华人民共和国刑法》第六十九条、第七十条规定精神，对被告人岳德分所作量刑并无不当。至于无期徒刑后减刑，如何折算，这是刑罚执行中的问题，为解岳德分的疑惑，附判后释疑予以说明。一审定罪和适用法律准确，量刑适当。审判程序合法。依照《中华人民共和国刑事诉讼法》第二百二十五条第一款第（一）项①之规定，裁定如下：

驳回上诉，维持原判。

二、主要问题

无期徒刑减为有期徒刑后在执行期间发现漏罪，数罪并罚时原减刑裁定减去的刑期以及减为有期徒刑后已经执行的刑期如何处理？

三、裁判理由

司法实践中，由于减刑、假释等刑罚执行制度的存在，判处无期徒刑的

① 此处引用的是2012年《刑事诉讼法》，对应2018年修正后的《刑事诉讼法》第二百三十六条第一款第（一）项。

罪犯,除特殊情况外,一般可以减为有期徒刑。在无期徒刑减为有期徒刑或者被假释之后,刑罚执行完毕之前,行为人发现漏罪的情形并不少见。对于在假释考验期内发现漏罪的,根据《刑法》第八十六条之规定,直接撤销假释实行数罪并罚。然而,对于裁定减刑后出现漏罪的情形,实践中对于减刑裁定是否需要撤销,漏罪刑罚是与减刑后还是减刑前的原判刑罚并罚等问题争议较大。存在以下两种不同观点:

第一种观点认为,应当对漏罪作出判决,把新判决所确定的刑期与裁定减刑后的刑期依据《刑法》第六十九条数罪并罚后,再依据第七十条减去已经执行的刑期,从而确定最终的执行刑期。理由是:(1)减刑裁定是根据犯罪分子在刑罚执行过程中的表现,将原判刑罚予以减轻,是对原审判决的适当修正,应当视为与原判决具有同等的法律效力。与假释考验期内发现漏罪要撤销假释裁定的规定不同,在减刑后发现漏罪并无撤销减刑裁定的规定,如果在数罪并罚时对减刑裁定弃之不用,等于是变相地撤销了减刑裁定,势必会影响法院裁判文书的既判力和公信力,故应当将减刑后的刑期与新判决所确定的刑期实行并罚。(2)对于判处同样刑罚的服刑人员来说,其在执行期间有减刑的,有未减刑的,还有减刑程度不一的,如果在对漏罪处理时不考虑减刑裁定,就难以体现区别对待和公平原则,也不利于调动服刑人员的改造积极性。(3)根据《刑法》第七十条的规定,对于判决宣告后发现漏罪情形的并罚,已经执行的刑期,应当计算在新判决决定的刑期以内。然而,当前罪刑罚系死缓刑或者无期徒刑时,已经执行的刑期,在新判决中就无法予以扣除,显然不公平。

第二种观点认为,应当将前一判决所确定的无期徒刑刑罚与对漏罪所判刑罚依照"吸收原则"进行并罚后,确定其最终执行刑罚为无期徒刑。先前的减刑裁定无须撤销,经减刑裁定减去的刑期以及减为有期徒刑之后已经执行的刑期均不计算在内,但在执行第二个无期徒刑过程中,在再次减刑时应当考虑减刑裁定减去的刑期,以及第一次无期徒刑减为有期徒刑之后至漏罪判决之间已经执行的刑期。

我们同意第二种观点,具体理由如下:

(一)《刑法》第七十条关于数罪并罚规定中的“前后两个判决”,是指前罪判决和漏罪判决,不包括减刑裁定

在刑罚执行期间,人民法院会因罪犯表现良好而对其作出减刑裁定。这样当发现漏罪并作出判决之后,就会同时存在三份(或以上)裁判文书:前罪的第一份判决、减刑裁定(包括无期徒刑减为有期徒刑的裁定和有期徒刑的减刑裁定)及新发现的漏罪判决。此时,《刑法》第七十条数罪并罚规定中的“前后两个判决”,尤其是“前一个判决”到底是指哪一份裁判文书呢?是漏罪的前一份减刑裁定,还是前罪的第一份判决?我们认为,“前一个判决”只能是前罪判决书,而非减刑裁定。理由如下:

第一,从刑法条文的字面用语来看,《刑法》第七十条表述为“前后两个判决所判处的刑罚”。其中,对“刑罚”所作的限制性修饰是“判决所判处”,这一界定强调了该刑罚应当由“判决”确定,而非“裁定”确定。换言之,《刑法》第七十条规定的“判决所判处的刑罚”应当是指“原审判决书所记载的刑罚”,而非经裁定减刑后确定的“实际执行的刑罚”。因此,如果将裁定减刑后的刑罚视为“判决所判处的刑罚”,与法律条文的字面含义不符。

第二,通过对比“判决”与“减刑裁定”,可以发现二者存在很大区别:一是所处的诉讼阶段不同。前者处于审判阶段,而后者处于执行阶段。二是作出裁判所依据的事由不同。作出判决所依据的事由主要是犯罪行为的社会危害性,针对的对象主要是犯罪行为本身;而作出减刑裁定所依据的事由主要是罪犯人身危险性的减小,所针对的对象主要是犯罪行为人。三是所服务的目的和功能不同。作出判决主要是为了通过运用刑罚惩戒犯罪,更多地体现刑罚的报应功能;而减刑裁定的作出则主要是为了鼓励罪犯积极改造、认罪服法,更多地体现刑罚的教育、改造功能。而数罪并罚发生于审判阶段而非执行阶段,针对的对象系数个犯罪行为而非行为人,其目的更多的是惩戒而非教育、改造犯罪行为人。因此,《刑法》第七十条关于数罪并罚的规定是指针对前后两项犯罪所作的判决,而非针对犯罪行为人罪后表现所作的减刑裁定。

第三,2012 年 1 月 18 日《最高人民法院关于罪犯因漏罪、新罪数罪并罚时原减刑裁定应如何处理的意见》(以下简称《减刑处理意见》)规定:“罪犯

被裁定减刑后,因被发现漏罪或者又犯新罪而依法进行数罪并罚时,经减刑裁定减去的刑期不计入已经执行的刑期。”从上述规定可以看出,《减刑处理意见》实质上排除了减刑裁定对于因漏罪而进行数罪并罚的影响,并将原判决所确定的刑罚作为数罪并罚的基准。之所以不将减刑裁定减去的刑罚计入新的判决当中,主要是因为罪犯在服刑期间隐瞒漏罪事实或者重新犯罪,说明其并未真心悔过。如此规定体现了对减刑犯在执行过程中发现新增罪行从严处罚的精神,同时也可以敦促犯罪行为人及早供述出自己的余罪,并避免重新犯罪。

具体到本案中,先后存在四份裁判文书:第一份是2008年6月,因犯盗窃罪被判处无期徒刑,剥夺政治权利终身。紧接着是两份减刑裁定:2011年1月28日被裁定减为有期徒刑十九年,剥夺政治权利九年;2013年7月28日,被裁定予以减刑一年十个月。最后一份是2014年2月27日,因漏罪盗窃罪被判处有期徒刑三年六个月,并处罚金人民币四千元。面对上述四份裁判文书,一审、二审法院将第四份漏罪判决的刑罚即三年六个月,与第一份判决的无期徒刑进行并罚,最终判处无期徒刑是适当的。

（二）经减刑裁定减去的刑期以及无期徒刑减为有期徒刑后已被执行的刑期,属于刑罚执行问题,虽然在数罪并罚后的新判决中无法体现,但可在新判决执行过程中予以考虑

由于《刑法》第七十条规定的“把前后两个判决所判处的刑罚”是指前罪判决和漏罪判决,不包括减刑裁定,这就导致经减刑裁定减去的刑期在数罪并罚后的新判决中无法体现,相当于变相否定了减刑裁定的法律效力。更重要的是,在前罪刑罚系死缓刑或者无期徒刑,后减为有期徒刑并即将服刑完毕的情况下,对于已经执行的刑期,在并罚后的新判决中无法扣除,这对于服刑人员来说显失公平,也不利于调动服刑人员改造的积极性。

为了解决上述问题,最高人民法院通过两个司法文件,明确可以将上述因素放入新判决执行过程中去考虑,以达到既能严格依法,又有利于保障罪犯合法权益,有利于对罪犯的教育、感化和挽救的目的。具体来说,一方面,针对减刑裁定减去的刑期,最高人民法院在《减刑处理意见》中规定:“在此后对因漏罪数罪并罚的罪犯依法减刑,决定减刑的频次、幅度时,应当对其

原经减刑裁定减去的刑期酌予考虑。”另一方面，对于前罪判决系无期徒刑，被减为有期徒刑后已执行刑期的扣除问题，最高人民法院于2007年8月11日在《关于刘文占减刑一案给河北省高级人民法院的答复》中明确：“河北省高级人民法院：……罪犯刘文占犯盗窃罪被判处无期徒刑，减为有期徒刑十八年之后，发现其在判决宣告之前犯有强奸罪、抢劫罪。沧州市中级人民法院作出新的判决，对刘文占以强奸罪、抢劫罪分别定罪量刑，数罪并罚，决定对罪犯刘文占执行无期徒刑是正确的。现监狱报请为罪犯刘文占减刑，你院在计算刑期时，应将罪犯刘文占第一次减为有期徒刑十八年之后至漏罪判决之间已经执行的刑期予以扣除。”

具体到本案中，尽管减刑裁定减去的刑期以及无期徒刑减为有期徒刑后已经执行的刑期，在数罪并罚后的新判决中并未予以扣除，但是二审裁定书在判后释疑中引用了上述两个司法文件，告知被告人岳德分，只要其在执行新的刑罚期间符合认罪服法、表现良好、受奖立功等减刑条件的，就可以在对其再次减刑时充分考虑前一判决执行期间的减刑情况。这样做既符合现行法律规定，也有利于调动服刑人员的改造积极性。

（三）在将前罪与漏罪刑罚进行并罚作出新判决时无须撤销原减刑裁定

司法实践中，对于“新判决作出后是否需要撤销原减刑裁定”也存在分歧。有观点认为，应当比照假释期间发现漏罪的做法，在新判决中将减刑裁定予以撤销。我们认为，对于先前的减刑裁定无须撤销，理由如下：

《刑法》没有规定将前罪与漏罪进行并罚作出新判决时需撤销原减刑裁定。尽管减刑和假释都是我国刑罚执行制度，但对于假释适用相关的数罪并罚问题，《刑法》第八十六条作了明确规定，即对在假释考验期限内发现被假释人犯新罪或有漏罪的，应当先撤销假释，再依据《刑法》第七十条、第七十一条的规定实行数罪并罚。而对与减刑适用相关的数罪并罚问题，《刑法》并没有明确规定，也没有相关司法解释。这从另一个侧面反映，《刑法》对减刑和假释在适用数罪并罚问题上是有一定区别的。

另外，假释一旦被撤销之后，在假释期间已经过的考验期便作废，收监执行尚未执行完毕的刑罚；而减刑裁定不同，在服刑期间如果发现被减刑人犯新罪或有漏罪的，在新判决执行过程中，先前作出的减刑裁定仍然是应当考量的因素，而并非一律作废，可见对于减刑裁定不应完全比照假释的情况予以撤销。

综上，一审、二审法院对被告人岳德分的前一判决所确定的无期徒刑刑罚与对漏罪所判刑罚进行并罚后，确定其最终执行刑罚为无期徒刑是适当的。

（撰稿：浙江省高级人民法院　聂昭伟
审编：最高人民法院刑四庭　陆建红）

［第1371号］

朱港春、李俊乐诈骗案

——“单方欺诈型”虚假诉讼行为应当如何定罪处罚和正确适用从旧兼从轻原则

一、基本案情

被告人朱港春，男，汉族，1973年12月25日出生。2006年3月2日因犯非法拘禁罪被判处拘役四个月，缓刑八个月。2015年5月15日因本案被逮捕，2016年3月3日被取保候审。

被告人李俊乐，曾用名李乃平，男，汉族，1965年10月29日出生。2015年5月15日被逮捕，2016年3月3日被取保候审。

浙江省丽水市莲都区人民检察院以被告人朱港春、李俊乐犯诈骗罪，向丽水市莲都区人民法院提起公诉。

被告人朱港春、李俊乐对指控的犯罪事实均无异议。辩护人提出，二被告人的行为不符合诈骗罪的构成要件，应认定为虚假诉讼罪。

丽水市莲都区人民法院经审理查明：被告人朱港春在丽水市投资开办浙江浩胜投资有限公司，从事帮助他人临时资金周转等方面业务，并从借贷活动中收取高额利息作为盈利，被告人李俊乐参与合作并从中获取利益。2013年4月中旬，被害人徐同亮因一笔总额为200万元的贷款到期急需资金，遂通过朋友项建清找到李俊乐、朱港春借款。同月14日，徐同亮在朱港春提供的格式借条上填写了无出借人、无借款利息、借款总额为200万元的借条，借款时间为同月15日，约定同月30日前归还全部借款，并加盖了自己经营的丽水市同亮贸易有限公司的公章，徐同亮的妻子毕晶作为借款人在借条上签名。徐同亮填好借条后，找到朋友方良斌、项建清、季飞云在借条上签名担保。同月15日,徐同亮将办妥借款担保手续的借条交给朱港春,朱港春预先扣除借款利息后,从自己在浦发银行丽水支行的个人账户中转账145万元至李俊乐在该银行开立的个人账户,朱港春、李俊乐以及吴巧宏、胡光华、徐永进等人凑足200万元后,当日下午由吴巧宏代为办理,从李俊乐的个人账户中同行转账支付给徐同亮。之后,朱港春在徐同亮出具的借条上,分别在方良斌、项建清、季飞云的签名前擅自加注“借款人(1)、(2)、(3)”字样,将上述三位担保人的身份篡改为共同借款人。同月28日,徐同亮将全部200万元欠款转账归还至朱港春的浦发银行丽水支行账户,向朱港春讨要借条时,朱港春以徐同亮之前为他人担保的另一笔借款300万元尚未归还为由拒绝归还。徐同亮经与朱港春多次争吵、协商,朱港春对借条进行彩色复印后,将复印件交给徐同亮。之后,项建清得知朱港春等人欲持借条起诉的消息,要求朱港春将借条上其名字划去。

2013年下半年至2014年2月,被告人朱港春的律师根据其要求,以被告人李俊乐为原告,徐同亮、方良斌、季飞云、毕晶以及丽水市同亮贸易有限公司为被告撰写民事起诉状,要求上述被告归还原告借款本金200万元并支付利息40万元。同月9日,李俊乐在朱港春的要求下,在律师准备好的特别授权委托书和起诉状上签名,并在徐同亮出具的借条原件上原无出借人和无利息处,分别写上“李俊乐”和“2”字样。同年5月14日,律师以李俊乐为原告,向丽水市莲都区人民法院起诉。丽水市莲都区人民法院审查立案后,经公告送达和审理,于同年11月6日作出民事判决,判令被告徐同亮、方良斌、季飞云、毕晶以及丽水市同亮贸易有限公司于判决生效后十五日归还原告李俊乐借款200万元,并支付自2013年4月15日起按月利率2%计算至判决确定的履行期限届满之日止的利息。

一审判决作出后,民事被告方良斌、季飞云不服,向丽水市中级人民法院提起上诉。二审期间,方良斌、季飞云经与李俊乐的特别授权代理人协商,于2015年3月18日达成和解协议,约定由季飞云、方良斌在2015年8月30日前每人向李俊乐支付10万元,剩余的180万元与方良斌、季飞云无关,方良斌、季飞云撤回上诉。之后,方良斌、季飞云向丽水市中级人民法院申请撤回上诉,丽水市中级人民法院于同月19日作出民事裁定书,裁定准许方良斌、季飞云撤回上诉，双方均按原审判决执行。2015 年 4 月 9 日，丽水市公安局莲都区分局对季飞云、方良斌等人被诈骗案立案侦查。

丽水市莲都区人民法院认为，被告人朱港春、李俊乐结伙采用捏造事实的方法，通过变造证据等手段向人民法院提起民事诉讼，意图欺骗人民法院作出有利于自己的错误裁判，妨害司法秩序，其行为均已构成虚假诉讼罪。公诉机关指控二被告人的犯罪事实成立，证据确实、充分，予以支持。二被告人的主观故意虽以牟取不正当利益为目的，但其客观表现为以捏造的事实向人民法院提起民事诉讼，行为侵犯的是正常司法秩序和利益相关人的合法权益，符合《刑法》规定的虚假诉讼罪的构成要件，公诉机关指控罪名有误，应予纠正，辩护人提出的本案不符合诈骗罪的辩护意见予以采纳。根据被告人前科犯罪情况、犯罪事实、在共同犯罪中的作用、归案后认罪态度等情节，依照《中华人民共和国刑法》第三百零七条之一第一款，第二十五条第一款，第二十六条第一款、第四款，第二十七条，第六十七条第三款，第六十一条，第六十二条，第四十五条，第五十二条，第七十二条第一款、第三款，第七十三条第二款、第三款之规定，判决如下：

1. 被告人朱港春犯虚假诉讼罪，判处有期徒刑三年，缓刑五年，并处罚金人民币十万元；

2. 被告人李俊乐犯虚假诉讼罪，判处有期徒刑二年，缓刑三年，并处罚金人民币五万元。

宣判后，丽水市莲都区人民检察院提出抗诉：原判认定被告人朱港春、李俊乐构成虚假诉讼罪属定性错误，导致量刑不当，建议依法改判。《浙江省高级人民法院、浙江省人民检察院关于办理虚假诉讼刑事案件具体适用法律的指导意见》第六条规定："以非法占有为目的，进行虚假诉讼，骗取公私财物的，按照刑法第二百六十六条诈骗罪处理"；根据《刑法修正案（九）》新增的《刑法》第三百零七条之一第二款的规定，实施虚假诉讼行为，非法占有他人财产或者逃避合法债务，又构成其他犯罪的，依照处罚较重的规定定罪处罚。二被告人提起虚假诉讼是手段，非法占有他人财物是目的，属于牵连犯，应依法认定为诈骗罪。丽水市人民检察院支持抗诉，支持抗诉意见和出庭意见认为，《最高人民法院关于〈中华人民共和国刑法修正案（九）〉时间效力问题的解释》第七条规定，对于《刑法修正案（九）》施行前的诉讼诈骗行为，非法占有他人财产或者逃避合法债务，根据修正前《刑法》应当以诈骗罪等追究刑事责任的，适用修正前《刑法》的有关规定。诉讼诈骗属于诈骗具体类型中的“三角诈骗”，符合诈骗罪的构成要件，且即使认定二被告人不构成诈骗罪，原判适用法律亦违反禁止不利溯及既往的要求，请求依法改判。

原审被告人朱港春和李俊乐均辩解称自己不构成诈骗罪，请求维持原判。辩护人提出，抗诉机关认为原审定性错误的理由不能成立，《浙江省高级人民法院、浙江省人民检察院关于办理虚假诉讼刑事案件具体适用法律的指导意见》的效力低于《刑法修正案（九）》，而《刑法修正案（九）》单独设立了虚假诉讼罪，明确规定通过虚假诉讼非法占有他人财物或逃避合法债务的，需审查是否符合其他犯罪的构成要件，二被告人除提起民事诉讼行为以外，不存在诈骗他人的意图和行为，也不存在他人因此被骗而主动交付财物的事实，不符合诈骗罪的构成要件，2002 年 10 月 24 日《最高人民检察院法律政策研究室关于通过伪造证据骗取法院民事裁判占有他人财物的行为如何适用法律问题的答复》亦明确规定，对于虚假诉讼行为，不宜以诈骗罪追究行为人的刑事责任，请求驳回抗诉，维持原判。

丽水市中级人民法院经审理认为，原审被告人朱港春、李俊乐明知借款人所欠借款已经归还，仍然捏造事实起诉借款人及担保人，要求对方归还借款及利息，具有非法占有他人财产的主观目的，客观上实施了虚构事实、隐瞒真相行为，致使人民法院作出错误裁判处分被害人的财产，符合诈骗罪的构成要件。《最高人民法院关于〈中华人民共和国刑法修正案（九）〉时间效力问题的解释》第七条第二款规定，通过虚假诉讼，非法占有他人财产或者逃避合法债务，根据修正前《刑法》应当以诈骗罪等追究刑事责任的，适用修正前《刑法》的有关规定。《最高人民检察院法律政策研究室关于通过伪造证据骗取法院民事裁判占有他人财物的行为如何适用法律问题的答复》不属于司法解释，且与上述司法解释相冲突，不予适用。原判认定朱港春、李俊乐的行为构成虚假诉讼罪属适用法律错误，抗诉机关的抗诉理由成立。朱港春、李俊乐因意志以外的原因未得逞，系诈骗犯罪未遂。依照《中华人民共和国刑法》第二百六十六条，第二十三条，第二十五条第一款，第二十六条第一款、第四款，第二十七条，第六十七条第三款，第七十二条第一款、第三款，第七十三条第二款、第三款，《最高人民法院关于〈中华人民共和国刑法修正案(九)〉时间效力问题的解释》第七条第二款和2012年修订的《中华人民共和国刑事诉讼法》第二百二十五条第一款第(二)项之规定，判决如下：

1. 撤销丽水市莲都区人民法院(2015)丽莲刑初字第878号刑事判决。

2. 被告人朱港春犯诈骗罪，判处有期徒刑四年六个月，并处罚金人民币十五万元。

3. 被告人李俊乐犯诈骗罪，判处有期徒刑二年，缓刑五年，并处罚金人民币十万元。

二、主要问题

(一)“单方欺诈型”虚假诉讼行为是否构成诈骗罪？

(二)“单方欺诈型”虚假诉讼行为发生在《刑法修正案(九)》施行之前，《刑法修正案(九)》施行之日尚未处理的，应当如何定罪处罚？

三、裁判理由

本案公诉机关以被告人朱港春、李俊乐的行为构成诈骗罪为由提起公诉，辩护人提出应认定为虚假诉讼罪，一审法院采纳了辩护意见，认定二被告人的行为构成虚假诉讼罪。检察机关抗诉提出应认定为诈骗罪，二审法院改判为诈骗罪，反映出诉讼各方对被告人行为性质、适用法律方面的分歧。具体分析如下：

(一)“单方欺诈型”虚假诉讼行为依法构成诈骗罪

本案中，被告人朱港春、李俊乐明知债务人的借款已经全部归还，双方之间的债权债务法律关系已经消灭，仍然故意捏造事实，起诉要求借款人及担保人再次归还借款及利息，属于刑法理论所称的“单方欺诈型”虚假诉讼行为。对于“单方欺诈型”虚假诉讼行为可否认定为诈骗罪，在《刑法修正案(九)》施行之前和之后，一直存在较大争议，存在多种意见：第一种意见认为，“单方欺诈型”虚假诉讼行为不符合诈骗罪的构成要件，不构成诈骗罪，在刑法无明确规定的情况下，应认定为无罪；第二种意见认为，“单方欺诈型”虚假诉讼行为人的主观目的是借助人民法院的强制执行力，迫使被害人非自愿的交付财物，更加符合敲诈勒索罪的构成要件，应以敲诈勒索罪定罪处罚；第三种意见认为，“单方欺诈型”虚假诉讼行为属于典型的“三角诈骗”，应依法认定为诈骗罪。

我们认为，对“单方欺诈型”虚假诉讼行为依法可以认定为诈骗罪，主要理由如下：

第一，认定“单方欺诈型”虚假诉讼行为构成诈骗罪不存在理论上的障碍。诈骗罪，是指以非法占有为目的，采用虚构事实或者隐瞒真相的方式，骗取他人财物的行为。诈骗犯罪行为的通常表现形式为：行为人向被害人实施虚构事实或者隐瞒真相行为——被害人产生认识错误进而自愿交付自己所有或者占有的财物——被害人遭受财产损失。这种情况下，受骗人处分自己所有或者占有的财物，自己遭受财产损失，受骗人（财产处分人）与被害人具有同一性，完全符合诈骗罪的构成要件，以诈骗罪定罪处罚不存在争议。但是，在“单方欺诈型”虚假诉讼的情况下，因行为人捏造事实而被骗的是人民法院，人民法院在受蒙蔽的情况下处分的是民事被告的财产，遭受损失的是民事被告，受骗人（财产处分人）与被害人并非同一主体，发生了分离。对于这种情况，理论上一般称为“三角诈骗”，是否可以以诈骗罪论处，是理论和实践中的主要分歧所在。我们认为，首先，《刑法》关于诈骗罪的规定并未排除“三角诈骗”，无受骗人与被害人必须是同一主体的规定，“三角诈骗”行为完全符合诈骗罪的构成要件。其次，诈骗罪属于侵犯财产犯罪，《刑法》规定诈骗罪的目的是保护公私财产，“三角诈骗”在侵犯公私财产权益方面与普通诈骗不存在任何区别，对“三角诈骗”以诈骗罪论处，符合刑法关于诈骗罪的立法原意。

第二，相关立法资料反映出立法机关亦认为“单方欺诈型”虚假诉讼行为构成诈骗罪。《刑法修正案（九）》（草案一次审议稿）建议增设刑法第三百零七条之一第二款规定：“以捏造的事实提起民事诉讼，非法侵占他人财产或者逃避合法债务，又构成其他犯罪的，依照本法第二百六十六条（诈骗罪）的规定从重处罚”，明确虚假诉讼犯罪行为可以构成诈骗罪。后续审议过程中,有意见提出,实施虚假诉讼行为非法侵占他人财产,还可能构成职务侵占罪、贪污罪等其他侵财型犯罪,故立法机关对《刑法》第三百零七条之一第二款之规定作了进一步修改,明确此类行为又构成其他犯罪的,依照处罚较重的规定定罪从重处罚。此处的"其他犯罪",既包括诈骗罪,也包括以欺诈手段实施的职务侵占罪、贪污罪等侵财型犯罪。从《刑法修正案(九)》的审议过程可以看出,立法机关明确认为"单方欺诈型"虚假诉讼行为可以构成诈骗罪。类似本案被告人朱港春、李俊乐实施的捏造事实提起民事诉讼,意图骗取人民法院裁判文书、非法占有他人财产的行为,可以依法认定为诈骗罪。

(二)"单方欺诈型"虚假诉讼行为发生在《刑法修正案(九)》施行之前,《刑法修正案(九)》施行之日尚未处理的,应当适用修正前《刑法》规定,以诈骗罪定罪处罚

被告人朱港春、李俊乐在债务人已经全部清偿借款的情况下,采用拒不偿还借条、将担保人篡改为借款人等手段,捏造他人对自己负有债务的事实,向人民法院提起民事诉讼,该行为符合《刑法》第三百零七条之一规定的虚假诉讼罪的构成要件。但是,虚假诉讼罪是 2015 年 11 月 1 日施行的《刑法修正案(九)》增设的罪名,朱港春、李俊乐的行为发生在《刑法修正案(九)》施行之前,而《刑法修正案(九)》施行之日尚未处理完毕,涉及刑法规范的选择适用问题。

对于刑法规范的选择即刑法的溯及力问题,刑法理论和实践中普遍采用从旧兼从轻原则。《刑法》第十二条第一款规定:"中华人民共和国成立以后本法施行以前的行为,如果当时的法律不认为是犯罪的,适用当时的法律;如果当时的法律认为是犯罪的,依照本法总则第四章第八节的规定应当追诉的,按照当时的法律追究刑事责任,但是如果本法不认为是犯罪或者处刑较轻的,适用本法。"在立法层面上确立了刑法规范选择的从旧兼从轻原则。为了解决《刑法修正案(九)》施行之后的刑法规范选择问题,最高人民法院出台了《关于〈中华人民共和国刑法修正案(九)〉时间效力问题的解释》(以下简称《时间效力解释》),对《刑法修正案(九)》施行前后虚假诉讼罪的认定问题作出了专门规定。根据《时间效力解释》第七条第二款的规

定,实施虚假诉讼行为,非法占有他人财产或者逃避合法债务,根据修正前《刑法》应当以诈骗罪、职务侵占罪或者贪污罪等追究刑事责任的,适用修正前《刑法》的有关规定。

根据《最高人民法院关于适用刑法第十二条几个问题的解释》的规定,《刑法》第十二条规定的"处刑较轻",是指刑法对某种犯罪规定的刑罚即法定刑比修订前《刑法》轻。法定刑较轻是指法定最高刑较轻;如果法定最高刑相同,则指法定最低刑较轻。据此,在某一行为同时符合虚假诉讼罪构成要件和诈骗罪等侵财型犯罪构成要件的情况下,由于诈骗罪等侵财型犯罪的法定最高刑一般高于虚假诉讼罪,根据《刑法》第三百零七条之一第三款的规定,应以诈骗罪等侵财型犯罪从重处罚。但是,如果适用修正前《刑法》的规定,对该行为应直接以诈骗罪等侵财型犯罪定罪处罚,无从重处罚的要求。《时间效力解释》第七条第二款规定,对发生在《刑法修正案(九)》施行之前,《刑法修正案(九)》施行后尚未处理完毕,同时符合虚假诉讼罪构成要件和诈骗罪等侵财型犯罪构成要件的行为,适用修正前《刑法》的有关规定。因而,本案认定为诈骗罪等侵财型犯罪,是贯彻落实从旧兼从轻原则的必然结果。

综上,本案二审法院适用《时间效力解释》第七条第二款的规定,改判被告人朱港春、李俊乐的行为均构成诈骗罪并根据各自的犯罪事实、情节分别量刑,是适当的。

(撰稿:最高人民法院刑四庭　王凯凯

审编:最高人民法院刑四庭　陆建红)

[第 1372 号]

黄金章诈骗案

——诈骗犯罪与民事欺诈行为的界限

一、基本案情

被告人黄金章,男,1970 年 10 月 2 日出生。2012 年 10 月 19 日被执行逮捕。

福建省莆田市人民检察院指控被告人黄金章犯诈骗罪,向莆田市中级人民法院提起公诉。

被告人黄金章辩称,其主观上不具有非法占有的目的,不构成诈骗罪。其辩护人提出黄金章及黄金鞋模公司至今不存在资不抵债的情况,使用伪造的产权证明作抵押,将款用于股票投资,不足以认定存在诈骗的故意,黄金章不构成诈骗罪。

莆田市中级人民法院经公开审理查明:被告人黄金章与股东黄金锋、黄金杨、陈金太于 2000 年 6 月成立黄金鞋模公司。该公司由黄金章负责日常监管和生产。因经营管理不善,经营状况逐渐恶化,至 2009 年起,该公司长期负债 100 多万元。2012 年 4 月 27 日,黄金锋、黄金杨、陈金太与黄金章以协议方式将股权转让给黄金章、王秀琴为新股东。黄金章在公司经营不善、生产停滞,无法扩大经营的情况下,以伪造的公司、个人房地产证为抵押,诈骗林志平等人钱财共计 1 349 万元。黄金章无力还款后,畏罪潜逃被抓获归案。

莆田市中级人民法院认为,被告人黄金章以非法占有为目的,虚构事实、隐瞒真相,骗取他人财物共计 1 349 万元,数额特别巨大,其行为已构成诈骗罪。黄金章的诈骗所得依法应当退赔。据此,依照《中华人民共和国刑法》第二百六十六条、第五十二条、第五十三条、第六十四条之规定,判决如下:

1. 被告人黄金章犯诈骗罪，判处有期徒刑十五年，并处罚金人民币一百万元；

2. 责令被告人黄金章向被害人林志平等人退赔违法所得。

宣判后，被告人黄金章上诉称：原判认定黄金鞋模公司在资不抵债的情况下，虚构事实，以伪造的产权证作抵押，诈骗他人钱财缺乏客观、确实、充分的依据；其与林志平、王永德之间是民间借贷关系，非诈骗；在向薛雄辉借款560万元中，仅可能构成伪造国家机关公文、证件罪，不构成诈骗罪。其辩护人提出，黄金章具有还款能力，应当从知识产权、核心技术和团队来计算其财力，炒股是国家允许和鼓励的行为，不能以炒股行为来判断黄金章构成诈骗。

福建省人民检察院出庭检察员出庭意见：原判认定事实清楚，证据确实、充分。黄金章以非法占有为目的，虚构事实、隐瞒真相，向林志平、王永德、薛雄辉骗取1 349万元，查证属实；黄金章的上诉理由不能成立。黄金鞋模公司在借款之前经营恶化；黄金章大量借款，并且隐瞒真实用途；黄金章借款时使用假产权证抵押、解押；向薛雄辉借款560万元属于典型的“拆东补西”行为；黄金章有潜逃的情节；案发后司法机关拍卖黄金章房产并不能由此否定其具有非法占有的目的。建议驳回上诉，维持原判。

福建省高级人民法院经公开开庭审理查明：

1. 2010年11月，被告人黄金章以“工厂生产需要资金周转，扩大生产”为理由，向被害人林志平借款共计500万元。2011年4月、6月间黄金章又以同样理由向林志平借款500万元。2011年6月，林志平要求黄金章提供抵押担保，黄金章将伪造的黄金鞋模公司土地证和三本房产证抵押给林志平。2012年5月8日，黄金章再次书写欠条，约定1 000万元款于2012年10月8日前还清，并加盖黄金鞋模公司公章，同日黄还伪造黄金鞋模公司同意以公司的房地产权证作为抵押的股东会决议，交给林志平。至2012年5月16日，黄金章共归还林志平279.5万元。

在本案审理期间，林志平以黄金鞋模公司承担担保责任诉至本院，莆田市中级人民法院于2014年1月26日作出(2013)莆民初字第172号民事判决，判决黄金鞋模公司向林志平赔偿损失人民币1 000万元及利息。后林志平据此参与福州市中级人民法院(2013)榕执行字第333号执行案件拍卖余款分配,分得173.65万元。

2. 2012年2月,被告人黄金章向被害人王永德借款100万元,并以伪造的房产证、土地证各一本作为抵押,至2012年4月29日,仅归还4万元。

3. 2009年被告人黄金章以其莆田市城厢区凤凰山街道月塘居委会新梅路67号房产及其弟黄金锋、黄金杨的房产等作为抵押向工商银行莆田市分行申请贷款560万元,至2012年9月24日到期。2012年6月14日,黄金章仍以上述房产为抵押向工商银行莆田市分行申请贷款600万元。次日,黄金章以"其正在申请贷款600万元,手续已经审批"及届时将会用该笔贷款偿还被害人薛雄辉为由,向薛雄辉借款560万元,并用于偿还其之前在中国工商银行莆田市江口支行的贷款。黄金章于当日写下欠条,并注明以黄金鞋模公司担保。2012年6月18日,黄金章持其莆田市城厢区凤凰山街道月塘居委会新梅路67号房产证到房管部门办理解除抵押时,被房管部门发现该房产证系伪造,未能办理解押。工商银行的600万元贷款未能发放。薛雄辉无力追回欠款,于同月23日以黄金章诈骗向公安机关报案。黄金章得知薛雄辉报案后潜逃外地。

福建省高级人民法院认为,被告人黄金章高息向他人借款,并出具借据,借款资金用于股市投资和偿还银行贷款等合法经营活动。认定黄金章具有非法占有为目的依据不足,其确有虚构部分事实或考隐瞒真相的行为,但其实施这一行为并非为了实现非法占有的目的,故其行为不符合诈骗罪的构成要件,应属于民事欺诈行为,由此与债权人产生的纠纷,应通过民事诉讼方式予以解决,不应予以刑事追究。黄金章及其辩护人提出不构成诈骗罪的诉辩理由成立,予以支持。据此,依照《中华人民共和国刑事诉讼法》第二百二十五条第一款第(二)项、第二百三十一条、第一百九十五条第一款第(二)项[①]的规定,判决如下:

1. 撤销莆田市中级人民法院(2014)莆刑初字第48号刑事判决。

2. 上诉人黄金章无罪。

---

① 此处引用的是2012年《刑事诉讼法》,对应2018年修正后的《刑事诉讼法》第二百三十六条第一款第(二)项、第二百四十四条、第二百条第一款第(二)项。

二、主要问题

如何区分诈骗犯罪与民事欺诈行为?

三、裁判理由

审理中,对于被告人黄金章的行为如何定性有两种观点:第一种观点认为,黄金章通过虚构事实,隐瞒真相的手段取得财物,还伪造假房产证、土地证作抵押,将大量的钱用于高风险股票投资,以及支付高利贷,其明知没有还债能力,资不抵债,案发后潜逃,符合诈骗罪的基本特征,构成诈骗罪。第二种观点认为,黄金章借款是为了企业经营,炒股是合法行为,其借钱时虽未将公司停业的真实情况告诉债权人,但只表明他是用欺诈的方法借钱,不等于为了非法占有,应按民事欺诈处理,其仅应当承担偿还借款的责任,应为无罪。我们同意后一种意见。对于厘清诈骗犯罪和民事欺诈行为的界限,本案具有相当代表性。在当前经济增速放缓、金融借贷纠纷频发的大背景下,司法实践中应当避免将经济纠纷当作犯罪处理,防止刑罚权随意侵入民间纠纷,保护企业经营者合法权益。

(一)诈骗犯罪与民事欺诈行为的界限

诈骗犯罪属于刑事犯罪,民事欺诈则属于民事不法,二者之间存在重大区别,但司法实践中却极易混淆。根据《刑法》第二百六十六条的规定,诈骗罪是指以非法占有为目的,采用虚构事实或者隐瞒真相的方法,骗取数额较大的公私财物的行为。在我国《刑法》中,除了普通诈骗罪以外,还规定了特殊诈骗罪,包括合同诈骗罪和金融诈骗罪(集资诈骗罪、贷款诈骗罪、金融票据诈骗罪、金融票证诈骗罪、信用证诈骗罪、信用卡诈骗罪、有价证券诈骗罪、保险诈骗罪),此外还有骗取出口退税罪、组织领导传销活动罪等。这些特殊诈骗罪都具备诈骗罪的基本特点。司法实践中适用原则为特别法优先于普通法。如果不能归入特殊诈骗罪的诈骗行为,则应当按照普通诈骗罪定罪处刑。民事欺诈行为则是指在民事活动中,一方当事人故意以不真实情况为意思表示,使对方陷入错误认识,从而达到引起一定民事法律关系的不法行为。我国《民法通则》第五十八条第一款第(三)项将欺诈规定为民事行为无效的事由之一。2020 年新通过的《民法典》第一百四十九条也对欺诈行为作了专门规定。

从以上概念可见,诈骗犯罪与民事欺诈有诸多相同点:行为人主观上都具有欺骗故意,意图使对方陷入错误认识,以谋取一定的非法利益;客观上都采用了捏造事实、歪曲事实、隐瞒事实真相的手段,都具有欺骗对方当事人的行为;都发生在日常经济交往过程中,两者都对受害人的财产不法占有。基于以上原因,不少学者认为,民事欺诈中包含了诈骗犯罪,实践中需要做的就是把诈骗犯罪从民事欺诈中挑拣出来。故此,刑法中的诈骗犯罪是在民法中的欺诈基础上演变而来的,对于刑法中诈骗罪的理解必须以民法中的欺诈为背景进行考察。

司法实践中,应当正确认定诈骗罪,将其与民事欺诈准确区分。一般应从欺骗内容、欺骗程度和欺骗结果三个方面予以界分:

首先是欺骗内容。民事欺诈是个别事实或者局部事实的欺骗,诈骗犯罪则是整体事实或者全部事实的欺骗。司法实践中存在欺诈性借款和借款诈骗、欺诈性销售和销售诈骗、合同欺诈和合同诈骗等区分、保险欺诈和保险诈骗等。如合同欺诈和合同诈骗的区分,合同欺诈的行为人在签订合同之后,一般会以积极的态度创造条件履行合同,如果只是在合同的一些要素,如主体、担保或者数量、质量等方面进行欺骗,但依然有履行合同,则属于合同欺诈;如果是整体事实的欺骗,行为人根本无履行诚意或履行能力,只是利用合同骗取他人财物的,即使有一点履行合同的行为,也属于诈骗犯罪。

其次是欺骗程度。如果行为人采用的欺骗手段达到了使他人产生错误认识并处分财物的程度,构成诈骗罪;如果行为人虽然采用欺骗手段,但并没有达到使他人无对价交付财物的程度,则可能只构成民事欺诈。一般而言,民事欺诈行为人为了减轻责任,可能进行一定程度的辩解,但不会逃避承担责任;而诈骗犯罪的行为人则是要使自己逃避承担责任,最终使对方遭受损失。实践中,诱使他人参加某种活动,并造成一定的财产损失,并不是构成诈骗罪的充足要件。比如,在设置圈套诱骗他人参加赌博类案件中,如果只是设置圈套诱骗他人参加赌博,甚至在赌博过程中存在作弊行为,仍然只能构成赌博罪,只是在赌博中存在欺诈。如果诱骗他人参加赌博,并且在赌博过程中,完全控制输赢,由此造成他人财产损失的,应当认定为诈骗罪。在这种情况下,赌博只是手段,诈骗才是目的。

最后是欺骗结果,也可以从主观上理解为非法占有目的。很多情况下,民事欺诈和刑事诈骗在行为方式上难以进行区分,还需要从行为人主观上是否具有非法占有目的上予以区分。民事欺诈行为中,当事人主观上也有谋取不正当利益的目的,但这种利益是通过民事行为,如通过合同的履行而实现合同的利益;而诈骗犯罪是以非法占有为目的的犯罪,行为人谋取的不是民事行为的对价利益,而是对方当事人的财物,即使行为人有表面上的"履约"行为,也只是掩人耳目或者迷惑对方的行为,是为了犯罪的顺利实施而付出的犯罪成本。当然,诈骗罪犯罪嫌疑人一般不会供认自己有非法占有他人财产的主观故意,而是辩解自己的行为属于民事欺诈甚至一般合同纠纷,企图逃避法律制裁。尽管非法占有目的属于行为人的主观心理状态,但它必然通过一系列外化的客观行为表现出来,因而可根据其客观行为表现及其行为效果推定行为人的主观心理态度。根据司法实践《全国法院审理金融犯罪案件工作座谈会纪要》总结出"七种情形",如非法获取资金后逃跑,隐匿、销毁账目,搞假破产、假倒闭以逃避返还资金等,认为这些情形下行为人非法获取资金导致数额较大资金不能返还的,可以认定具有非法占有的目的。我们认为,实践中诈骗犯罪中非法占有目的的推定,可以综合考虑、审查分析以下几个要素:(1)要看行为人主体身份是否真实,行为实施对象是陌生人群还是熟悉的人甚至是朋友、亲戚;(2)要审查行为人在行为当时有无履约能力,有无归还能力;(3)要审查行为人有无采取诈骗的行为手段,有无实施虚构事实、隐瞒真相的行为;(4)要审查行为人有无履约的实际行动,有无积极准备做相应工作;(5)要审查行为人未履约的原因,是因为意外事件、行为人过失等原因造成不能履约,还是根本不想去履约;(6)要审查行为人的履约态度是否积极,是否按时、按计划履行合约;(7)要审查行为人对财物的主要处置形式,如有无肆意挥霍、有无使用资金进行违法犯罪活动;(8)要审查行为人的事后态度是否积极,如有无抽逃、转移资金、隐匿财产,以逃避返还资金,有无在获取资金后逃跑行为。

应当指出，以上因素不能孤立地用于证明行为人是否有非法占有的目的，应该坚持主客观相统一的原则，既要避免单纯根据损失结果客观归罪，也不能仅凭被告人自己的供述，应综合案件各种事实综合考量，审慎判断。如审查行为人主体，传统的诈骗犯罪一般都是隐瞒身份，骗取陌生人的财物，如网络、短信诈骗等，而民事欺诈往往发生在熟人之间，甚至亲戚朋友之间。随着经济社会的转型发展，发生在熟人之间的诈骗犯罪也不少见，所以，必须根据案件的具体情况进行综合判断。

（二）本案判决无罪的理由

1. 认定被告人黄金章具有非法占有的目的依据不足

首先，被告人黄金章向林志平借款发生在2010年11月13日到2011年6月7日，借款金额总计1 000万元，2012年2月向王永德借款100万元。2011年、2012年土地估价报告、房产抵押评估报告证实，黄金鞋模公司房产总价值达1 845万余元、个人房产总价值为545万余元。在借款当时，黄金鞋模公司资产扣除银行抵押贷款外，公司资产的余值及其个人房产价值与借款金额可基本持平，黄金章具有还款的能力。其次，黄金章将借款资金用于股市投资和偿还银行贷款等合法活动，所欠借款无法及时还清，系因股票投资经营亏损和续贷手续出差等原因造成，并非因个人挥霍或其他违法犯罪活动。再次，黄金章除了向薛雄辉所借560万元尚未付息即案发外，均有支付他人利息。其中，林志平已获息279.5万元，并已通过民事诉讼执行得款173.65万元；王永德获息15.28万元，说明黄金章有还款意愿。最后，黄金章系在得知薛雄辉报案后才逃往外地，与获取资金后即逃匿的情形有所不同。

2. 被告人黄金章确实有虚构事实或者隐瞒真相行为，但应当定性为民事欺诈

诈骗罪客观上表现为虚构事实或者隐瞒真相，行为人实施了虚构、隐瞒事实的欺诈行为，是为了使被害人陷入错误认识，从而实现其非法占有他人财产的目的。例如，本案第一起事实中，被告人黄金章向林志平借款1 000万元，其借款理由是工厂生产需要资金，但实际上在取得款项后将部分资金用于炒股，其在借款理由、款项用途上是存在欺诈的；黄金章在取得款项后，

在林志平要求抵押时,伪造了房产证、土地证抵押给林志平,也是存在欺诈的。但是,黄金章向他人明确表达借款的意向,在获取借款资金后,及时向出借人出具借据,符合民间借贷的形式要件,双方实质上是一种借贷关系。对此,黄金章、林志平都是清楚的,林志平对于出借资金不存在陷入错误认识的情形。黄金章将其中部分资金改变用途,但股票投资系合法经营活动,仅属改变经营方向;黄金章伪造公司、个人房产证件作为借款的抵押,但上述公司和个人房产(在银行抵押)也都是客观真实存在的,最终房产拍卖后被害人也得到了部分清偿。黄金章至案发前也一直在稳定地还本付息,没有非法占有的目的或者卷款潜逃的行为。又如,本案第三起事实中,黄金章在银行贷款560万元即将到期后找薛雄辉还款,并称已向银行申请600万元贷款,申请下来后即归还薛的贷款。对此,工商银行莆田分行营业部的副经理吴锦亦证实黄金章所述为真,吴锦还向薛雄辉表述贷款审批手续已经办完,薛雄辉遂借款给黄金章。在黄金章向薛雄辉借款的过程中,虽然黄金章隐瞒了其第一次向银行贷款560万元所抵押的三本房产证有一本是其伪造的,但是其所述借款的内容、缘由以及还款计划等都是真实的,黄金章并无非法占有薛雄辉钱款的目的。进一步说,黄金章向银行第一次申请560万元的贷款,并将三处房产作为抵押,其中两本房产证是真实的,另一本房产证因为原件丢失,其就自己伪造了一本,虽然房产证是假的,但是房产是真实有效的。因而上述欺诈行为无论从欺诈的内容、欺诈的程度、欺诈对被害人错误认识的影响等角度分析,尚未达到诈骗罪的程度,不应作为犯罪处理。

本案从立案侦查抓获被告人黄金章到二审无罪释放,历时近五年。黄金章是莆田当地著名民营企业家,人称"鞋模章",系莆田市人大代表。在其企业鼎盛时期,当地人争相借款给地,赚取稳定利息。在经济增速放缓、金融借贷纠纷频发的大背景下,很多企业经营者资不抵债,本案就属于这种背景下将经济纠纷当作犯罪处理的典型案例。2016年,最高人民法院出台了《关于充分发挥审判职能作用切实加强产权司法保护的意见》,其中强调,要严格区分经济纠纷与刑事犯罪,坚决防止把经济纠纷当作犯罪处理。充分考虑非公有制经济特点,严格把握刑事犯罪的认定标准,严格区分正当融资与非法集资、合同纠纷与合同诈骗、民营企业参与国有企业兼并重组中涉及的经济纠纷与恶意侵占国有资产等的界限，坚决防止把经济纠纷认定为刑事犯罪，坚决防止利用刑事手段干预经济纠纷。

综合以上情况，二审法院作出了无罪判决。本案无罪判决至今，并没有引发各方当事人反弹，反而得到社会各界、群众的理解和认同，取得良好的法律效果和社会效果。

（撰稿：福建省高级人民法院　李风林
最高人民法院刑二庭　段　凰
审编：最高人民法院刑二庭　王晓东）

[第 1373 号]

阚莹诈骗案

——诈骗数额的计算与扣除

一、基本案情

被告人阚莹,男,汉族,1979 年 3 月 1 日出生。2019 年 8 月 2 日被逮捕。

江苏省苏州市吴中区人民检察院指控被告人阚莹犯诈骗罪,向苏州市吴中区人民法院提起公诉。

苏州市吴中区人民法院经审理查明:被告人阚莹在从事茶叶生意的过程中,与被害人马云峰熟识,获得了对方的信任。在得知马云峰对茶叶收藏很感兴趣且有一定的经济实力后,阚莹于 2018 年 12 月 28 日,谎称其有一提七饼"97 水蓝印"普洱茶出售,以一饼 34 000 元的价格与马云峰达成合意,骗得马云峰支付的货款人民币 238 000 元。后阚莹以云南海鑫堂普洱茶冒充"97 水蓝印"普洱茶向马云峰发货。经鉴定,该云南海鑫堂普洱茶的实际价值仅为 4 389 元。

苏州市吴中区人民法院认为:被告人阚莹以非法占有为目的,诈骗他人财物 238 000 元,数额巨大,其行为已构成诈骗罪。阚莹归案后如实供述了上述事实,可以从轻处罚。阚莹自愿认罪认罚,依法可以从宽处罚。据此,依照《中华人民共和国刑法》第二百六十六条、第六十七条第三款、第六十四条以及《中华人民共和国刑事诉讼法》第十五条之规定,判决如下:

1. 被告人阚莹犯诈骗罪,判处有期徒刑五年六个月,并处罚金人民币五万元。

2. 责令被告人阚莹退赔赃款人民币二十三万八千元给被害人马云峰。

宣判后,被告人阚莹未提出上诉,公诉机关也未提出抗诉。判决已经发生法律效力。

二、主要问题

如何正确计算诈骗犯罪中的诈骗数额？哪些可以进行扣除？

三、裁判理由

本案中，被告人阚莹以云南海鑫堂普洱茶冒充“97水蓝印”普洱茶向马云峰发货。在审理认定被告人的诈骗数额时，关于云南海鑫堂普洱茶的价值能否从诈骗数额中进行扣除，存在以下两种意见：

第一种意见认为，本案诈骗犯罪的数额应以被害人实际所受的财产损失数额为准，云南海鑫堂普洱茶应当从被告人骗得的货款中扣除。理由是，被告人在骗取被害人货款的同时，以交付低档普洱茶的方式向被害人让渡了一部分利益，虽然该普洱茶的价值远低于“97水蓝印”普洱茶，但其仍具有普洱茶所应有的市场流通属性和食用价值，可以满足被害人的基本需求。

第二种意见认为，不应将云南海鑫堂普洱茶的价值从被告人骗得的货款中扣除。理由是，虽然该普洱茶是目前市场上正常流通的商品，有确定的市场价值，并能够满足一般消费者的食用需求，但被害人购买“97水蓝印”普洱茶的目的是收藏和投资，不是日常饮用，被告人以低档普洱茶冒充高档普洱茶向被害人交货，无法满足被害人的上述收藏和投资需求，对弥补被害人所受的财产损失没有实际意义。

我们同意第二种意见，理由如下：

（一）诈骗数额的认定应当考量被害人实际财产损失

《刑法》第二百六十六条规定，诈骗公私财物，数额较大的，构成诈骗罪。从法条的字面含义理解，诈骗数额指的是行为人骗取的财物数额。司法解释、规范性文件中也原则上采用行为人的所得额为标准计算诈骗数额。1996年《最高人民法院关于审理诈骗案件具体应用法律若干问题的解释》（以下简称《96诈骗解释》）中规定，利用经济合同进行诈骗的，诈骗数额应当以行为人实际骗取的数额认定，合同标的数额可以作为量刑情节予以考虑。2001年《全国法院审理金融犯罪案件工作座谈会纪要》（以下简称《金融犯罪纪要》）重申在没有新的司法解释之前，可参照《96诈骗解释》的规定执行。在具体认定金额诈骗犯罪的数额时,应当以行为人实际骗取的数额计算。

实践中,行为人实际骗取的数额与被害人的财产损失数额并非完全对应。但诈骗罪属于财产犯罪,其侵犯的法益是被害人对财物的所有权或占有权。犯罪的本质是法益侵害,诈骗罪也不例外。诈骗罪(既遂)的基本构造可以简化为:行为人实施欺骗行为—对方(受骗者)产生(或继续维持)错误认识—对方基于错误认识处分财产—行为人或第三者取得财产—被害人遭受财产损害。故被害人因诈骗行为遭受的财产损失也应纳入诈骗罪的犯罪构成要件体系作整体评价,在定罪量刑中考量被害人的财产损失也是诈骗犯罪裁量的应有之义。

在诈骗数额难以直接认定的情形下,有时直接以被害人的损失数额作为诈骗数额,如2000年5月24日施行的《最高人民法院关于审理扰乱电信市场管理秩序案件具体应用法律若干问题的解释》第九条规定:"以虚假、冒用的身份证件办理入网手续并使用移动电话,造成电信资费损失数额较大的,依照刑法第二百六十六条的规定,以诈骗罪定罪处罚。"

即使在诈骗数额可以直接认定的情形下,也应当考量被害人的实际损失。实践中可以分为两种情况:一种情况是被害人的实际损失大于被告人的诈骗数额。这可能是因为被害人除了直接被行为人骗取的直接损失外,还存在孳息、利润、被害人其他付出等间接损失,此部分损失数额一般而言不影响被告人的定罪及量刑幅度,但是在量刑中可以适度考虑。如2009年《最高人民法院、最高人民检察院关于办理妨害信用卡管理刑事案件具体应用法律若干问题的解释》中规定,信用卡诈骗罪中"恶意透支的金额"不包括复利、滞纳金、手续费等发卡银行收取的费用。另一种情况则是被害人的实际损失小于被告人的诈骗数额,在此种情形下就涉及在计算被告人的诈骗数额时是否应当进行扣除的问题。

(二)应当扣除的情形

实践中,诈骗通常是复杂的、连续的行为,为了诈骗行为的顺利实施,行为人需要进行一定的投入。这种投入既可能是以被害人之外的第三方为支付对象,也可能直接以被害人为支付对象。前者如购买作案工具、伪装道具,以及用于租用场地、交通工具和雇佣他人的支出等;后者如定金、预付金、部分偿还的资金等。对于前者，由于被告人的支出对被害人的损失没有任何弥补，不应进行扣除。2010 年《最高人民法院关于审理非法集资刑事案件具体应用法律若干问题的解释》（以下简称《非法集资案件司法解释》）第五条第三款明确规定，行为人为实施集资诈骗活动而支付的广告费、中介费、手续费、回扣，或者用于行贿、赠与等费用，不予扣除。最高人民检察院侦查监督厅于 2018 年 11 月 9 日颁布的《检察机关办理电信网络诈骗案件指引》（以下简称《诈骗指引》）在谈到诈骗数额的认定时也指出，犯罪嫌疑人为实施犯罪购买作案工具、伪装道具、租用场地、交通工具甚至雇佣他人等诈骗成本不能从诈骗数额中扣除。而对于行为人向被害人支出的财物，考虑其对受损的法律关系有所弥补，在特定情形下可以进行扣除，具体如下：

1. 案发前归还的财物

当前我国关于诈骗类犯罪的司法解释、规范性文件通常规定了“案发前归还”的财物应当从被告人的诈骗数额中进行扣除。如《96 诈骗解释》规定，对于多次进行诈骗，并以后次诈骗财物归还前次诈骗财物，在计算诈骗数额时，应当将案发前已经归还的数额扣除，按实际未归还的数额认定。《金融犯罪纪要》也再次确定，在具体认定金融诈骗犯罪的数额时，应当以行为人实际骗取的数额计算，但应当将案发前已归还的数额扣除。《非法集资案件司法解释》规定，集资诈骗的数额以行为人实际骗取的数额计算，案发前已归还的数额应予扣除。

对于“案发前归还”，既包括诈骗犯罪既遂之后，行为人出于修复被侵害的法律关系的主观意愿，对被害人所受财产损失进行的补偿；也包括行为人多次、连续实施诈骗的情形下，以后次诈骗的财物偿还前次诈骗的行为。如 2017 年最高人民检察院发布的《关于办理涉互联网金融犯罪案件有关问题座谈会纪要》在第十七条中明确指出，集资诈骗的数额，应当以犯罪嫌疑人实际骗取的金额计算。犯罪嫌疑人为吸收公众资金制造还本付息的假象，在诈骗的同时对部分投资人还本付息的，集资诈骗的金额以案发时实际未兑付的金额计算。根据上述规定，行为人实际骗取的数额等于被害人向行为人交付的集资款数额减去行为人向被害人还本付息的数额，亦即根据被害人的实际损失，对被害人实际得到部分补偿的部分从犯罪数额中进行了扣除。

2. 行为人支付的部分财物

在诈骗的过程中，行为人为了取得被害人的信任，通常会采取预付定金、抛出小额诱饵等诱使被害人上当受骗，对于此部分财物是否应当扣除，应当根据实际情况进行分析。不能仅仅因为上述财物是行为人为了实现犯罪既遂所必需付出的代价，就主张一律计入犯罪数额，不予扣除，或者机械地比较被害人丧失和取得的财物的客观价值，不考虑利用可能性，一律将此从犯罪数额中扣除。我们认为，可以根据行为人所支付财物的不同表现形式，全面审查上述财物对弥补被害人财产损失的有效性。如果上述财物对于被害人具有利用可能性，能够有效弥补被害人所受的财产损失，有助于恢复被侵害的法益，则可以将上述财物对应的财产价值从诈骗类犯罪的数额中扣除。例如，行为人向被害人购买机床，承诺先期支付部分定金，待被害人交付机床后，再分期支付剩余货款。后行为人如约向被害人支付了定金，但其在收到被害人交付的机床后，立即将机床转卖给他人，并携款逃匿。由于被害人交付机床的目的就是获取机床的对价，行为人支付的定金能够在一定程度上实现被害人的交易目的，弥补其因交付机床而受到的财产损失，故该定金可从行为人的犯罪数额中扣除。具体而言，在司法实践中，这一类财物常表现为货币、黄金等形式，可以固定地充当交易媒介，衡量商品价值，具有一般等价物的属性。对此，《诈骗指引》在谈到诈骗数额的认定时也指出，对通过向被害人交付一定货币，进而骗取其信任并实施诈骗的，由于货币具有流通性和经济价值，该部分货币可以从诈骗数额中扣除。

相反，如果行为人支出的财物对于被害人没有利用可能性，无法实现被害人预期的交易目的，对弥补被害人所受的财产损失也没有实际意义，即使该犯罪成本有与被害人交付的财物相当的市场价值，甚至完全具备正常商品所应有的使用价值，一般也不应从诈骗类犯罪的数额中扣除。

(三)本案中被告人交付的低档普洱茶的价值不应从犯罪数额中进行扣除

本案中，首先，虽然被告人阚莹向马云峰交付低档普洱茶是在马云峰支付货款之后，但收到货款的同时就委托快递发货，并按照对方要求将快递单号发送给马云峰验证，这正是阚莹虚构事实、实践骗术的一部分，也是阚莹获得被害人马云峰信任和隐瞒犯罪事实的条件。交付低档普洱茶并非阚莹出于弥补被害人马云峰损失的主观意愿，而是为了更稳妥地实现非法占有对方财产的犯罪目的。其次，马云峰以投资、收藏的目的向阚莹购买高档普洱茶、支付货款，阚莹实际交付的却是低档普洱茶。虽然该低档普洱茶也有确定的市场价值，能够满足普通消费者的食用需求，但是高档普洱茶所具有的收藏和投资价值是其独有的个性特征，也是低档普洱茶所不具备的，同时，这也是马云峰购买高档普洱茶的初衷和预期的交易目的。低档普洱茶既没有收藏和投资价值，通常也没有货币、黄金所特有的一般等价物属性，阚莹向马云峰交付的低档普洱茶对弥补马云峰所受的财产损失没有多大实际意义。因此，该低档普洱茶的市场价值可不从被告人的诈骗数额中进行扣除。

综上，苏州市吴中区人民法院认定被告人阚莹的诈骗数额为其实际骗取的23.8万元，并依据其犯罪的事实、性质、情节和对社会的危害程度，对其进行定罪、量刑，是正确的。

（撰稿：江苏省苏州市吴中区人民检察院　郑　毅

最高人民法院刑二庭　段　凰

审编：最高人民法院刑二庭　韩维中）

[第 1374 号]

戴颖、蒯军寻衅滋事案

——实施轻微暴力并强行同吃、同住、同行跟随讨债的如何定性

一、基本案情

被告人戴颖,男,1981 年 1 月 12 日出生。2016 年 8 月 10 日被逮捕。

被告人蒯军,男,1992 年 3 月 28 日出生。2009 年 6 月 5 日因犯聚众斗殴罪被判处有期徒刑十一个月,缓刑一年六个月。2016 年 8 月 10 日因本案被逮捕。

江苏省泰州市姜堰区人民检察院指控被告人戴颖、蒯军犯非法拘禁罪,向泰州市姜堰区人民法院提起公诉。

被告人戴颖、蒯军对指控的事实没有异议,但认为自己是合法要债,不构成犯罪。戴颖的辩护人认为,被告人没有拘押被害人,只是限制被害人人身自由,达不到剥夺他人人身自由的程度,不构成犯罪。

泰州市姜堰区人民法院经审理查明:被告人戴颖为向被害人宋祥喜索要债务,于 2015 年 2 月 18 日至 5 月 1 日纠集被告人蒯军及丁江贵、凌俞、吴小龙、缪宇声、杨益鹏(均另案处理)等人,每天安排一人或数人与宋祥喜同吃、同住于泰州市姜堰区张甸镇大桥宾馆、张甸村食品桥西侧宋祥喜的家庭工厂等地,并通过盯、跟、随同出行等手段,迫使宋祥喜还债。在此期间,宋祥喜的近亲属多次报警,公安机关向戴颖、蒯军等人提出不得限制、剥夺宋祥喜的人身自由等处理意见后,戴颖、蒯军等人仍然继续实施上述行为。因未能达成还款协议,4 月 30 日戴颖指使蒯军等人将宋祥喜睡觉的沙发搬至厂房外,5 月 1 日砸坏厂房内的取暖器、水壶等物。5 月 2 日,宋祥喜自杀身

亡于上述厂房内。其中，蒯军参与限制宋祥喜自由30天左右。

泰州市姜堰区人民法院认为，被告人戴颖、蒯军伙同他人，为索取债务，非法剥夺他人人身自由，其行为均已构成非法拘禁罪，依法应予惩处。戴颖在共同犯罪中起主要作用，是主犯，应当按照其所参与或组织、指挥的全部犯罪处罚。蒯军在共同犯罪中起次要作用，是从犯，依法应当从轻处罚。戴颖、蒯军归案后，如实供述自己的罪行，依法均可以从轻处罚。据此，依照《中华人民共和国刑法》第二百三十八条第一款、第三款，第二十五条第一款，第二十六条第一款、第四款，第二十七条，第六十七条第三款之规定，判决如下：

被告人戴颖犯非法拘禁罪判处有期徒刑二年六个月；

被告人蒯军犯非法拘禁罪判处有期徒刑一年九个月。

宣判后，被告人戴颖提出上诉，称其未限制宋祥喜人身自由，不构成非法拘禁罪。其辩护人提出相同辩护意见，另提出戴颖等人未破坏社会秩序，依法不构成寻衅滋事罪。被告人蒯军未提出上诉。

泰州市中级人民法院经审理后认为，被告人戴颖、蒯军恐吓他人，情节恶劣，其行为均已构成寻衅滋事罪，且系共同犯罪。戴颖在共同犯罪中起主要作用，是主犯。蒯军在共同犯罪中起次要作用，是从犯，依法应当从轻处罚。戴颖、蒯军归案后，如实供述自己的罪行，系坦白，依法可以从轻处罚。戴颖、蒯军具有劣迹，酌情从重处罚。原审判决认定的事实基本清楚，证据确实充分，审判程序合法，但定性不当，依法予以纠正。根据法律规定，寻衅滋事罪应处五年以下有期徒刑、拘役或者管制，综合本案的犯罪事实、后果以及戴颖、蒯军的量刑情节，判处戴颖有期徒刑二年六个月、蒯军一年九个月并无不当，故对原审的量刑予以维持。依照《中华人民共和国刑事诉讼法》第二百二十五条第一款第（二）项①；《中华人民共和国刑法》第二百九十三条第一款第（二）项，第二十五条第一款，第二十六条第一款、第四款，第二十七条，第六十七条第三款；《最高人民法院、最高人民检察院关于办理寻衅滋事刑事案件适用法律若干问题的解释》第一条第三款之规定，判决如下：

① 本处引用的是2012年《刑事诉讼法》，对应2018年修正后的《刑事诉讼法》第二百三十六条第一款第（二）项。

1. 撤销泰州市姜堰区人民法院(2016)苏1204刑初18号刑事判决主文:被告人戴颖犯非法拘禁罪,判处有期徒刑二年六个月;被告人蒯军犯非法拘禁罪,判处有期徒刑一年九个月。

2. 上诉人(原审被告人)戴颖犯寻衅滋事罪,判处有期徒刑二年六个月。

3. 原审被告人蒯军犯寻衅滋事罪,判处有期徒刑一年九个月。

二、主要问题

实施轻微暴力又同吃、同住、同行跟随讨债的行为,如何定性?

三、裁判理由

为索要债务,安排人员跟随债务人同吃、同住、同行,并在过程中实施打砸财物(未达到故意毁坏财物罪的定罪标准)等行为的,应该如何定性?本案在审理过程中存在以下三种不同观点:

第一种观点认为,被告人戴颖等人采取同吃同住、跟随出行等手段对被害人进行24小时监控,严重限制了被害人的自由,造成严重后果,限制自由和剥夺自由都被法律所禁止,可以将严重限制自由扩张解释为剥夺自由,因而构成非法拘禁罪。

第二种观点认为,被告人戴颖、蒯军等人长期跟随债务人,并实施损毁财物等行为,达到恐吓效果,严重影响宋祥喜生活,引起宋祥喜自杀的严重后果,符合寻衅滋事罪的犯罪构成。

第三种观点认为,被告人戴颖、蒯军等人行为并未达到剥夺被害人自由的程度,不构成非法拘禁罪。行为针对的是特定的人,未侵犯寻衅滋事罪所保护的社会秩序法益,故被告人的行为不符合任何犯罪构成,应认定无罪。

我们同意第二种观点,理由如下:

(一)被告人戴颖、蒯军的行为不构成非法拘禁罪

非法拘禁罪,是指以非法拘留、禁闭或者其他方法,非法剥夺他人身体自由权利的行为。本罪的主观方面由故意构成,并且以非法剥夺他人人身自由为目的,客观方面是对被害人的身体进行了非法强制,使被害人无法自由行动的行为。犯罪手段是多种多样的,如非法拘留、强行禁闭、隔离审查

等，但无论哪种手段，共同的特征都是非法剥夺他人人身自由，也就是说，只有达到剥夺自由的程度，才能认定为非法拘禁罪。实践司法中，要注意将非法剥夺人身自由与非法限制人身自由区分开来。《宪法》第三十七条第三款规定，"禁止非法拘禁和以其他方法非法剥夺或者限制公民的人身自由"。《刑法》第二百四十一条第三款规定，"收买被拐卖的妇女、儿童，非法剥夺、限制其人身自由……的，依照本法有关规定定罪处罚"。上述条款，均将剥夺与限制并列规定，说明二者不同。根据罪刑法定原则，法律没有明文规定为犯罪行为的，不得定罪处刑。任何解释都不能突破法律条文的字面含义，不能将限制、严重限制他人人身自由与剥夺人身自由等同。非法剥夺人身自由一般包括两类：一类是直接施加外力于被害人的身体，使其物理上被剥夺身体自由，如四肢被捆绑无法行动，被锁在房间里无法出行。另一类是控制被害人的心理，使其不能或不敢自由移动，如在人身上绑上炸弹，离开特定区域就会爆炸；拿走正在洗澡妇女的衣物，使其基于羞耻心无法走出浴室等。

就本案而言，被害人宋祥喜不论是身体还是心理均未达到被控制而失去自由的程度。戴颖等人没有将宋祥喜关押在某一空间，也没有以施加任何强制行为阻止宋祥喜外出，相反还鼓动宋祥喜积极外出筹款还钱。戴颖等人也未强行指定宋祥喜的出行路线，而是由宋祥喜自主决定，戴颖安排人员跟随。宋祥喜的人身自由只是受到限制，而没有达到被剥夺的程度。也就是说，同吃同住同行的行为，并未达到剥夺自由的程度。一审法院认定两被告人的行为构成非法拘禁罪，其主要原因是未能辨清非法剥夺他人人身自由和非法限制人身自由的区别。

（二）被告人戴颖等人实施了恐吓他人的寻衅滋事行为，且情节恶劣，应当以寻衅滋事罪定罪处罚

寻衅滋事罪，是指在公共场所无事生非，起哄闹事，随意殴打、追逐、拦截、辱骂、恐吓他人，强拿硬要，任意损毁、占用公私财物，破坏公共秩序，情节恶劣或者情节严重、后果严重的行为。本罪是从1979年《刑法》第一百六十条规定的流氓罪分解而来。《刑法修正案（八）》在1997年《刑法》关于寻衅滋事罪有关客观行为的规定中增加了"恐吓"他人的行为，并增加了对纠集他人多次实施寻衅滋事行为的处罚规定。综观全案事实，我们认为，戴颖

等人实施的同吃同住同行并实施轻微暴力的行为，属于恐吓他人的寻衅滋事行为，且情节恶劣，应当以寻衅滋事罪定罪处罚。理由如下：

1. 被告人戴颖等人实施了恐吓他人的寻衅滋事行为。恐吓是指"以要挟的话语或者手段威胁、吓唬他人"。实践中，恐吓既可以通过语言文字表现，也可以通过行为动作来表现；既可以直接恐吓，也可以采取其他手段间接对被害人进行恐吓，包括进行长时间跟踪等。既可以是指向被害人本人的威胁，也可以是指向被害人亲友或者其他特定关系人的威胁。综上，无论具体手段、内容如何，只要足以使被害人产生心理恐惧、恐慌，就属于该罪规定的"恐吓"。

本案中，被告人戴颖安排蒯军等人长期跟在被害人宋祥喜身边，同吃同住，宋祥喜不论做什么事情，即使是洗澡、理发等都有人跟着，自由受到限制。宋祥喜请民警协调相应人员离开，也没有成功。2015年4月30日，戴颖安排蒯军等人将宋祥喜睡觉的沙发搬到房外；同年5月1日戴颖指使蒯军等人将厂房内的热水壶、热水瓶、取暖器、两个挂钟等物品损毁，逼迫宋祥喜回家住以筹钱，即是要对宋祥喜家人的生活不利。这一系列长期行为使宋祥喜心理受到强制，产生恐慌、恐惧，甚至两次实施自杀行为。应认定戴颖等人采用长期跟随、看管行为对宋祥喜实施了恐吓行为。

2. 被告人戴颖等人寻衅滋事行为达到情节恶劣的程度。《最高人民法院、最高人民检察院关于办理寻衅滋事刑事案件适用法律若干问题的解释》（以下简称《寻衅滋事解释》）第三条明确了寻衅滋事罪恐吓他人等行为情节恶劣程度的情形：（1）多次追逐、拦截、辱骂、恐吓他人，造成恶劣社会影响的；（2）持凶器追逐、拦截、辱骂、恐吓他人的；（3）追逐、拦截、辱骂、恐吓精神病人、残疾人、流浪乞讨人员、老年人、孕妇、未成年人，造成恶劣社会影响的；（4）引起他人精神失常、自杀等严重后果的；（5）严重影响他人的工作、生活、生产、经营的；（6）其他情节恶劣的。本案中，宋祥喜在除夕当天即被戴颖安排人员跟随，除夕夜住在宾馆，从正月初一至自杀身亡都住在工厂里，有家不能回。其除了筹钱还款外，只能进行看病、理发、洗澡等满足基本生活需求的行为，生活严重受到影响。宋祥喜被他人长期跟随，自由受到限制，心理受到强制，在2015年5月1日生活用品被打砸后，自杀身亡。宋祥喜自杀与戴颖等人行为有紧密因果关系。根据《寻衅滋事解释》第三条第（四）项、第（五）项的规定，被告人戴颖、蒯军恐吓他人，任意损毁财物，严重影响他人生活，引起他人自杀后果，达到了情节恶劣的程度。

3. 被告人戴颖等人的行为破坏了社会秩序。上述第三种观点认为戴颖等人针对特定人实施相关行为，没有妨害社会管理秩序，不构成寻衅滋事罪。我们认为，社会管理秩序是一个抽象概念，最终要落实于具体的人与人之间的关系。如果行为对象针对家人、亲属等关系较为亲密的人员，行为发生在家中等较为私密的场所，不为外人所知，则一般不宜认定为妨害社会管理秩序，但如果行为发生于公共场所，且经有关部门处理后仍继续实施的，则可以认定为破坏了社会秩序。为此，《寻衅滋事解释》第一条第三款规定："行为人因婚恋、家庭、邻里、债务等纠纷，实施殴打、辱骂、恐吓他人或者损毁、占用他人财物等行为的，一般不认定为'寻衅滋事'，但经有关部门批评制止或者处理处罚后，继续实施前列行为，破坏社会秩序的除外。"戴颖为索要债务而安排人员跟随宋祥喜的同吃、同住、同行、损毁财物等行为发生在宾馆、工厂等开放场所，为多人知晓，而且经宋祥喜家人报警，在民警出警后多次要求戴颖等人正常讨债，停止实施限制人身自由的行为，但戴颖等人不听劝阻依旧实施前述行为，对社会秩序造成了破坏。

（三）被告人戴颖、蒯军的行为符合寻衅滋事罪犯罪构成，造成后果严重，应当追究刑事责任

被告人戴颖、蒯军等人长期跟随被害人宋祥喜及损毁被害人财物的行为，对被害人造成恐吓，严重影响被害人的生活，最终导致被害人自杀的严重后果，符合寻衅滋事罪的犯罪构成。戴颖纠集安排他人实施犯罪行为系主犯，一审法院虽认定蒯军为从犯，但其积极实施犯罪行为，参与跟随 30 多日，实施了损毁财物行为，在共同犯罪中发挥作用较大。二被告人除坦白外无其他从轻情节，应当定罪处罚，追究刑事责任。

综上，二审法院以被告人戴颖、蒯军犯寻衅滋事罪定罪处罚是正确的。

（撰稿：江苏省高级人民法院　张　超
审编：最高人民法院刑四庭　陆建红）

[第 1375 号]

胡群光妨害作证、王荣炎帮助伪造证据案

——“部分篡改型”行为不构成虚假诉讼罪

一、基本案情

被告人胡群光，男，1964 年 9 月 4 日出生。2013 年 11 月 5 日因犯赌博罪被判处有期徒刑一年六个月，缓刑二年，并处罚金人民币十万元。2015 年 4 月 30 日因本案被逮捕。

被告人王荣炎，男，1953 年 1 月 16 日出生。2015 年 4 月 23 日被取保候审。

浙江省江山市人民检察院以被告人胡群光犯妨害作证罪、被告人王荣炎犯帮助伪造证据罪，向江山市人民法院提起公诉。

被告人胡群光辩解称，主观上无虚假诉讼和妨害作证的故意，客观上未侵害其他债权人的利益，其行为不构成犯罪。

被告人王荣炎对指控的犯罪事实予以供认，请求从轻处罚。

江山市人民法院经审理查明：被告人胡群光对多人负有债务无力偿还。2013 年 4 月 1 日，债权人周江森向江山市人民法院起诉要求胡群光偿还借款，并在 600 万元的债权范围内保全了胡群光位于江山市区阳光新城 132 号的别墅，江山市人民法院同年 9 月 24 日作出判决，由胡群光归还周江森借款本金 4 279 050 元及相应利息。同年 11 月 26 日和 2014 年 1 月 20 日，债权人徐春发和宋金祥先后向江山市人民法院提起民事诉讼，分别要求胡群光偿还借款 560 万元和 300 万元及相应利息，经江山市人民法院主持调解，双方当事人达成调解协议，由胡群光限期偿还徐春发和宋金祥的借款。2014 年 5 月 8 日，江山市人民法院对胡群光的别墅进行拍卖，得款 831 万元，并依法冻结胡群光银行账户内存款 50 余万元。

被告人胡群光另负有对胡群琳和被告人王荣炎的债务，金额分别为 71

万元和 56 万元。为逃避履行对周江森、徐春发和宋金祥等人所负债务，胡群光于 2013 年年初找到王荣炎，提出将胡群光对胡群琳和王荣炎所负债务的总金额由 127 万元虚增至 350 万元，并由王荣炎出面，分别以王荣炎名义和胡群琳诉讼代理人的名义提起民事诉讼，要求胡群光偿还借款。为证明上述虚假诉讼请求，胡群光于同年 4 月 24 日提供资金 180 万元，指使王荣炎、胡群琳通过多个银行账户间循环转账等方式，制造王荣炎以出借人和经办人身份，向胡群光分别转账出借 170 万元和 180 万元的假象，并伪造了胡群光向王荣炎借款 350 万元、落款日期为 2013 年 4 月 24 日的借条一张。同年 12 月 23 日，胡群光指使王荣炎向江山市人民法院提起民事诉讼，要求胡群光偿还借款 350 万元及相应利息。诉讼过程中，王荣炎向法院提交了伪造的借条和银行账户转账凭证等证据材料。2014 年 1 月 6 日，经法院主持调解，王荣炎与胡群光达成调解协议，约定胡群光于同年 1 月 13 日前归还借款 350 万元及相应利息。江山市人民法院于同日作出（2014）衢江商初字第 14 号民事调解书。截至本案案发，该民事调解书尚未执行。2014 年 7 月 15 日，江山市公安局对被告人胡群光等人立案侦查，先后将胡群光和王荣炎抓获归案。

江山市人民法院认为，被告人胡群光指使他人在诉讼过程中作伪证，其行为已构成妨害作证罪；被告人王荣炎受他人指使，在诉讼过程中帮助伪造证据，严重侵害正常司法秩序，情节严重，其行为已构成帮助伪造证据罪。公诉机关指控罪名成立，应予采纳。胡群光在缓刑考验期内又犯新罪，依法应当撤销缓刑，对新罪作出判决后与前罪未执行的刑罚并罚。王荣炎归案后如实供述自己的罪行，可以从轻处罚，根据其犯罪情节和悔罪表现，依法可以适用缓刑。依照《中华人民共和国刑法》第三百零七条第一款、第二款，第六十七条第三款，第六十九条，第七十二条第一款，第七十三条第一款，第七十七条第一款之规定，判决如下：

1. 撤销（2013）衢江刑初字第 369 号刑事判决中对被告人胡群光的缓刑部分；

2. 被告人胡群光犯妨害作证罪，判处有期徒刑九个月，与前罪未执行的有期徒刑徒刑一年六个月、并处罚金人民币十万元并罚，决定执行有期徒刑一年十个月，并处罚金人民币十万元；

3. 被告人王荣炎犯帮助伪造证据罪,判处拘役五个月,缓刑七个月。

一审宣判后,被告人王荣炎未提出上诉,被告人胡群光以自己的行为不构成妨害作证罪为由提出上诉。胡群光的辩护人提出,胡群光拖欠王荣炎等人债务共计350万元的事实客观存在,因为不懂法,采取了错误的诉讼方式,请求改判无罪。

衢州市中级人民法院经审理认为,根据证人证言、原审被告人王荣炎的供述和在案其他证据,足以认定胡群光指使王荣炎伪造证据进行虚假诉讼的事实,相关上诉理由和辩护意见均不予采信。一审判决认定事实清楚,适用法律正确,量刑适当。审判程序合法。依照2012年修订的《中华人民共和国刑事诉讼法》第二百二十五条第一款第(一)项之规定,裁定如下:

驳回上诉,维持原判。

二、主要问题

"部分篡改型"行为是否构成虚假诉讼罪?

三、裁判理由

本案审理过程中,对于被告人胡群光、王荣炎的行为应当如何定性,存在以下两种意见:

第一种意见认为,被告人胡群光、王荣炎伪造借条、虚增债权金额并提起民事诉讼,属于以捏造的事实提起民事诉讼行为,二人行为均符合虚假诉讼罪的构成要件。胡群光、王荣炎的行为发生在《刑法修正案(九)》施行之前,而本案一审判决和二审裁定的作出日期分别为2016年5月27日和7月12日,裁判结果作出时《刑法修正案(九)》已经公布施行,根据从旧兼从轻原则,对二人均应以虚假诉讼罪定罪处罚。

第二种意见认为,被告人胡群光、王荣炎的行为不符合虚假诉讼罪的构成要件,应当分别以妨害作证罪和帮助伪造证据罪定罪处罚。

我们同意第二种意见。被告人胡群光在拖欠被告人王荣炎及胡群琳借款127万元的情况下,为达到转移资产、逃避履行其他合法债务的目的,与王荣炎、胡群琳恶意串通,通过伪造借条、制造虚假银行账户转账记录等方式,将债权债务数额提高至350万元，并由王荣炎提起民事诉讼，要求胡群光清偿债务350万元，属于刑法理论上所称“部分篡改型”行为，以区别于在不存在民事法律关系的情况下凭空捏造民事法律关系、虚构民事纠纷并向人民法院提起民事诉讼的“无中生有型”行为。对于“部分篡改型”行为是否构成虚假诉讼罪，在《刑法修正案（九）》研究起草过程中一直存在较大争议，《刑法修正案（九）》公布施行后，这种争议仍未平息，实践中对此类行为的定罪处罚也不一致。正确认定“部分篡改型”行为的法律性质，合理确定相关行为人的刑事责任，具有重要的理论和实践意义。

我们认为，“部分篡改型”行为不符合虚假诉讼罪的构成要件，依法不应认定为虚假诉讼罪，主要理由如下：

第一，从对刑法条文进行文义解释的角度分析。根据《刑法》第三百零七条之一第一款的规定，以捏造的事实提起民事诉讼，妨害司法秩序或者严重侵害他人合法权益的，构成虚假诉讼罪。在《刑法》规定的虚假诉讼罪的罪状中，“提起民事诉讼”的文义相对明确，解释的重点在于如何确定“捏造”一词的内涵和外延。根据一般理解，“捏造”一般是指完全没有依据、无中生有，仅靠自己的凭空想象臆造根本不存在的事物，与“杜撰”“虚构”等基本属于同义词。《刑法》第二百四十三条关于诬告陷害罪的规定、第二百四十六条关于诽谤罪的规定等多个条文均使用了“捏造”一词，理论和实践中一般认为，上述条文中的“捏造”，均是指对相关事实无中生有的行为。从保持刑法用语含义的一致性考虑，虚假诉讼罪中的“捏造”，原则上也应限定为无中生有、凭空虚构民事法律关系的行为。

第二，从探究立法原意的角度分析。根据立法资料，《刑法》增设虚假诉讼罪的目的，主要是依法惩治不具有合法诉权的行为人故意捏造事实，制造自己具有诉权的假象，意图骗取人民法院裁判文书、达到非法目的的行为。对于虚假诉讼中的“诉讼”一词来讲，行为人行使诉权、提交诉状为“诉”，人民法院立案受理、作为一个民事诉讼案件进行审理为“讼”，在人民法院实行立案登记制改革之后，“讼”是“诉”的必然逻辑结果。因此，对于虚假诉讼罪而言，刑法评价的重点是其中“诉”的虚假性，刑罚打击的对象是行为人行使虚假诉权的行为。如果民事法律关系客观存在，则行为人依法享有诉权，其对部分证据材料弄虚作假，对债权债务的具体数额、履行期限等进行部分篡改，不属于虚假诉讼罪的处罚对象。

第三，《刑法修正案（九）》的立法审议过程亦反映出虚假诉讼罪仅包含"无中生有型"行为。《刑法修正案（九）》（草案一次审议稿）对虚假诉讼罪罪状的规定为，为谋取不正当利益，以捏造的事实为案由，向人民法院提起民事诉讼，骗取人民法院裁判文书的，构成虚假诉讼罪。明确虚假诉讼罪中捏造的事实是属于案由范围内的事实。根据《民事案件案由规定》的相关规定，民事案件的案由反映案件涉及的民事法律关系的性质，是对诉讼争议所包含的法律关系进行的概括，表述方式原则上为"法律关系的性质"加"纠纷"组成。因此，虚假诉讼行为人捏造的事实，同时包括民事法律关系和民事纠纷两个方面。如果民事法律关系客观存在，则行为人并无捏造事实的余地，不成立虚假诉讼罪。

第四，将"部分篡改型"行为排除在虚假诉讼罪之外，符合民事诉讼的客观规律。现阶段，民事诉讼案件数量巨大，且具体情况比较复杂，部分原告采取虚假陈述、伪造证据等手段故意提高诉讼标的额，实际上是出于更好地维护自身合法利益等诉讼策略方面的考虑。如果对这种情况不加区别地认定为虚假诉讼罪，可能会侵害部分民事当事人享有的合法诉权，导致刑罚打击面过大。

第五，将"部分篡改型"行为认定为虚假诉讼罪，难以确定明确的定罪标准。与"无中生有型"行为中罪与非罪存在质的区别不同，在"部分篡改型"行为中，不同行为造成的社会危害性主要体现为标的额大小之间量的差别，如何确定罪与非罪的区分标准，存在很大的困难。类似本案情况下，如果认定被告人胡群光、王荣炎将债权债务数额由127万元虚增至350万元的行为构成虚假诉讼罪，那么，将债权债务数额虚增至200万元或者150万元，是否可以认定为虚假诉讼罪？虚增债权债务数额的行为达到什么程度才能认定为虚假诉讼罪？理论和实践中均难以作出明确判断，无法为人民群众提供明确的行为预期。

综上，将"部分篡改型"行为排除在虚假诉讼罪之外，既符合刑法增设虚假诉讼罪的立法原意，也具有司法实践上的合理性。一审、二审法院认定被告人胡群光、王荣炎的行为不构成虚假诉讼罪,适用法律正确。二被告人分别作为民事诉讼的被告和原告,相互恶意串通,在提起民事诉讼之前和民事诉讼过程中,共同实施伪造证据、虚假陈述等弄虚作假行为,骗取人民法院裁判文书,行为可能构成妨害作证罪或者帮助伪造证据罪。

根据《刑法》第三百零七条的规定,以暴力、威胁、贿买等方式阻止证人作证或者指使他人作伪证的,构成妨害作证罪;帮助当事人伪造证据,情节严重的,构成帮助伪造证据罪。本案不涉及民事诉讼证人,确定被告人胡群光、王荣炎的行为构成哪个罪名,主要涉及以"指使他人作伪证"方式实施的妨害作证罪与帮助伪造证据罪的区分问题。理论上一般认为,《刑法》对妨害作证罪中的"他人"未作特殊限定,"指使他人作伪证"中的"他人",既包括证人,也包括当事人、鉴定人、翻译人员等其他诉讼参与人,"伪证"既包括虚假的证人证言,也包括虚假的书证、物证、言词证据、鉴定结论等证据材料;帮助伪造证据罪的主体一般是诉讼当事人以外的人员,但在一方当事人帮助另外一方当事人伪造证据的情况下,提供帮助的一方当事人也可以成立帮助伪造证据罪。根据本案事实,胡群光为达到逃避履行自己对他人所负债务的目的,指使王荣炎等人通过在多个银行账户间循环转账等方式,制造胡群光向王荣炎等人借款350万元的假象,并指使王荣炎向法院提起虚假民事诉讼,并在诉讼过程中提供虚假证据、作虚假陈述,可以认定胡群光的上述行为属于《刑法》第三百零七条规定的"指使他人作伪证",符合妨害作证罪的构成要件,胡群光及其辩护人关于胡群光的行为不构成妨害作证罪的意见不能成立。王荣炎受胡群光的指使,预先伪造银行账户转账记录等证据材料,并在民事诉讼过程中提供虚假证据、作虚假陈述,严重妨害人民法院司法秩序,属于《刑法》第三百零七条规定的"帮助当事人伪造证据,情节严重"情形,行为符合帮助伪造证据罪的构成要件。一审、二审法院认定胡群光的行为构成妨害作证罪,王荣炎的行为构成帮助伪造证据罪,并处以相应的刑罚是适当的。

(撰稿:最高人民法院刑四庭　李加玺
审编:最高人民法院刑四庭　陆建红)

[第 1376 号]

高云虚假诉讼案

——民事共同诉讼案件中如何正确认定虚假诉讼罪

一、基本案情

被告人高云,曾用名高水娥,1965 年 2 月 11 日出生,浙江振铭建材装饰有限公司法定代表人。2016 年 10 月 10 日被逮捕。

浙江省长兴县人民检察院以被告人高云犯虚假诉讼罪,向长兴县人民法院提起公诉。

被告人高云对指控的犯罪事实予以供认。高云的辩护人提出,本案未造成严重后果,高云法律意识淡薄,已经认识到自己行为的严重性,归案后认罪、悔罪,请求从轻处罚。

长兴县人民法院经审理查明:被告人高云自 2011 年至 2012 年多次以个人名义向严晓红借款,并以其投资成立并担任法定代表人的浙江振铭建材装饰有限公司(以下简称振铭公司)作为借款担保人。借款到期后,高云无力偿还,严晓红向长兴县人民法院提起民事诉讼,要求高云和振铭公司承担连带清偿责任。2013 年 7 月,长兴县人民法院作出一审判决,由高云限期偿还全部借款及相应利息,振铭公司承担连带清偿责任。判决生效后,高云和振铭公司在规定期限内未能履行清偿责任,案件进入执行程序。

被告人高云为转移振铭公司资产、逃避长兴县人民法院判决确定的清偿责任,于 2014 年年底至 2015 年年初找到倪菁、陈伟、陈卫兵等人,指使其收集江震、沈俊、陈雷等 10 人的身份信息资料,将江震、沈俊、陈雷等 10 人虚构成为振铭公司员工,并通过伪造工资表等方式,捏造振铭公司对上述 10 人的虚假欠薪合计 800 082 元,又伪造振铭公司员工倪菁、李坤松、程腊香等 12 人的工资表,上调倪菁、李坤松、程腊香等 12 人的工资,形成振铭公司对上述

12 人的虚假欠薪合计 414 150 元。之后,高云以上述虚假欠薪事实为依据,指使倪菁等人以自己名义或者担任诉讼代理人,以上述 22 人为原告向长兴县人民法院提起民事诉讼,要求振铭公司支付劳动报酬。案件审理过程中,经法院主持调解,双方达成调解协议,长兴县人民法院作出民事调解书,后倪菁等人根据该民事调解书申请强制执行振铭公司的财产。

长兴县人民法院认为,被告人高云以捏造的事实提起民事诉讼,其行为已构成虚假诉讼罪,公诉机关指控的罪名成立。鉴于高云归案后自愿认罪,酌情予以从轻处罚,辩护人提出的辩护意见予以采纳。根据高云的犯罪事实、犯罪性质、情节以及对社会的危害程度,依照《中华人民共和国刑法》第三百零七条之一、第六十七条第三款、第五十二条、第五十三条之规定,判决如下:

被告人高云犯虚假诉讼罪,判处有期徒刑八个月,并处罚金人民币二千元。

一审宣判后,被告人高云以量刑过重为由提出上诉,后在二审过程中自愿认罪,申请撤回上诉。

湖州市中级人民法院经审理认为,上诉人高云为转移公司资产逃避执行,指使他人伪造欠薪进行虚假诉讼的事实,有一审采信的证据证实,本案事实清楚,证据确实、充分,予以确认。一审判决定罪和适用法律正确,量刑适当。审判程序合法。高云申请撤回上诉的要求确系合法、自愿,予以准许。依照《最高人民法院关于适用〈中华人民共和国刑事诉讼法〉的解释》第三百零五条第一款、第三百零八条之规定,裁定如下:

准许上诉人高云撤回上诉。

二、主要问题

在民事共同诉讼案件中,应当如何正确认定虚假诉讼罪?

三、裁判理由

本案审理过程中,对于被告人高云的行为应当如何定性,有以下两种意见:

第一种意见认为,被告人高云指使他人以自己名义或者作为诉讼代理人提起民事诉讼,全部22名民事诉讼原告中,有12人系被告振铭公司员工,振铭公司负有对该12名原告支付劳动报酬的义务,高云上调该12名原告的工资数额,虽有捏造另外10名原告工资的行为,但其指使他人以该22人为共同原告,提起一个民事诉讼,对其行为应整体评价为在存在劳动报酬纠纷的情况下虚增劳动报酬金额的“部分篡改型”行为,不符合虚假诉讼罪的构成要件,应以妨害作证罪定罪处罚。

第二种意见认为,被告人高云的行为构成虚假诉讼罪,其中又有两种理由:第一种理由认为,《刑法》第三百零七条之一并未将“部分篡改型”行为排除在外,本案虽然属于“部分篡改型”行为,仍可以认定为以捏造的事实提起民事诉讼,符合虚假诉讼罪的构成要件;第二种理由认为,“部分篡改型”行为不构成虚假诉讼罪,但本案中的民事诉讼属于可分之诉,高云将其中10名原告虚构成为振铭公司员工、形成虚假欠薪800 082元,属于“无中生有型”行为,依法构成虚假诉讼罪。

我们同意第二种意见,被告人高云的行为应当认定为虚假诉讼罪,但认定其行为构成虚假诉讼罪的第一种理由难以成立。《刑法》增设虚假诉讼罪的主要目的,是惩治本不存在民事法律关系、行为人依法并无诉权,为达到非法占有他人财物或者逃避履行债务等目的而虚构民事法律关系和民事纠纷,制造自己享有诉权的假象,并向人民法院提起民事诉讼的行为,即仅限于“无中生有型”行为。对于“部分篡改型”行为而言,由于本就存在民事法律关系,行为人依法享有诉权,其通过伪造证据、虚假陈述等手段篡改部分案件事实并提起民事诉讼的行为,不应认定为虚假诉讼罪。上述两种意见的主要分歧,在于对高云指使他人以22人为共同原告提起民事诉讼的行为,应当整体评价为“部分篡改型”行为,还是应当对其中的不同情况进行区分,分别进行评价。我们认为,应当从以下两个方面进行考虑:

第一,判断某一行为是否构成虚假诉讼罪,应当进行实质性判断。如上文所述,虚假诉讼罪的惩治对象仅限于“无中生有型”行为,行为人凭空捏造民事法律关系,虚构民事纠纷,向人民法院提起民事诉讼的行为,才可能构成虚假诉讼罪。实践中,民事案件的情况千差万别,具体情况各不相同,对于行为人实施的行为是否属于捏造民事法律关系、虚构民事纠纷，应当结合民事诉讼理论和案件的具体情况，进行实质性判断，不能作形式化、简单化处理，否则可能不当扩大刑罚的打击范围。例如，行为人与他人之间存在真实的买卖合同关系，买方未能按期支付货款，为达到顺利收取货款的目的，行为人以双方存在借贷合同关系为由向人民法院提起民事诉讼，要求对方偿还借款。从形式上看，行为人捏造了借贷合同关系，似乎可以认定为虚假诉讼行为。但是，根据《民事案件案由规定》的相关规定，行为人起诉的法律关系与实际诉争的法律关系不一致的，人民法院审理时应当根据法庭查明的当事人之间实际存在的法律关系的性质，相应变更案件的案由。因此，对于行为人与他人之间确实存在民事法律关系和民事纠纷，仅对民事法律关系的性质进行篡改的，不宜简单认定为捏造民事法律关系，进而以虚假诉讼罪论处。

本案中，被告人高云指使倪菁等人以自己名义或者担任诉讼代理人，以22人为原告，向人民法院提起民事诉讼，要求振铭公司支付劳动报酬，属于民事共同诉讼。《民事诉讼法》第五十二条规定："当事人一方或者双方为二人以上，其诉讼标的是共同的，或者诉讼标的是同一种类、人民法院认为可以合并审理并经当事人同意的，为共同诉讼。"民事诉讼理论认为，共同诉讼是与一对一的原告和被告进行单独诉讼相对应的复数诉讼形式，属于诉的主观合并，根据是否具有共同的诉讼标的，可分为普通共同诉讼和必要共同诉讼两种。普通共同诉讼，是指当事人一方或者双方为二人以上，其诉讼标的属于同一种类，人民法院认为可以合并审理，并经当事人同意而共同进行的诉讼；必要共同诉讼，是指当事人一方或者双方为二人以上，具有共同诉讼标的的诉讼。

在民事共同诉讼中，正确认定某一行为是否构成虚假诉讼罪，需要以普通共同诉讼和必要共同诉讼的区分为基础进行判断。具体来讲，必要共同诉讼人具有共同的权利或义务，属于不可分之诉，因此，对于行为人实施的某一行为是否属于《刑法》规定的虚假诉讼行为，只能进行整体评价。但是，在普通共同诉讼中，参加诉讼的各个原告均享有独立的诉权，属于可分之诉。在普通共同诉讼中，由于一方多个当事人之间没有共同的权利或者义务关系，既可以作为共同诉讼合并审理，也可以作为多个独立的诉讼分别审理，即使合并审理，法院也需要作出分别确认各自民事权利义务的判决，共同诉讼人的诉讼权利和义务与独立进行的诉讼完全相同。可以看出，在多个原告共同提起普通共同诉讼的情况下，各原告均享有独立的诉权。虚假诉讼罪的惩治重点，是行为人捏造事实行使虚假诉权的行为，因此，对于普通共同诉讼中各原告行使各自诉权的行为，原则上应当分别进行评价，确定其中是否存在捏造民事法律关系、虚构民事纠纷的情形，如果答案是肯定的，则应认定该部分为刑法规定的虚假诉讼行为。不能因为其中部分原告的行为属于部分篡改案件事实，就对全案认定为"部分篡改型"行为。

第二，判断某一行为是否构成虚假诉讼罪，还应考虑案件处理的实际效果。如上所述，普通共同诉讼为可分之诉，既可以作为共同诉讼合并审理，也可以作为多个独立的诉讼分别进行审理。在存在多个原告的情况下，各原告人既可以作为一个整体提起诉讼，由法院立为一个民事案件进行合并审理，也可以分别提起诉讼，由法院立为多个民事案件分别进行审理；在各原告人分别提起诉讼的情况下，法院发现多个相关案件的诉讼标的属于同一种类的，征得当事人同意后，也可以合并审理。如果认为对民事共同诉讼案件均应坚持整体评价的原则确定行为是否构成虚假诉讼罪，则行为人完全可以采取将"无中生有"之诉与"部分篡改"之诉同时起诉、由法院立为一个民事案件进行合并审理的方式，规避刑法的处罚；在行为人指使多人分别作为原告，将"无中生有"之诉与"部分篡改"之诉分别起诉的情况下，法院如果合并审理，则行为人的行为不构成虚假诉讼罪，如果不合并审理，则行为人可能被以虚假诉讼罪定罪处罚。如此一来，法院的行为将直接决定某一行为是否可能构成虚假诉讼罪，不符合刑事责任认定的基本理论，实践中可能造成不良效果。

综上，我们认为，在民事普通共同诉讼案件中，对于某一行为是否构成虚假诉讼罪，应当区分不同原告的行为，分别进行评价。本案中，被告人高云指使他人，以22人为原告起诉振铭公司，要求振铭公司支付劳动报酬，各原告均享有对振铭公司的独立诉权，仅因诉讼标的属于同一种类，法院立为一个民事案件进行合并审理，属于普通共同诉讼。在22名原告中，有12人确系振铭公司员工，享有对振铭公司的劳动报酬追索权，高云通过伪造工资表等方式上调上述人员的工资数额，属于“部分篡改型”行为，不构成虚假诉讼罪；另有10名原告与振铭公司不存在劳动合同关系，无权向振铭公司索要劳动报酬，高云伪造上述人员的工资表，捏造劳动合同关系和双方因追索劳动报酬产生民事纠纷的事实，属于“无中生有型”行为，属于刑法规定的虚假诉讼行为。高云虚增的劳动报酬数额不应计入虚假诉讼标的额。虚假诉讼罪不以法院裁判实际得到执行为必备要件，诉讼标的额不能直接反映虚假诉讼行为造成的社会危害性，不属于虚假诉讼罪的定罪条件。本案中，法院已经作出民事调解书，且已进入执行程序，达到《刑法》第三百零七条之一第一款规定的“妨害司法秩序”的社会危害程度，应当认定高云捏造振铭公司拖欠劳动报酬的事实并指使他人提起民事诉讼的行为已经达到虚假诉讼罪的定罪条件。

此外，高云的行为发生在《刑法修正案（九）》施行之前，依照当时的《刑法》规定，其行为构成妨害作证罪；本案一审判决和二审裁定的作出日期分别为2016年10月17日和2016年12月12日，裁判作出时《刑法修正案（九）》已经公布施行，依照修正后《刑法》规定，高云的行为构成虚假诉讼罪。一审、二审法院根据从旧兼从轻原则，对被告人高云以虚假诉讼罪定罪处罚，是适当的。

（撰稿：最高人民法院刑四庭　李加玺

审编：最高人民法刑四庭　陆建红）

[第 1377 号]

胡文新、黎维军虚假诉讼案

——向人民法院申请执行仲裁调解书是否属于虚假诉讼罪中的“提起民事诉讼”

一、基本案情

被告人胡文新,曾用名胡良新,男,1984 年 10 月 10 日出生,浙江省临安市[①]家政培训学校法定代表人。2015 年 10 月 16 日被逮捕。

被告人黎维军,男,浙江省临安市鸿顺家政服务有限公司法定代表人。2015 年 10 月 16 日被逮捕。

浙江省临安市人民检察院以被告人胡文新、黎维军犯虚假诉讼罪,向临安市人民法院提起公诉。

被告人胡文新、黎维军对指控的犯罪事实均无异议。胡文新的辩护人提出,胡文新通过劳动仲裁获得仲裁调解书后向人民法院申请执行的行为不属于提起民事诉讼;胡文新的行为不构成妨害作证罪或者诈骗罪,虚假诉讼罪是《刑法修正案(九)》增加的罪名,根据从旧兼从轻原则,胡文新的行为亦不构成虚假诉讼罪,可以根据《民事诉讼法》的规定进行制裁。黎维军的辩护人提出,根据从旧兼从轻原则,不应认定黎维军构成虚假诉讼罪。

临安市人民法院经审理查明:2015 年 2 月 3 日,浙江省临安市家政培训学校(以下简称临安市家政学校)因民间借贷纠纷,被临安市人民法院依法裁定冻结名下银行账户内存款 37 万元。同年 3 月,被告人胡文新、黎维军为取出被冻结的存款,经事先预谋,伪造临安市家政学校拖欠黎维军及高鹏

① 现临安区,下同。

（另案处理）、黎维军的妻子章丽萍三人2014年3月至2015年3月工资共计15.3万余元的工资单。之后，在胡文新的指使下，黎维军和高鹏以债权人和债权人受托人的身份，向临安市劳动人事争议仲裁委员会（以下简称临安市仲裁委）申请劳动仲裁，以虚假的工资单获取仲裁调解书后，2015年4月20日向临安市人民法院申请执行该仲裁调解书，临安市人民法院同日立案执行。

2015年五六月，被告人胡文新指使陈文英（另案处理）伪造临安市家政学校拖欠陈文英工资41 250元及社会保险的工资单，采用相同方式从临安市仲裁委获取仲裁调解书后，同年7月9日和8月7日先后两次向临安市人民法院申请强制执行，临安市人民法院分别立案受理，执行过程中发现上述人员存在虚假诉讼犯罪嫌疑，遂将案件线索移交临安市公安局。

临安市人民法院认为，被告人胡文新、黎维军以捏造的事实提起民事诉讼，妨害司法秩序，二人行为均已构成虚假诉讼罪，公诉机关指控的罪名成立。关于二辩护人对本案定性所提异议，经查，民事诉讼程序包括执行程序，《民事诉讼法》也设有执行程序编，胡文新、黎维军未经民事审判，直接以仲裁机构出具的调解书向人民法院申请执行，属于广义的民事诉讼。胡文新、黎维军指使高鹏、陈文英等人作伪证，捏造临安市家政学校拖欠员工工资的事实并提起民事诉讼，妨害人民法院司法秩序，同时符合妨害作证罪和虚假诉讼罪的构成要件，应适用从旧兼从轻原则确定罪名，因虚假诉讼罪主刑中增加了管制，相对妨害作证罪法定刑较轻，应以虚假诉讼罪定罪处罚。胡文新、黎维军为套取被人民法院冻结的资金，经事先商量后各自联系人员帮忙伪造证据，地位、作用相当，不足以区分主从犯，二被告人归案后基本如实供述自己的罪行，依法应予从轻处罚。依照《中华人民共和国刑法》第三百零七条之一第一款、第二十五条第一款、第六十七条第三款、第五十二条、第五十三条和《最高人民法院关于〈中华人民共和国刑法修正案（九）〉时间效力问题的解释》第七条之规定，判决如下：

1. 被告人胡文新犯虚假诉讼罪，判处有期徒刑十个月，并处罚金人民币三千元；

2. 被告人黎维军犯虚假诉讼罪，判处有期徒刑八个月，并处罚金人民币二千元。

一审宣判后,被告人胡文新、黎维军均未提出上诉,检察机关未提出抗诉,判决已经发生法律效力。

二、主要问题

向人民法院申请执行仲裁调解书的行为,是否属于虚假诉讼罪中的"提起民事诉讼"?

三、裁判理由

根据《刑法》第三百零七条之一的规定,虚假诉讼罪,是指以捏造的事实提起民事诉讼、妨害司法秩序或者严重侵害他人合法权益的行为。据此,"提起民事诉讼"是虚假诉讼罪的核心行为,正确理解《刑法》第三百零七条之一规定的"提起民事诉讼"的含义,是准确适用虚假诉讼罪的关键。本案在审理过程中,对于被告人胡文新、黎维军以捏造的事实获取仲裁调解书,再向人民法院申请执行仲裁调解书的行为是否构成虚假诉讼罪,存在两种不同意见:第一种意见认为,二被告人向法院提起的是民事执行程序,不属于民事诉讼的范畴,因此不构成虚假诉讼罪;第二种意见认为,民事执行程序属于民事诉讼,二被告人的行为属于"提起民事诉讼",应构成虚假诉讼罪。我们同意第二种意见,主要理由如下:

(一)申请民事执行程序属于虚假诉讼罪中的"提起民事诉讼"

《民事诉讼法》第二编规定了第一审普通程序、简易程序、第二审程序、特别程序、审判监督程序、督促程序和公示催告程序,第三编还规定了执行程序。从目的解释的角度看,《刑法修正案(九)》增设虚假诉讼罪的目的,在于依法惩治不具有合法诉权、通过捏造事实的方式制造自己具有诉权的假象、意图骗取人民法院裁判的行为,主要打击对象是纠纷首次进入人民法院进行司法处理的初始程序。民事一审程序是公民、法人和其他组织行使诉权、纠纷首次进入民事诉讼程序的入口,认定为虚假诉讼罪中的"提起民事诉讼",一般不会存在争议。简易程序、特别程序、督促程序和公示催告程序亦属于纠纷首次进入民事诉讼程序的入口,应当认定为虚假诉讼罪中的"提起民事诉讼”。根据《民事诉讼法》的规定，我国的二审程序一般采取续审制原则，除特殊情况外，二审审理范围原则上不超出一审之诉和上诉请求的范围。因此，行为人在一审阶段被动应诉、一审宣判后以捏造的事实提出上诉、启动二审程序的，一般不应认定为虚假诉讼罪中的“提起民事诉讼”。

对于民事执行程序是否可以认定为虚假诉讼罪中的“提起民事诉讼”，理论和实践中存在一定争议。通常情况下，执行程序是民事一审、二审程序的自然延续，大多数情况不属于纠纷首次进入民事诉讼的初始程序。但是，执行程序同时还具有相对的独立性，并不是一审、二审程序的附庸。《民事诉讼法》第二百三十七条规定，对依法设立的仲裁机构的裁决，一方当事人不履行的，对方当事人可以向有管辖权的人民法院申请执行；第二百三十八条规定，对公证机关依法赋予强制执行效力的债权文书，一方当事人不履行的，对方当事人可以向有管辖权的人民法院申请执行。另外，《民事诉讼法》第二百二十七条和《最高人民法院关于适用〈中华人民共和国民事诉讼法〉的解释》还分别规定了民事执行过程中案外人对执行标的提出异议和申请参与执行财产分配程序。上述情况均属于民事纠纷首次进入人民法院司法处理程序，不以同一纠纷经过一审、二审民事程序审理为前提。因此，民事执行程序中的申请执行仲裁裁决和公证债权文书、案外人对执行标的提出异议和申请参与执行财产分配，均可以认定为虚假诉讼罪中的“提起民事诉讼”。明确上述类型的民事执行程序属于虚假诉讼罪的“提起民事诉讼”，对于利用刑罚手段依法惩治恶意利用人民法院执行程序达到非法转移财产、逃避执行义务等非法目的行为，助力人民法院打赢“基本解决执行难”攻坚战，具有重要的现实意义。

（二）申请执行仲裁调解书属于虚假诉讼罪中的“提起民事诉讼”

《民事诉讼法》第二百三十七条规定的当事人向人民法院申请执行的法律文书，仅包括仲裁机构作出的裁决。但是，本案被告人胡文新、黎维军以捏造的事实获取的是仲裁调解书而非仲裁裁决，并向人民法院申请执行该仲裁调解书，是否可以认定二被告人的行为构成虚假诉讼罪，值得认真研究。

我们认为：首先，《最高人民法院关于人民法院办理仲裁裁决执行案件若干问题的规定》[①]第一条规定:“本规定所称的仲裁裁决执行案件,是指当事人申请执行仲裁机构依据仲裁法作出的仲裁裁决或者仲裁调解书的案件。”据此,《民事诉讼法》第二百三十七条规定内容实际上也包含申请强制执行仲裁调解书。其次,根据《仲裁法》第五十一条的规定,经调解达成协议的,仲裁庭应当制作调解书或者根据协议的结果制作裁决书,调解书与裁决书具有同等法律效力;根据《劳动争议调解仲裁法》第五十一条的规定,当事人对发生法律效力的调解书、裁决书,应当依照规定的期限履行,一方当事人逾期不履行的,另一方当事人可以依照《民事诉讼法》的有关规定向人民法院申请执行,受理申请的人民法院应当依法执行。可以看出,仲裁机构依法作出的裁决书和调解书的法律效力相同。一方当事人向人民法院申请执行裁决书或调解书,行为性质并无实质区别,因而相关行为在是否构成犯罪方面不能得出相反的法律评价。最后,《最高人民法院关于防范和制裁虚假诉讼的指导意见》第八条规定:“在执行公证债权文书和仲裁裁决书、调解书等法律文书过程中,对可能存在双方恶意串通、虚构事实的,要加大实质审查力度,注重审查相关法律文书是否损害国家利益、社会公共利益或者案外人的合法权益。如果存在上述情形,应当裁定不予执行。必要时,可向仲裁机构或者公证机关发出司法建议。”该条文将行为人向人民法院申请执行基于捏造的事实作出的仲裁调解书的行为明确规定为虚假诉讼行为。综上,以捏造的事实获取仲裁调解书后,向人民法院申请执行该仲裁调解书的,属于虚假诉讼罪中的“提起民事诉讼”,可能构成虚假诉讼罪。

此外,本案还涉及刑法的溯及力问题。虚假诉讼罪是2015年11日1日施行的《刑法修正案(九)》新增设的罪名,而本案被告人胡文新、黎维军的行为发生在2015年3月至8月,行为实施时《刑法修正案(九)》尚未施行,一审判决作出于2016年3月18日,审理时《刑法修正案(九)》已经公布施行。根据《刑法》第十二条的规定精神,行为时法与裁判时法不一致的,应当适用从旧兼从轻原则。为了正确适用《刑法修正案(九)》,最高人民法院专门出台了《关于〈中华人民共和国刑法修正案(九)〉时间效力问题的解释》,其中

① 该解释自2018年3月1日起施行,但上述条文的相关精神在实践中一直被遵守。

第七条规定："对于2015年10月31日以前以捏造的事实提起民事诉讼，妨害司法秩序或者严重侵害他人合法权益，根据修正前刑法应当以伪造公司、企业、事业单位、人民团体印章罪或者妨害作证罪等追究刑事责任的，适用修正前刑法的有关规定。但是，根据修正后刑法第三百零七条之一的规定处刑较轻的，适用修正后刑法的有关规定。"

本案中，被告人胡文新、黎维军指使他人共同伪造工资单，以该工资单获取仲裁机构出具的仲裁调解书后，向人民法院申请执行，行为同时符合妨害作证罪和虚假诉讼罪的构成要件，且均不属于"情节严重"的情形。这种情况下，需要比较两罪的法定刑哪个更轻。具体而言，胡文新、黎维军所犯妨害作证罪对应的法定刑幅度为三年以下有期徒刑或者拘役，所犯虚假诉讼罪对应的法定刑幅度为三年以下有期徒刑、拘役或者管制，并处或者单处罚金。两罪的法定最高刑相同，但虚假诉讼罪的法定最低刑为管制和罚金，低于妨害作证罪的法定最低刑拘役，故虚假诉讼罪属于处刑较轻的罪名。

综上，原审法院根据从旧兼从轻原则，认定被告人胡文新、黎维军的行为构成虚假诉讼罪，依法判处三年以下有期徒刑并处罚金，是适当的。

（撰稿：最高人民法院刑四庭　王凯凯
审编：最高人民法院刑四庭　陆建红）

[第 1378 号]

嘉善双赢轴承厂诉单国强虚假诉讼案

——如何正确认定虚假诉讼犯罪案件的自诉条件

一、基本案情

自诉人嘉善双赢轴承厂,住所地浙江省嘉善县干窑镇新星村幸福桥。

负责人:顾亚萍,系嘉善双赢轴承厂执行合伙人。

被告人单国强,嘉善县干窑镇新星村经济合作社社长、法定代表人。

自诉人嘉善双赢轴承厂向浙江省嘉善县人民法院提起自诉称:嘉善县干窑镇新星村经济合作社(以下简称新星村合作社)2014 年 8 月 22 日向法院起诉自诉人,同时提交了财产保全申请书。法院根据新星村合作社的申请,裁定查封、扣押、冻结自诉人价值数百万元的机器设备和银行存款。之后,新星村合作社未按规定缴纳诉讼费用,亦未提出减、缓、免交诉讼费用申请,法院于同年 9 月 4 日作出裁定,以新星村合作社未在规定时间内及时缴纳案件受理费及保全费用为由,解除了对自诉人财产的查封、扣押、冻结措施,但直到提起刑事自诉之日为止,自诉人的财产仍然下落不明。新星村合作社社长、法定代表人单国强作为直接负责的主管人员,妨害司法秩序,致使自诉人遭受重大经济损失,严重侵害了自诉人合法权益,行为涉嫌构成虚假诉讼罪。依照《中华人民共和国刑法》和《最高人民法院关于执行〈中华人民共和国刑事诉讼法〉若干问题的解释》之规定,特提起诉讼,请求依法追究单国强的刑事责任。

被告人单国强辩称,虚假诉讼犯罪案件不属于自诉案件范围,自诉人的诉讼请求无法律依据,请求人民法院不予受理。

嘉善县人民法院经审查认为,嘉善双赢轴承厂自诉单国强虚假诉讼罪一案,不属于《最高人民法院关于适用〈中华人民共和国刑事诉讼法〉的解释》第一条规定的人民法院直接受理的自诉案件的受案范围，依法应不予受理。依照《最高人民法院关于适用〈中华人民共和国刑事诉讼法〉的解释》第二百五十九条第（一）项、第二百六十三条之规定，裁定对自诉人嘉善双赢轴承厂的刑事自诉不予受理。

一审宣判后，自诉人嘉善双赢轴承厂以提起自诉符合法律规定且属于一审法院管辖范围、一审法院裁定不予受理错误为由提出上诉。

浙江省嘉兴市中级人民法院经审理认为，上诉人嘉善双赢轴承厂提起的刑事自诉不属于人民法院直接受理的自诉案件范围，一审法院裁定不予受理并无不当。嘉善双赢轴承厂请求二审撤销一审裁定、对本案直接管辖或者指令辖区内其他法院管辖的理由不足，不予采纳。一审裁定适用法律正确，审判程序合法。依照2012年修订的《中华人民共和国刑事诉讼法》第二百二十九条、第二百二十五条第一款第（一）项之规定，裁定驳回上诉，维持原判。

二、主要问题

如何正确认定虚假诉讼犯罪案件的自诉条件？

三、裁判理由

虚假诉讼犯罪案件发生在民事诉讼过程中，以存在在先的民事诉讼为前提，属于典型的刑民交叉案件。为了避免刑事自诉权被滥用，成为部分民事诉讼当事人用以恶意干扰民事诉讼进程的工具，对虚假诉讼犯罪案件的被害人行使自诉权的条件应当依法严格把握。本案即为典型例证。具体来讲，虚假诉讼犯罪案件中的被害人提起刑事自诉，应当同时满足以下三个方面的条件：

第一，自己的人身、财产权利遭到虚假诉讼犯罪行为侵害。这是提起自诉的主体条件。根据《刑法》第三百零七条之一的规定，以捏造的事实提起民事诉讼，妨害司法秩序或者严重侵害他人合法权益的，构成虚假诉讼罪。从理论上分析，虚假诉讼一旦进入诉讼程序，必然会造成妨害司法秩序的后果，但并不必然侵害他人合法权益，从这个意义上讲，司法秩序是虚假诉讼罪侵犯的必然客体,他人合法权益是选择客体,只有在虚假诉讼罪严重侵害他人合法权益的情况下,被害人才有权提起自诉。从实际情况看,虚假诉讼犯罪行为人的犯罪目的一般可分为欺诈侵财、逃避债务和其他目的三种类型。有权提起自诉的被害人,一般是自身财产被对方当事人非法占有的民事被告,或者因双方当事人恶意串通进行虚假诉讼导致自己合法债权无法实现的案外第三人。另外,根据《刑事诉讼法》第一百一十四条的规定,虚假诉讼犯罪案件的被害人死亡或者丧失行为能力的,被害人的法定代理人、近亲属有权向人民法院提起自诉,人民法院应当依法受理。

第二,有证据证明对被告人通过虚假诉讼侵犯自己人身、财产权利的行为应当依法追究刑事责任。这是提起自诉的证据条件。此处的证明对象,不仅包括被告人实施了侵犯自己人身、财产权利的行为,还包括此行为应当依法追究刑事责任,因此,在虚假诉讼犯罪案件中,被害人不仅应当提供证明被告人实施了虚假诉讼犯罪行为的证据,还应提供证据证明该行为已经达到虚假诉讼罪定罪标准。对于"有证据证明"的内涵,应当结合刑事自诉案件的特点进行分析。《刑事诉讼法》第二百一十一条第一款规定:"人民法院对于自诉案件进行审查后,按照下列情形分别处理:(一)犯罪事实清楚,有足够证据的,应当开庭审判;(二)缺乏罪证的自诉案件,如果自诉人提不出补充证据,应当说服自诉人撤回自诉,或者裁定驳回。"根据《最高人民法院关于适用〈中华人民共和国刑事诉讼法〉的解释》(以下简称《适用解释》)第二百六十四条的规定,对已经立案,经审查缺乏罪证的自诉案件,自诉人提不出补充证据的,人民法院应当说服其撤回起诉或者裁定驳回起诉。因此,在刑事自诉案件中,人民法院在开庭前应当进行两次实质性审查,在受理阶段,经立案部门审查认为证据条件达到立案标准的,应当依法立案,缺乏罪证的,应当说服自诉人撤回起诉或者裁定不予受理;在立案受理后、开庭审理前,经刑事审判部门审查认为缺乏罪证,自诉人又提不出补充证据的,应当说服其撤回自诉或者裁定驳回起诉,审查认为犯罪事实清楚,有足够证据的,应当开庭审判。据此,刑事自诉案件开庭前两次审查的重点均是自诉人提供的证据能否支撑其诉讼请求,虽然所处诉讼阶段不同,但原则上应采用相同的证明标准。作为提起刑事自诉证据条件的"有证据证明",应是指被告人实施了侵犯被害人人身、财产权利的行为，且该行为应当依法追究刑事责任的事实清楚，有足够的证据支撑。具体来讲，在虚假诉讼罪中，“提起民事诉讼”属于客观事实，一般情况下提供民事案件审理法院出具的诉讼文书即可，证明难度较小；被告人故意捏造事实，以及被告人的行为造成了妨害司法秩序或者严重侵害他人合法权益的危害后果属于核心事实，证明难度较大，被害人需提供足够证据证明上述两方面事实。在无其他证据佐证的情况下，法院不能仅以被害人的陈述为依据立案受理虚假诉讼犯罪刑事自诉。

第三，有证据证明被害人曾向公安机关或者人民检察院控告被告人实施虚假诉讼犯罪行为，而公安机关或者人民检察院不予追究被告人刑事责任。这是提起自诉的程序条件。根据《公安机关办理刑事案件程序规定》的相关规定，公安机关作出不予立案决定后，控告人不服的，可以在收到不予立案通知书后七日内向作出决定的公安机关申请复议，对不予立案的复议决定不服的，可以在收到复议决定书后七日以内向上一级公安机关申请复核。根据《刑事诉讼法》第一百八十条的规定，人民检察院决定不起诉的，被害人如果不服，可以自收到决定书后七日以内向上一级人民检察院申诉，也可以不经申诉，直接向人民法院起诉。因此，在公安机关作出不予立案通知书后，经申请复议、复核仍维持不予立案决定的，被害人才有权提起自诉。但是，在人民检察院作出不起诉决定书的情况下，被害人无须申诉，即可提起自诉。本案中，嘉善双赢轴承厂未能提供出自己已就单国强虚假诉讼侵犯其财产权利的行为向公安机关或者人民检察院提出控告，而公安机关或者人民检察院已经作出不予立案或者不起诉决定的证据，一审、二审法院认定其不属于《适用解释》第一条规定的人民法院直接受理的自诉案件受案范围，裁定不予受理，适用法律正确。

有意见提出，根据《最高人民法院关于拒不执行判决、裁定罪自诉案件受理工作有关问题的通知》的规定，申请执行人向公安机关控告负有执行义务的人涉嫌拒不执行判决、裁定罪，公安机关不予接受控告材料或者在接受控告材料后60日内不予书面答复，申请执行人有证据证明该拒不执行判决、裁定行为侵犯了其人身、财产权利，应当依法追究刑事责任的，人民法院可以以自诉案件立案审理。参照上述通知精神，为保护虚假诉讼犯罪被害人的合法权益，公安机关对被害人的控告材料不予接受或接受后60日内不予书面答复的，法院亦可作为虚假诉讼犯罪自诉案件立案审理。我们不同意这种观点。虚假诉讼犯罪案件和拒不执行判决、裁定犯罪案件存在诸多差别，对相关规定不宜简单推定适用。在拒不执行判决、裁定犯罪案件中，申请执行人提起自诉的目的在于通过刑罚手段督促执行义务人依法履行民事判决、裁定确定的义务，维护司法权威，因此，无论是在拒不执行判决、裁定刑事案件中，还是在作出该判决、裁定的民事案件中，申请执行人均是权利人，而被执行人均是义务人和责任承担者，两个诉讼中不存在相互冲突的利益，适当放宽申请执行人提起刑事自诉的条件，有利于增强民事裁判、裁定的执行力。而在虚假诉讼犯罪案件中，刑事自诉人在刑事案件中是享有自诉权的权利人，在民事案件中是被告或者利益受损的案外第三人，刑事被告人在民事案件中是原告，在刑事案件中则是责任承担者，双方当事人在两个诉讼中分别扮演不同角色，存在明显的利益冲突。从理论上讲，民事原告的民事诉权和刑事被害人的刑事自诉权均应得到有效保护，在民事诉讼程序在先进行的情况下，如果对民事被告或案外第三人提起刑事自诉的条件放得过宽，就存在刑事自诉权被滥用、民事诉权受到损害的危险。据此，在虚假诉讼犯罪案件中，对民事被告或者案外第三人的刑事自诉权应当予以适当限制，严格把握其提起自诉的条件，原则上以公安机关、人民检察院出具不予立案或者不起诉的书面决定为判断标准，不能提供公安机关、人民检察院作出的不予立案或者不起诉书面决定的，一般不予受理。

《刑事诉讼法》未对虚假诉讼犯罪案件是否可以提起刑事自诉作出专门规定，2018年10月施行的《最高人民法院、最高人民检察院关于办理虚假诉讼刑事案件适用法律若干问题的解释》亦未规定。有意见认为，如果允许被害人直接提起自诉，则民事诉讼中的被告在面临败诉风险时，有可能以提起刑事自诉的方式干扰民事诉讼的正常进程，要求人民法院中止或者终结民事诉讼案件，从而达到避免败诉风险、逃避承担民事责任的不当目的，从确保民事诉讼程序正常进行、避免刑事自诉权被滥用的角度考虑，不宜将刑事自诉权赋予虚假诉讼犯罪被害人。我们不同意这种观点。主要理由有以下两个方面：

第一，不符合《刑事诉讼法》的规定。《刑事诉讼法》第二百一十条规定："自诉案件包括下列案件：（一）告诉才处理的案件；（二）被害人有证据证明的轻微刑事案件；（三）被害人有证据证明对被告人侵犯自己人身、财产权利的行为应当依法追究刑事责任，而公安机关或者人民检察院不予追究被告人刑事责任的案件。"理论上一般将上述三类自诉案件分别概括为告诉才处理的案件、有证据证明的轻微刑事案件和公诉转自诉案件。《适用解释》第一条对刑事自诉案件的范围作出了进一步规定。虚假诉讼犯罪案件虽不属于告诉才处理的案件和有证据证明的轻微刑事案件范围，但可能符合《刑事诉讼法》规定的公诉转自诉案件的条件。在被害人因为他人实施虚假诉讼犯罪行为导致自己人身、财产权利受到侵害，经控告后公安机关或者人民检察院决定不予追究对方刑事责任的情况下，如果不允许被害人提起刑事自诉，显然违反《刑事诉讼法》和《适用解释》的规定。

第二，不利于保护人民群众的合法诉权。一方面，诉权是当事人享有的在自身合法权益受到侵害或者与他人发生纠纷时，请求司法机关依法保护其权益或者解决纠纷的权利，是法律赋予公民的一项基本权利。在我国的法律体系中，诉权可分为民事诉权、行政诉权和刑事诉权三个方面，任何一个方面的诉权非因法律规定均不得随意剥夺。民事诉讼原告和被告的诉权均应当得到平等保护，不能以保证民事诉讼程序顺利进行、确保原告的民事诉权得以顺利实现为由，剥夺被告享有的依法提起刑事自诉、通过刑事诉讼维护自身合法权益的刑事诉权。另一方面，现阶段公安机关、人民检察院出于各种考虑，对人民法院移送的虚假诉讼犯罪线索或者公民关于虚假诉讼犯罪的控告、举报不愿立案，虚假诉讼犯罪案件立案难、立案慢的情况在一定范围内存在，如果否定被害人的刑事自诉权，将导致其刑事救济渠道被堵死，合法权益无法得到保障，惩罚刑事犯罪人更无从谈起。

在人民法院立案受理虚假诉讼犯罪刑事自诉案件后，由于该刑事案件的审理结果直接影响到相关民事案件中原告的诉讼请求能否成立，故原则上应当根据"先刑后民"的原则，待刑事案件审理完毕后再处理民事案件。这种情况下，对民事案件应当裁定中止审理还是作出终局性裁决，值得认真研究。根据《民事诉讼法》第一百五十条第(五)项的规定,本案(指民事案件——笔者注)必须以另一案的审理结果为依据,而另一案尚未审结的,人民法院应当中止审理。其中的"另一案",包括与民事诉讼案件有关的刑事案件。《最高人民法院关于在审理经济纠纷案件中涉及经济犯罪嫌疑若干问题的规定》第十一条规定:"人民法院作为经济纠纷受理的案件,经审理认为不属于经济纠纷案件而有经济犯罪嫌疑的,应当裁定驳回起诉,将有关材料移送公安机关或检察机关。"《最高人民法院关于审理民间借贷案件适用法律若干问题的规定》第二十条规定:"经查明属于虚假民间借贷诉讼,原告申请撤诉的,人民法院不予准许,并应当根据民事诉讼法第一百一十二条之规定,判决驳回其请求;诉讼参与人或者其他人恶意制造、参与虚假诉讼,人民法院应当……依法予以罚款、拘留;构成犯罪的,应当移送有管辖权的司法机关追究刑事责任。"《民事诉讼法》与上述两个司法解释的规定内容存在明显区别。在司法实践中,为避免案件久拖不决,法院一般根据上述两个司法解释的规定,对民事案件裁定驳回起诉或者判决驳回诉讼请求,并将案件线索移送公安机关或者检察机关处理。但是,由于刑事自诉案件不经公安机关侦查和人民检察院审查起诉,处理周期相对较短,在法院未向公安机关或者检察机关移送案件线索、被害人直接以民事原告涉嫌虚假诉讼罪为由提起刑事自诉并获得法院立案受理的情况下,为确保民事案件稳妥处理,法院适用《民事诉讼法》第一百五十条第(五)项之规定,裁定对民事案件中止审理,通常是比较合适的处理方式。

(撰稿:最高人民法院刑四庭　李加玺
审编:最高人民法院刑四庭　陆建红)

［第 1379 号］

万春禄虚假诉讼案

——隐瞒真相行为能否构成虚假诉讼罪及如何确定虚假诉讼罪的既遂标准

一、基本案情

被告人万春禄，男，1974 年 2 月 28 日出生。浙江省杭州新美商城副总经理。2016 年 4 月 19 日被逮捕。

浙江省杭州经济技术开发区人民检察院以被告人万春禄犯虚假诉讼罪，向杭州经济技术开发区人民法院提起公诉。

被告人万春禄辩称，自己与林欣欣之间 120 万元的债权债务关系客观真实存在，并未捏造事实提起虚假诉讼。万春禄的辩护人提出，公诉机关指控万春禄捏造事实提起虚假诉讼的事实不清，证据不足，应依法宣告无罪；即使认定万春禄的行为构成虚假诉讼罪，犯罪数额也仅应认定为 50 万元而非 120 万元，且虚假诉讼罪属于结果犯，本案民事诉讼尚未作出判决，应认定为犯罪未遂。

杭州经济技术开发区人民法院经审理查明：2011 年 12 月，被害人林欣欣向被告人万春禄借款 47 万元，至 2012 年 4 月 12 日，林欣欣共拖欠万春禄借款本金及利息合计 50 万元，双方核算后，林欣欣向万春禄出具了一张金额为 50 万元的借条。同年 9 月 4 日，林欣欣又向万春禄借款 5 万元。之后，林欣欣无力归还上述借款和利息，经万春禄多次催讨，林欣欣于 2012 年 11 月 23 日再次向万春禄出具一张金额为 70 万元的借条，约定二人之间的债权债务以新出具的借条为准，林欣欣前次出具的金额为 50 万元的借条作废，但万春禄并未将该金额为 50 万元的借条归还给林欣欣。2015 年 12 月 2 日，万春禄以林欣欣第一次出具但未取回的金额为50万元的借条以及第二次出具的金额为70万元的借条为证据，先后向杭州经济技术开发区人民法院提起民事诉讼，要求林欣欣归还借款共计120万元。杭州经济技术开发区人民法院同日立案受理，案号分别为(2015)杭经开商初字第1089号和第1090号，后对两案予以合并审理。两次开庭审理过程中，万春禄均当庭陈述称两张借条相互独立，金额为50万元的借条包含本金40余万元，金额为70万元的借条包含本金35万元。杭州经济技术开发区人民法院经审理发现万春禄涉嫌虚假诉讼犯罪，于2016年3月2日将线索移送杭州市公安局杭州经济技术开发区分局，该局于同月15日将万春禄传唤到案。

杭州经济技术开发区人民法院认为，被告人万春禄以捏造的事实提起民事诉讼，妨害司法秩序，其行为已构成虚假诉讼罪。辩护人提出即使认定万春禄构成犯罪，其虚假诉讼金额也仅应认定为50万元而非120万元的辩护意见，经查与指控的事实一致，予以采纳。万春禄的行为已经过人民法院立案及庭审等程序，已经妨害司法秩序，属于犯罪既遂状态，辩护人提出的万春禄的行为属犯罪未遂的辩护意见于法不符，不予采纳。根据万春禄的犯罪事实、性质、情节及对社会的危害程度，依照《中华人民共和国刑法》第三百零七条之一第一款、第五十二条、第五十三条之规定，判决如下：

被告人万春禄犯虚假诉讼罪，判处有期徒刑一年，并处罚金人民币二万元。

一审宣判后，被告人万春禄上诉提出，未实施虚假诉讼行为，涉案金额为50万元的借条与金额为70万元的借条是独立的，林欣欣共欠款128万元，请求改判无罪。

浙江省杭州市中级人民法院经审理认为，多项证据证实涉案的金额为70万元的借条包含金额为50万元的借条，上诉人万春禄提出的两个借条相互独立的上诉理由无证据支持，不予采信，其明知上述情况，仍以两份借条为依据提起虚假民事诉讼，并在法院两次庭审过程中均作虚假陈述，属于捏造事实进行虚假诉讼。第一审判决认定的事实清楚，证据确实、充分，定罪和适用法律正确，量刑适当。审判程序合法。依照2012年修订的《中华人民共和国刑事诉讼法》第二百二十五条第一款第(一)项之规定，裁定如下：

驳回上诉,维持原判。

二、主要问题

(一)采用隐瞒真相方式捏造事实并提起民事诉讼的行为是否构成虚假诉讼罪?

(二)如何确定虚假诉讼罪的既遂标准?

三、裁判理由

(一)采用隐瞒真相方式捏造事实并提起民事诉讼的行为可以构成虚假诉讼罪

对于被告人万春禄的行为是否构成虚假诉讼罪,本案审理过程中存在以下三种意见:

第一种意见认为,被告人万春禄明知被害人林欣欣仅欠其本金52万元及相应利息,起诉要求对方偿还120万元,远远超过实际债务数额,属于理论上所称的"部分篡改型"虚假诉讼行为,而虚假诉讼罪的规制对象仅包括"无中生有型"虚假诉讼行为,万春禄的行为不构成虚假诉讼罪。

第二种意见认为,被告人万春禄故意隐瞒金额为50万元的借条已经作废的事实,起诉要求被害人林欣欣偿还,行为构成虚假诉讼罪。

第三种意见认为,隐瞒真相不属于虚假诉讼罪中的捏造事实行为,被告人万春禄故意隐瞒金额为50万元的借条已经作废的事实、起诉要求被害人林欣欣偿还的行为不构成虚假诉讼罪。

我们赞同第二种意见。第一种意见中,关于"部分篡改型"虚假诉讼行为不构成虚假诉讼罪的观点正确,但是认为被告人万春禄的行为属于"部分篡改型"虚假诉讼、进而否定其可以构成虚假诉讼罪的观点则难以成立。本案中,万春禄先后两次向人民法院提起民事诉讼,分别以两份借条为依据,提出了两个相互独立的诉讼请求,要求被害人林欣欣偿还借款50万元和70万元,虽然法院立案受理后合并审理,但对万春禄实施的上述两个行为仍然应当分别进行评价。对于诉讼标的额为70万元的起诉行为,由于作为核心证据的借条是客观真实的,故无成立虚假诉讼罪的余地;对于诉讼标的额为

50万元的起诉行为，万春禄故意隐瞒了作为核心证据的借条已经作废的事实，属于典型的隐瞒真相行为。因此，本案中刑法评价的对象，应当是万春禄故意隐瞒金额为50万元的借条已经作废的事实，并以该借条为依据提起民事诉讼的行为，而非其将金额为50余万元的债务篡改为120万元并提起民事诉讼的行为。就案件裁判的三段论结构而言，上述第一种意见对法律规定大前提的理解正确，但对案件事实这一小前提的归纳错误，最终导致了错误结论。

上述第二种意见和第三种意见的主要分歧，是对于隐瞒真相行为是否可以认定为虚假诉讼罪中的"捏造事实"，存在不同认识。对于这个问题，理论界存在两种相反的意见：

第一种意见认为，虚假诉讼罪中的"捏造事实"只限于虚构事实，不包括隐瞒真相，虚假诉讼的行为方式只能是"虚构事实+提起诉讼"，"隐瞒真相+提起诉讼"不构成虚假诉讼罪。主要理由在于：其一，从自然感情的角度考虑，民事诉讼当事人为了实现自己的利益，扭曲、隐瞒部分真相甚至提供虚假材料乃是人之常情，苛求诉争双方完全陈述其已知的所有真相，缺乏法律上的期待可能性；其二，民事诉讼中的举证责任分配原则并不要求当事人对不属于自己举证责任范围内的事实穷尽真相。因此，无论是从实然还是应然的角度来看，虚假诉讼罪中的"捏造事实"均仅应包含以积极方式虚构事实。

第二种意见认为，虚假诉讼罪中的"捏造事实"包括虚构事实和隐瞒真相两种行为方式。主要理由在于，从行为论来看，虚假诉讼行为以捏造事实行为为起点、以提起民事诉讼行为为终点。根据刑法理论，犯罪实行行为包括作为与不作为两种形式，而不作为之所以能够构成犯罪，是因为其具有的社会危害性与作为具有等价性。隐瞒真相行为一般属于不作为，在虚假诉讼罪中，不作为的"隐瞒真相"行为的社会危害性与作为的"虚构事实"行为具有等价性。因此，既然认为虚构事实属于虚假诉讼罪的行为方式，就不应当将隐瞒真相排除在虚假诉讼罪的行为方式之外。

我们认为：首先，根据《刑法》第三百零七条之一第一款的规定，虚假诉讼罪在客观方面表现为"以捏造的事实提起民事诉讼"，即行为人通过伪造证据、作虚假陈述等虚假行为欺骗法院，并经过庭审质证、司法裁判将虚假事实转化为法律事实的过程，本质上就是一种欺骗行为。捏造事实既可以通过虚构事实，也可以通过隐瞒真相的方式实现，两种行为方式均可以导致欺骗法院、实现非法目的的后果。两者的社会危害性并无本质区别，没有理由将隐瞒真相的行为排除在虚假诉讼罪之外。其次，虚构事实与隐瞒真相看似一个属于作为，一个属于不作为，但两者在语义范围内存在一定程度的重合，实践中作出明确区分存在一定困难，将隐瞒真相一概排除在虚假诉讼罪之外，缺乏可操作性。最后，民事诉讼中的举证责任分配实行"谁主张，谁举证"原则，法院最后作出裁判依据的是根据双方当事人提交的证据进行司法认定的事实，民事诉讼当事人只有获得证据优势，才能让法官形成对自己有利的内心确信。提出诉讼请求的一方如果隐瞒作为自己诉讼请求基础的民事法律关系已经消灭的事实，完全可能导致法院作出错误的裁判，因而不能根据民事诉讼举证责任分配原则否定隐瞒真相行为可以构成虚假诉讼罪。

综上，虚假诉讼罪中的"捏造事实"包括虚构事实和隐瞒真相两种行为方式。本案被告人万春禄故意隐瞒在先的50万元债务已被后续的70万元债务完全包含、金额为50万元的借条已经作废的事实，以该借条为依据提起民事诉讼，要求债务人林欣欣偿还该50万元借款，属于以捏造的事实提起民事诉讼，并造成了妨害司法秩序的危害后果，依法构成虚假诉讼罪。一审、二审定罪准确。

（二）虚假诉讼罪是结果犯，出现一定犯罪后果是判断犯罪既遂的标准

确定虚假诉讼罪的既遂标准以明确本罪的具体形态为前提。理论界关于虚假诉讼罪具体形态的争议，主要集中在本罪是行为犯还是结果犯的问题上。刑法理论上所称的行为犯，是指行为与结果同时发生的犯罪，在判断某一行为是否符合行为犯的构成要件时，不需要对结果及因果关系进行独立判断；结果犯，是指行为与结果之间存在距离的犯罪，在进行结果犯的构成要件判断时，需要对结果与因果关系进行独立判断。在行为犯与结果犯的两分法模式下，所谓的情节犯等概念亦可归入结果犯的范畴之中。在既遂标准的确定方面，通行理论认为，结果犯以行为造成犯罪构成要件预定的

后果为既遂标准，而行为犯只需实施危害行为就构成既遂。

有意见认为，虚假诉讼罪是行为犯，行为人只要向人民法院提起虚假的民事诉讼，就会对司法秩序造成破坏；如果法官受到虚假证据的影响作出错误裁判，则该结果只能视为结果加重情节，作为对行为人加重处罚的依据。我们不同意这种观点，应当认定虚假诉讼罪属于结果犯。理由在于：其一，虚假诉讼罪的实行行为是以捏造的事实提起民事诉讼，《刑法》第三百零七条之一规定的“妨害司法秩序或者严重侵害他人合法权益”系实行行为造成的危害结果。无论是从时间还是空间上看，本罪的实行行为与危害结果之间均存在一定的间隔。当实行行为开始实施时，并不意味着立刻产生《刑法》规定的危害结果，只有在特定危害结果发生时才能认定为犯罪既遂，这与行为犯只需实施某种行为就达到既遂状态有所不同。其二，在民事诉讼过程中，当事人基于趋利避害的本能选择自己的行为方式，《民事诉讼法》明确规定了对虚假诉讼行为的司法处罚措施，倘若需要动用《刑法》来规制此类行为，必须遵循刑法的谦抑性原则，慎重确定处罚范围。如果认为虚假诉讼罪属于行为犯，行为人只要以捏造的事实提起民事诉讼就构成犯罪既遂，将导致犯罪行为与妨害民事诉讼的违法行为界限模糊，造成刑罚的打击面过广。

虚假诉讼罪保护的法益为复合法益。根据《刑法》第三百零七条之一的规定，虚假诉讼罪保护的法益是司法秩序和他人合法权益，行为造成“妨害司法秩序”或者“严重侵害他人合法权益”后果之一即可构成犯罪既遂。实践中，虽然部分行为人提起虚假诉讼的目的在于非法获取他人财产利益，但是，立法机关将本罪设置在妨害司法罪一章而非侵犯财产罪一章中，反映出立法初衷在于强调虚假诉讼犯罪行为对司法秩序的侵害是必然的，而侵害他人合法权益却仅是盖然性结果。如果将严重侵害他人合法权益作为虚假诉讼罪的唯一既遂标准，将不利于打击此类犯罪行为，并可能造成部分不以侵财为目的的虚假诉讼行为永远无法达到犯罪既遂的不合理局面。

为此，《最高人民法院、最高人民检察院关于办理虚假诉讼刑事案件适用法律若干问题的解释》第二条明确了虚假诉讼罪的既遂标准，对“妨害司法秩序或者严重侵害他人合法权益”作了详尽的规定：(1)致使人民法院基于捏造的事实采取财产保全或者行为保全措施的;(2)致使人民法院开庭审理,干扰正常司法活动的;(3)致使人民法院基于捏造的事实作出裁判文书、制作财产分配方案,或者立案执行基于捏造的事实作出的仲裁裁决、公证债权文书的;(4)多次以捏造的事实提起民事诉讼的;(5)曾因以捏造的事实提起民事诉讼被采取民事诉讼强制措施或者受过刑事追究的;(6)其他妨害司法秩序或者严重侵害他人合法权益的情形。上述规定表明,认定虚假诉讼罪的既遂,不能以获得人民法院立案受理为标准,而应以行为是否对司法秩序造成实质损害或者严重侵害他人合法权益为判断本罪是否既遂的标准。此处的司法秩序是指人民法院受理民事案件后的正常司法活动,实践中主要表现为行为人提起虚假民事诉讼后导致司法机关作出错误裁判,或者大量占用司法资源、影响正常司法活动等两个方面。

本案中,被告人万春禄通过隐瞒真相的方式捏造事实并提出民事诉讼,人民法院立案后进行审理,并已进行了两次开庭审理活动。万春禄的行为已经扰乱了人民法院的正常审判活动,对法官、书记员等司法工作人员造成了不必要的工作负担,严重浪费了司法资源,已经达到虚假诉讼罪的既遂标准。因而,一审、二审法院认定辩护律师提出的人民法院尚未作出判决、本案应认定为犯罪未遂的辩护意见不能成立,万春禄的行为依法构成虚假诉讼犯罪既遂,是适当的。

(撰稿:最高人民法院刑四庭　崔　慧

审编:最高人民法院刑四庭　陆建红)

[第 1380 号]

张崇光、张崇荣虚假诉讼案

——虚假诉讼犯罪案件中如何正确适用从旧兼从轻原则

一、基本案情

被告人张崇光,男,1970 年 1 月 15 日出生,浙江金意来阀门有限公司法定代表人。2016 年 6 月 28 日被逮捕。

被告人张崇荣,男,1975 年 4 月 3 日出生,个体工商户。2016 年 6 月 28 日被逮捕。

浙江省临海市人民检察院以被告人张崇光、张崇荣犯虚假诉讼罪,向临海市人民法院提起公诉。

被告人张崇光对指控的犯罪事实予以供认,辩称有自首情节,请求从轻处罚。

被告人张崇荣对指控的犯罪事实予以供认,辩称在共同犯罪中作用较小,未造成债权人损失,系初犯、偶犯,请求判处缓刑。

临海市人民法院经审理查明:被告人张崇光系浙江金意来阀门有限公司(以下简称金意来公司)法定代表人,由于公司经营不善,无力归还中国农业银行股份有限公司临海市支行(以下简称农行临海支行)的抵押贷款本息,农行临海支行 2015 年 8 月 17 日向临海市人民法院提起民事诉讼,临海市人民法院于同年 10 月 16 日作出判决,由金意来公司偿付农行临海支行本金人民币 15 289 750 元及相应利息,农行临海支行对金意来公司所有的坐落在临海市东部区块管委会北洋十一路 5 号的厂房折价或者拍卖、变卖该财产所得价款在判决确定的债权范围内享有优先受偿权。

为避免金意来公司的厂房被折价或者拍卖、变卖抵付给农行临海支行,被告人张崇光于 2015 年五六月预先伪造了该公司 3 号、5 号厂房和 X 射线探伤室的两份建设工程施工合同，造价分别为420万元和67万元，后指示被告人张崇荣以承包人名义在合同上签名，并委托律师代理，以金意来公司拖欠张崇荣两笔分别为420万元和67万元的工程款为由，向临海市人民法院提起民事诉讼。同年8月20日，临海市人民法院作出（2015）台临杜民初字第1019号、第1020号民事调解书，认定张崇荣为工程承包人，由金意来公司支付张崇荣两笔工程款合计487万元，张崇荣有权就工程款对涉案金意来公司3号、5号厂房和X射线探伤室折价或者拍卖、变卖所得价款享有优先受偿权，并有权要求金意来公司支付逾期利息损失。

2016年3月18日，被告人张崇荣在浙江省温州市龙湾区龙湾中学附近被抓获归案，被告人张崇光于同年4月7日向临海市公安局自动投案并如实供述了犯罪事实。

临海市人民法院认为，被告人张崇光、张崇荣以捏造的事实提起民事诉讼，妨害司法秩序，其行为已构成虚假诉讼罪，公诉机关指控的罪名成立。张崇荣在共同犯罪中的作用相对较小，酌情从轻处罚，张崇光有自首情节，依法从轻处罚，二被告人均当庭自愿认罪，酌情从轻处罚。根据二被告人犯罪事实及在共同犯罪中的作用、犯罪性质、情节和对社会的危害程度等，依照《中华人民共和国刑法》第三百零七条之一第一款、第二十五条第一款、第六十七条第一款之规定，判决如下：

1. 被告人张崇光犯虚假诉讼罪，判处有期徒刑一年四个月，并处罚金人民币十五万元。

2. 被告人张崇荣犯虚假诉讼罪，判处有期徒刑一年，并处罚金人民币十万元。

一审宣判后，被告人张崇光、张崇荣分别提出上诉。

被告人张崇光上诉提出，自己的行为未造成债权人损失，有自首情节，系初犯、偶犯，请求改判缓刑。张崇光的辩护人提出了相同的辩护意见。

被告人张崇荣上诉提出，自己的行为未造成债权人损失，在共同犯罪中起辅助作用，有坦白和立功情节，系初犯、偶犯，请求改判缓刑。张崇荣的辩护人提出了相同的辩护意见。

出庭检察员提出，虚假诉讼罪是《刑法修正案（九）》增设的罪名，本案行为发生在《刑法修正案(九)》施行之前,根据从旧兼从轻原则,一审判决对被告人张崇光、张崇荣以虚假诉讼罪论处,主刑量刑适当,但并处罚金不当,建议改判张崇光犯妨害作证罪、张崇荣犯帮助伪造证据罪,不并处罚金。

浙江省台州市中级人民法院经审理认为,上诉人张崇光、张崇荣实施犯罪行为时《刑法修正案(九)》尚未公布施行,因为虚假诉讼罪的主刑中增加了管制,并可单处罚金,相对妨害作证罪和帮助伪造证据罪而言法定刑较轻,根据从旧兼从轻原则,本案应以虚假诉讼罪定罪处罚。虚假诉讼罪侵犯的客体是国家司法秩序和司法权威,关于未造成债权人经济损失、请求从轻处罚的上诉理由和辩护意见不予采纳。张崇荣以承包人名义参与整个虚假诉讼过程,在共同犯罪中作用相对较小,但并非仅起辅助作用,一审判决已酌情从轻处罚。一审判决认定的事实清楚,证据确实、充分,定罪和适用法律正确,量刑适当。审判程序合法。依照2012年修订的《中华人民共和国刑事诉讼法》第二百二十五条第一款第(一)项之规定,裁定如下:

驳回上诉,维持原判。

二、主要问题

在虚假诉讼犯罪案件处理中,应当如何正确适用从旧兼从轻原则?

三、裁判理由

(一)从旧兼从轻原则的含义

从旧兼从轻原则是解决法律规范选择、确定法律溯及力的基本原则,是刑法中罪刑法定原则的具体体现,已被世界上大多数国家和地区采用。我国《刑法》第十二条第一款规定:"中华人民共和国成立以后本法施行以前的行为,如果当时的法律不认为是犯罪的,适用当时的法律;如果当时的法律认为是犯罪的,依照本法总则第四章第八节的规定应当追诉的,按照当时的法律追究刑事责任,但是如果本法不认为是犯罪或者处刑较轻的,适用本法。"从而在立法上确立了从旧兼从轻原则。

根据通行理论,刑法中的从旧兼从轻,是指对于发生在新法施行以前、新法施行以后尚未作出生效判决的行为,一般应当根据旧法的规定内容确定行为人所应承担的刑事责任,但是,如果适用新法对行为人更为有利的,则应当适用新法的相关规定确定其刑事责任。从旧兼从轻原则的具体内容主要包括以下两个方面:第一,“从旧”,即涉及新旧法律的选择问题时,应当优先适用旧法。以新法的颁布时间为界限,在这一时间点之前发生的行为,如果当时的《刑法》明确规定此行为不构成犯罪,而新修订的《刑法》认为该行为构成犯罪的,依据新法不溯及既往的原则,应当依据旧法的规定不追究行为人的刑事责任,这种情况下,新法不具有溯及力。如果当时的《刑法》和新修订的《刑法》均规定此行为构成犯罪的,则应结合“从轻”的原则要求进行规范选择。第二,“从轻”,即优先适用处刑较轻的法律。仍然以新法的颁布时间为界限,对于发生在新《刑法》施行以前的行为,如果旧《刑法》认为该行为构成犯罪,但是新修订的《刑法》认为该行为不构成犯罪或者处刑较轻的,从有利于被追诉人的角度出发,应当采用新《刑法》的规定确定其刑事责任,这种情况下,新法具有溯及力。在上述两个方面内容中,从旧是原则,从轻是例外,最终选择适用的刑法规范,应当是行为实施时有效的刑法规范或者对行为人最为有利的刑法规范。坚持从旧兼从轻原则,有利于维护法律权威,实现立法目的和保护被追诉人合法权益,较好地解决司法实践中存在的问题。

由上述分析可以看出,从旧兼从轻原则的适用对象是行为,从理论上讲,其适用对象可分为狭义和广义两个层面。具体而言,狭义的适用对象是指未经审判或者判决尚未确定的行为,且这一行为发生在新的刑法生效之前;广义的适用对象既包括未经审判或者判决尚未确定的行为,也包括已经判决生效和正处于服刑阶段的行为。鉴于刑事判决的既判力直接影响公民对法律的信赖程度,关系司法权威,我国《刑法》采用的是狭义的适用对象。《刑法》第十二条第二款规定:“本法施行以前,依照当时的法律已经作出的生效判决,继续有效。”

虚假诉讼罪是2015年11月1日公布施行的《刑法修正案(九)》增设的罪名。本案被告人张崇光、张崇荣2015年五六月以虚构建设工程施工合同、制造金意来公司拖欠张崇荣工程款的假象等方式捏造事实并提起民事诉讼,临海市人民法院于同年8月20日依据上述捏造的事实作出民事调解书,二被告人实施的以捏造的事实提起民事诉讼的行为发生在《刑法修正案（九）》施行以前。被告人张崇光、张崇荣2016年3月和4月相继被抓获归案，后被交付审判，本案属于典型的行为发生在新《刑法》施行以前、新《刑法》施行之后尚未作出生效判决的情形，需要正确适用从旧兼从轻原则，依法确定二被告人的刑事责任。

（二）如何在虚假诉讼犯罪案件中正确适用从旧兼从轻原则

被告人张崇光、张崇荣实施以捏造的事实提起民事诉讼的行为时，《刑法》中并无虚假诉讼罪这一罪名。在这种情况下，应当分析二被告人的行为是否符合《刑法》规定的其他犯罪的构成要件，不能简单地以《刑法》中未规定虚假诉讼罪为由，认定二被告人的行为不构成犯罪。

首先，被告人张崇光的行为符合妨害作证罪的构成要件。妨害作证罪，是指采用暴力、威胁、贿买等方法阻止证人作证或者指使他人作伪证的行为。妨害作证罪是举动犯，只要实施了妨害作证行为，均可能构成本罪。妨害作证行为既可以发生在民事案件中，也可以发生在刑事案件、经济案件和行政案件中。妨害作证行为既可以发生在诉讼活动过程中，也可以发生在当事人或者公诉机关提起诉讼以前，行为人在提起诉讼以前实施妨害作证行为的，同样会影响即将进行的诉讼活动，妨害司法机关的正常诉讼活动，与在诉讼过程中实施妨害作证行为的社会危害性并不存在本质区别。张崇光为达到虚构建筑工程优先受偿权、逃避人民法院强制执行的目的，指使被告人张崇荣作伪证，伪造建筑工程施工合同，捏造虚假的债权债务关系和民事纠纷，并以伪造的证据为依据向人民法院提起民事诉讼，行为符合妨害作证罪的构成要件。

其次，被告人张崇荣的行为符合帮助伪造证据罪的构成要件。《刑法》第三百零七条第二款规定的帮助毁灭、伪造证据属于选择性罪名，其中，帮助伪造证据罪，是指帮助诉讼活动中的当事人伪造证据，情节严重的行为。本罪中的当事人范围较广，既包括刑事诉讼中的被害人、自诉人、犯罪嫌疑人、被告人和附带民事诉讼原告人，也包括民事诉讼中的原告、被告、共同诉讼人、第三人，以及行政诉讼中的原告、被告，等等。所谓伪造证据，是指凭空捏造实际根本不存在的证据，或者对现有证据进行篡改、歪曲、加工、整理使其脱离事实真相的行为。帮助当事人伪造证据必须达到情节严重的程度才能构成本罪，所谓情节严重，主要是指行为人犯罪动机卑劣、多次帮助当事人伪造证据、帮助重大案件当事人伪造证据、因实施帮助伪造证据行为导致诉讼活动无法正常进行或者中止，以及导致错案错判、造成恶劣影响等情形。张崇荣帮助民事诉讼中的被告张崇光在虚构的建筑工程施工合同上以承包人的身份签字，伪造重要证据并据以提起民事诉讼，导致人民法院基于该证据出具民事调解书，严重影响农行临海支行诉金意来公司借款纠纷一案民事判决的正常执行，已达到情节严重的程度，行为符合帮助伪造证据罪的构成要件。

在认定被告人张崇光、张崇荣的行为依照行为时法构成妨害作证罪和帮助伪造证据罪、根据裁判时法构成虚假诉讼罪的情况下，需要根据从旧兼从轻原则，选择适用刑法规范确定其刑事责任。《最高人民法院关于〈中华人民共和国刑法修正案（九）〉时间效力问题的解释》第七条规定："对于2015年10月31日以前以捏造的事实提起民事诉讼，妨害司法秩序或者严重侵害他人合法权益，根据修正前刑法应当以伪造公司、企业、事业单位、人民团体印章罪或者妨害作证罪等追究刑事责任的，适用修正前刑法的有关规定。但是，根据修正后刑法第三百零七条之一的规定处刑较轻的，适用修正后刑法的有关规定。"上述规定是从旧兼从轻原则在虚假诉讼犯罪案件处理过程中的具体体现。但是，如何正确理解《刑法》第十二条和该解释第七条规定中的"处刑较轻"，理论和实践中仍然存在不同理解：第一种意见认为，"处刑较轻"是指可能判处的实际刑罚较轻；第二种意见认为，"处刑较轻"是指刑法规定的法定刑较轻。本案中，二审出庭检察员建议改判二被告人分别构成妨害作证罪和帮助伪造证据罪，判处有期徒刑，不并处罚金，明显采纳了第一种意见。

我们赞同第二种意见。这里涉及的主要问题在于，"处刑较轻"的判断标准是法定刑还是宣告刑。《最高人民法院关于适用刑法第十二条几个问题的解释》（以下简称《问题解释》）第一条规定："刑法第十二条规定的'处刑较轻'，是指刑法对某种犯罪规定的刑罚即法定刑比修订前刑法轻。法定刑较轻是指法定最高刑较轻；如果法定最高刑相同，则指法定最低刑较轻。"

据此,确定两个以上罪名的刑罚轻重,判断标准是《刑法》针对各个罪名规定的法定刑,而非人民法院判决确定的宣告刑。如果《刑法》规定的某一罪名的法定刑比另一罪名的法定刑轻,即使人民法院判决最终确定的宣告刑由于存在附加刑而对被告人更为不利,也不能认定法定刑较轻的罪名属于重罪。具体判断过程中,应当首先比较不同罪名的主刑,主刑相同的,再比较附加刑。

本案涉及的比较对象为妨害作证罪、帮助伪造证据罪和虚假诉讼罪。根据《刑法》的规定,帮助伪造证据罪仅有三年以下有期徒刑或者拘役一个法定刑幅度,而妨害作证罪和虚假诉讼罪各有两个法定刑幅度。《问题解释》第二条规定:"如果刑法规定的某一犯罪只有一个法定刑幅度,法定最高刑或者最低刑是指该法定刑幅度的最高刑或者最低刑;如果刑法规定的某一犯罪有两个以上的法定刑幅度,法定最高刑或者最低刑是指具体犯罪行为应当适用的法定刑幅度的最高刑或者最低刑。"根据在案证据,被告人张崇光、张崇荣所犯虚假诉讼罪以及张崇光所犯妨害作证罪均不属于情节严重,妨害作证罪应当适用的法定刑幅度为三年以下有期徒刑或者拘役,虚假诉讼罪应当适用的法定刑幅度为三年以下有期徒刑、拘役或者管制,并处或者单处罚金。根据司法解释确定的比较方法,妨害作证罪、帮助伪造证据罪和虚假诉讼罪的法定最高刑相同,但妨害作证罪和帮助伪造证据罪的法定最低刑均为拘役,而虚假诉讼罪的法定最低刑为管制和罚金,故虚假诉讼罪系处刑较轻的罪名。

综上,一审、二审法院对被告人张崇光、张崇荣均以虚假诉讼罪定罪处罚,符合从旧兼从轻原则,是适当的。

(撰稿:最高人民法院刑四庭　崔　慧

审编:最高人民法院刑四庭　陆建红)

[第 1381 号]

张伟民虚假诉讼案

——如何认定虚假诉讼罪中的“情节严重”

一、基本案情

被告人张伟民,男,1964 年 5 月 18 日出生。2016 年 2 月 24 日被取保候审。

江苏省宜兴市人民检察院以被告人张伟民犯虚假诉讼罪,向宜兴市人民法院提起公诉。

被告人张伟民对指控的犯罪事实予以供认。张伟民的辩护人提出,张伟民系共同犯罪中的从犯,有自首情节,归案后自愿认罪,积极退出违法所得,请求从轻、减轻或者免处处罚。

宜兴市人民法院经审理查明:董方红(另案处理)长期从事非法吸收公众存款违法犯罪活动,无力偿还债务,部分债权人向法院提起民事诉讼,法院依法查封了董方红的部分资产。2013 年 5 月,董方红为将自己被法院查封的资产优先用于偿还拖欠亲友的债务,与被告人张伟民合谋,由董方红伪造其向张伟民借款 470 万元的借条,张伟民冒充董方红的债权人,向宜兴市人民法院提起民事诉讼,要求董方红归还欠款。同年 5 月 28 日,宜兴市人民法院对该案进行开庭审理,董方红和张伟民委托的诉讼代理人竺国新到庭参加诉讼,经法院主持调解,双方达成调解协议。同年 6 月 3 日,宜兴市人民法院作出(2013)宜民初字第 1267 号民事调解书,张伟民依据此调解书获得法院执行款 60.468 万元后交给董方红,董方红将上述款项用于归还亲友债务。2016 年 2 月 24 日,张伟民接到公安人员电话通知后,主动到公安机关投案,如实供述了上述事实,并在本案审理过程中退出赃款 60.468 万元。

宜兴市人民法院认为,被告人张伟民伙同他人以虚假的借条向人民法院提起民事诉讼,导致法院作出错误的民事调解书,并依据该调解书取得执行款,妨害司法秩序并严重侵犯他人合法权益,其行为符合虚假诉讼罪的构成要件。张伟民的行为发生在2015年11月1日前,根据修正前《刑法》的有关规定,其行为构成帮助伪造证据罪,根据《最高人民法院关于〈中华人民共和国刑法修正案(九)〉时间效力问题的解释》第七条的规定,适用《刑法修正案(九)》规定的虚假诉讼罪处刑较轻,故对张伟民的行为应以虚假诉讼罪定罪处罚,公诉机关指控罪名成立,应予采纳。张伟民不属于情节严重,依法应判处三年以下有期徒刑、拘役或者管制,并处或者单处罚金,其作案后主动向公安机关投案并如实供述自己的犯罪事实,依法构成自首,应予以从轻处罚;案发后退出全部违法所得,庭审中自愿认罪,予以从轻处罚。在共同犯罪中,张伟民积极主动实施犯罪,不属于从犯。综合以上情节,结合社区评估意见,张伟民符合缓刑适用条件,依法可以宣告缓刑。依照《中华人民共和国刑法》第三百零七条之一第一款,第二十五条第一款,第六十七条第一款,第七十二条第一款、第三款,第七十三条第二款、第三款,第六十四条之规定,判决如下:

被告人张伟民犯虚假诉讼罪,判处有期徒刑一年,缓刑一年六个月,并处罚金人民币三万元。

一审宣判后,被告人张伟民未提出上诉,检察机关未提出抗诉,判决已经发生法律效力。

二、主要问题

如何认定虚假诉讼罪中的“情节严重”?

三、裁判理由

本案判决作出于2016年8月4日,当时对于虚假诉讼罪的定罪量刑标准尚无司法解释作出专门规定。审理过程中,对于被告人张伟民以捏造的事实提起民事诉讼,导致人民法院作出民事调解书的行为已经构成虚假诉讼罪,各方均无争议。但是,对于张伟民的行为是否属于虚假诉讼罪中的“情节严重”、可否适用三年以上七年以下有期徒刑的法定刑幅度则争议较

大,主要有以下两种意见:

第一种意见认为,被告人张伟民提起虚假民事诉讼的标的额高达470万元,并在人民法院作出民事调解书后申请强制执行,实际取得执行款60.468万元,非法所得数额巨大,应当认定为"情节严重",判处三年以上七年以下有期徒刑,并处罚金。

第二种意见认为,被告人张伟民提起虚假民事诉讼的目的是帮助董方红逃避法院执行,将被法院查封的资产用于优先偿还亲友债务,社会危害性与通过诉讼诈骗手段直接非法占有他人财产的行为存在明显区别。张伟民虽然实际取得执行款60.468万元,但并无证据证实其实施的虚假诉讼行为导致董方红其他债权人的债务因此无法得到清偿的具体数额,认定为"情节严重"依据不足,对张伟民应适用第一个法定刑幅度,判处三年以下有期徒刑、拘役或者管制,并处或者单处罚金。

我们赞同第二种意见。主要理由如下:

(一)认定虚假诉讼罪"情节严重"的总体原则

根据《刑法》规定内容和通行理论观点,我们认为,正确认定虚假诉讼罪"情节严重"的标准,需要坚持以下几个原则:

1.坚持主客观相统一、以客观危害后果为主要依据的原则。主客观相统一原则是我国刑法基本原则之一。《最高人民法院关于常见犯罪的量刑指导意见》指出,量刑既要考虑被告人所犯罪行的轻重,又要考虑被告人应负刑事责任的大小,做到罪责刑相适应,实现惩罚和预防犯罪的目的。根据刑法理论,刑事责任同时包含对犯罪行为的非难性和对犯罪人的谴责性两个方面,是主客观相统一的整体,确定被告人的刑事责任和决定执行的刑罚,既要考虑犯罪行为的客观危害性,又要考察行为人的人身危险性。而确定被告人刑事责任的最主要依据,应当是犯罪行为造成的客观危害后果。

具体到虚假诉讼罪而言:其一,确定被告人是否构成犯罪以及应处以何种刑罚的判断标准,原则上应当与其实施的虚假诉讼行为造成的客观危害后果存在直接联系。被告人提起虚假民事诉讼的标的额虽然可以体现出其意图获取的非法利益大小,但是,由于虚假诉讼罪的成立并不以人民法院作出的裁判得到实际执行为必备要件,因此,诉讼标的额与虚假诉讼行为的客观危害后果不存在直接联系,因而不宜将诉讼标的额单独作为判断某一行为是否属于"情节严重"的标准。其二,被告人是否具有违法犯罪前科,可以反映出其再犯可能性大小以及刑罚改造的难易程度,特定情况下可以作为判断行为是否构成犯罪、应否受到刑罚处罚的标准,但一般不宜作为法定刑升格标准使用,否则可能导致与刑法总则规定的累犯制度之间的冲突。

2. 刑法的谦抑性原则。有意见提出,针对司法实践中虚假诉讼违法犯罪行为常见多发的严重态势,对此类行为应当加大惩罚力度,原则上获得人民法院立案受理就应认定为虚假诉讼罪、人民法院作出裁判即可认定为"情节严重"。我们认为,这种意见值得商榷。虚假诉讼罪是法定犯,成立犯罪原则上需满足双重违法性要求,虚假诉讼犯罪行为同时也是违反《民事诉讼法》等法律规定的违法行为。《民事诉讼法》第一百一十二条、第一百一十三条对虚假民事诉讼违法行为规定了罚款、司法拘留等民事诉讼强制措施,如果以法院立案受理作为定罪标准、作出裁判就认定为"情节严重",将导致几乎所有的虚假诉讼违法行为均被认定为犯罪,且大部分虚假诉讼犯罪均被处以三年以上七年以下有期徒刑,明显打击范围过广、处罚过重。从刑法的谦抑性角度考虑,应将刑罚处罚关口推迟至人民法院立案受理后进行开庭审理、作出实体性裁判等重要程序节点,将"情节严重"的认定标准提高至裁判进入执行阶段并实际执行一定数额的财产权益,或者虽未进行执行程序,但造成其他严重后果等情形。

3. 体系解释原则。根据《刑法》第三百零七条之一的规定,虚假诉讼罪的定罪条件为"妨害司法秩序或者严重侵害他人合法权益",二者属于选择关系,具备其一即可构成虚假诉讼罪,适用第二个法定刑幅度的条件为"情节严重"。根据体系解释的原则,此处的"情节严重",通常体现在妨害司法秩序和侵害他人合法权益两个方面,即社会危害性严重妨害司法秩序,或者对他人合法权益造成特别严重侵害的,才可以适用"情节严重"的法定刑幅度。

(二)认定虚假诉讼罪"情节严重"的具体标准

结合司法实践中的具体情况,我们认为,严重妨害司法秩序,包括人民法院对虚假民事诉讼案件进行开庭审理,同时还开展了调查取证、庭前会议等其他方面工作，对人民法院的正常工作和司法活动造成严重干扰；人民法院基于捏造的事实作出裁判文书，虽未生效，也未进入执行程序，但引发当事人上访、闹访或者新闻舆论负面炒作，对司法公信力造成严重损害；或者行为人在较短时间内频繁多次以捏造的事实提起民事诉讼，严重干扰正常司法活动等多种情形。而判断行为是否对他人合法权益造成特别严重侵害，涉及人民法院作出的裁判进入执行程序后、被告人实际获得的财产权益数额标准的确定。对此，应区分不同情况进行具体分析。

实践中，行为人提起虚假诉讼的目的多种多样，但大致可以区分为欺诈侵财、逃避债务和其他目的三种情形。首先，欺诈侵财类虚假诉讼行为可能构成诈骗罪、职务侵占罪和贪污罪等侵财型犯罪，构成行为竞合关系。根据刑法规定，诈骗罪和贪污罪的第二个法定刑幅度均为三年以上十年以下有期徒刑，职务侵占罪的第二个法定刑幅度为五年以上有期徒刑。从理论上讲，欺诈侵财类虚假诉讼行为同时侵犯司法秩序和他人合法权益两方面客体，社会危害性重于上述侵财型犯罪，适用第二个法定刑幅度的违法所得数额标准原则上不应高于上述三个侵财型犯罪罪名。但是，根据现行有效的司法解释的规定，诈骗罪、贪污罪、职务侵占罪适用第二个法定刑幅度的数额标准各不相同，分别为 3 万元到 10 万元、20 万元和 100 万元，再考虑到关于诈骗罪的司法解释施行时间较早，随着社会经济的不断发展，定罪量刑数额标准未来有进一步提高的空间。综合以上考虑，司法实践中欺诈侵财类虚假诉讼犯罪适用第二个法定刑幅度的数额标准可确定为 10 万元左右，即行为人实施虚假诉讼犯罪行为，非法占有他人财产数额达到 10 万元以上的，可以认定为“情节严重”，适用第二个法定刑幅度。其次，对于逃避债务类虚假诉讼行为而言，其造成的危害后果主要体现为导致他人债权无法实现。这种情况下，债权人的可得利益无法顺利变现，与被害人自己所有的财产直接被他人非法占有相比，无论是从实际造成的危害后果，还是从社会公众的法感情上来看，前者的社会危害性均相对较小。另外，从司法实践中实际发生的案件来看，逃避债务类虚假诉讼案件的诉讼标的额一般较高，普遍在 100 万元以上，如果数额标的确定过低，将导致大量案件被认定为“情节严重”并判处较重的刑罚。据此，逃避债务类虚假诉讼行为认定为“情节严重”

的数额，一般可按照10倍于欺诈侵财类行为的标准确定，致使他人债权无法实现，数额达到100万元以上的，或者在无证据证实他人无法实现的债权具体数额的情况下，法院生效裁判确定的义务人自动履行裁判确定的财产给付义务或者人民法院强制执行财产权益数额达到100万元以上的，可以适用第二个法定刑幅度。最后，行为人出于其他目的实施虚假诉讼行为的情形与逃避债务类行为类似，均不存在被害人将自己所有的财产直接交付于他人的情况，可以采用相同的数额标准，义务人自动履行财产给付义务或者人民法院强制执行的财产权益数额达到100万元以上的，可以认定为“情节严重”。

2018年10月1日起施行的《最高人民法院、最高人民检察院关于办理虚假诉讼刑事案件适用法律若干问题的解释》（以下简称《虚假诉讼解释》）对虚假诉讼罪的定罪量刑标准作出了明确规定，规定内容与上述分析一致。对于该解释施行后尚未处理完毕的虚假诉讼犯罪案件，可以直接适用解释的规定内容对被告人定罪量刑。

本案中，被告人张伟民经与董方红预谋，伪造债权债务关系并向法院提起民事诉讼，目的在于帮助董方红用其被法院查封的资产优先归还亲友债务，从而达到逃避对他人所负债务的目的，属于典型的逃避债务类虚假诉讼行为。张伟民依据法院作出的民事调解书，通过法院的执行行为，实际取得执行款60万余元，未达到人民法院强制执行财产权益数额100万元的标准，亦无证据证实其他债权人的债权无法实现的具体数额。在此情况下，原审法院未认定张伟民的行为构成虚假诉讼罪的“情节严重”，这与《虚假诉讼解释》所规定的“情节严重”相关标准的精神是一致的。

此外，被告人张伟民的行为发生在2013年，根据当时的《刑法》规定，张伟民的行为构成帮助伪造证据罪；本案审理时《刑法修正案（九）》已经生效，《刑法》中增设了虚假诉讼罪。根据从旧兼从轻原则和《最高人民法院关于〈中华人民共和国刑法修正案（九）〉时间效力问题的解释》的规定，应以处刑较轻的罪名定罪处罚。张伟民所犯虚假诉讼罪应适用第一个法定刑幅度，判处三年以下有期徒刑、拘役或者管制，并处或者单处罚金，所犯帮助伪造证据罪仅有一个法定刑幅度，应判处三年以下有期徒刑或者拘役。两罪法定最高刑相同，而虚假诉讼罪的法定最低刑低于帮助伪造证据罪，属于处刑较轻的罪名。

综上，原审法院以虚假诉讼罪判处被告人张伟民有期徒刑一年，缓刑一年六个月，并处罚金人民币三万元，符合从旧兼从轻原则和《最高人民法院关于〈中华人民共和国刑法修正案（九）〉时间效力问题的解释》的规定，是适当的。

（撰稿：最高人民法院刑四庭　艾章琴　李加玺

审编：最高人民法院刑四庭　陆建红）

[第 1382 号]

侯春英非法行医案

——未取得医生执业资格的人在诊所负责人默许下长期独立从事医疗活动的行为定性

一、基本案情

被告人侯春英,女,1972 年 5 月 22 日出生。2017 年 8 月 26 日被逮捕。

北京市顺义区人民检察院以被告人侯春英犯非法行医罪,向北京市顺义区人民法院提起公诉。

被告人侯春英对指控事实及罪名均有异议,其辩称自己不是非法行医,非法行医指的是没有执照,其和李中杰是有营业执照的,孟凡海的死因不能认为和头孢有关系。

被告人侯春英的辩护人提出,本案事实不清,证据不足:(1)侯春英一直供述自己开具的药物为头孢曲松钠。证明侯春英有罪的证据仅有其他同案犯的口供;根据 2019 年 5 月 5 日北京法源司法科学证据鉴定中心出具的《司法鉴定意见书》,不能鉴定出侯春英的行医行为与死亡结果之间的因果关系。(2)关于非法行医的定性,应当由卫生部来决定,而根据《卫生部关于医学生毕业后暂未取得医师资格从事诊疗活动有关问题的批复》,“医疗机构违反规定安排未取得医师资格的医学专业毕业生独立从事临床工作的,造成患者人身损害的,按照《医疗事故处理条例》处理”,故本案根本不属于非法行医。

北京市顺义区人民法院经公开审理查明:北京诺亚德福医药科技有限公司圣德利民诊所(以下简称圣德利民诊所),法定代表人李改凤,注册有四名医师,分别为张庆雷(另案处理)、于英、刘献珍、张玉山。另有两名多地点执业备案医师，分别为李中杰、左胜国（均另案处理）。2014年6月，李中杰与李改凤签订合作协议，该协议约定李中杰负责该诊所人员的聘任、管理、酬劳，该诊所发生的事故纠纷（包括医疗纠纷和医疗事故）由李中杰承担。侯春英系李中杰之妻，1998年从郑州医学成人中等专业学校毕业，所学专业为西医专业。被告人侯春英未通过医师资格考试，未取得执业医师资格或者执业助理医师资格。2015年11月侯春英到圣德利民诊所工作后，长期以医生身份独自为患者提供临床诊疗服务。李中杰明知侯春英未取得医生执业资格，仍然允许侯春英在该诊所内长期以医生身份独自为患者提供临床诊疗服务。

2017年7月19日16时许，被害人孟凡海（男，殁年37岁）到该诊所就诊，侯春英以医生身份为孟凡海诊治，后在未书写处方的情况下从药房内亲自挑选头孢呋辛钠等药品对孟凡海进行输液治疗。吕利先（另案处理）将头孢呋辛钠注入输液瓶稀释后，胡霞携输液瓶到大厅为孟凡海输液。孟凡海输液半小时左右出现呼吸困难等不良反应，吕利先见状叫来李中杰，李中杰从吕利先处得知是侯春英治疗的孟凡海后，连忙叫来医生张庆雷一同对孟凡海使用肾上腺素等药物进行抢救，并拨打120急救电话。其间，李中杰指使吕利先伪造一份署名为左胜国的处方笺，指使张庆雷伪造一份署名为左胜国的病历本，并电话告知左胜国相关情况，让左胜国冒充系孟凡海的主治医生。120急救车到达后，继续对孟凡海进行抢救，并送往顺义区医院进行抢救。后孟凡海经抢救无效死亡。在公安机关调查期间，左胜国编造自己诊治孟凡海的事实，吕利先编造左胜国诊治孟凡海的事实。经北京法源司法科学证据鉴定中心鉴定，孟凡海符合注射用头孢呋辛钠导致过敏性休克死亡。被告人侯春英于2017年7月20日被公安机关传唤到案。另查明，在本案的庭审结束后，李中杰、侯春英先行赔偿了死者近亲属人民币80万元，死者近亲属表示对李中杰、侯春英予以谅解。

北京市顺义区人民法院认为，被告人侯春英在未取得医生执业资格的情况下，非法行医，造成一名就诊人员死亡，其行为侵犯了医疗秩序和他人的生命权利，已构成非法行医罪，依法应予惩处。鉴于其到案后能够如实供述自己的基本犯罪事实，积极赔偿被害人近亲属的经济损失，取得被害人近亲属的谅解,故依法对其从轻处罚。依照《中华人民共和国刑法》第三百三十六条第一款、第二十五条第一款、第六十七条第三款、第五十二条、第五十三条、第六十一条的规定,以非法行医罪判处被告人侯春英有期徒刑十年六个月,并处罚金人民币五万元。

一审宣判后,被告人侯春英提出上诉,理由是:无证据证实自己的行医行为与孟凡海的死亡具有因果关系;自己不是非法行医罪的主体,而是属于"医疗机构违反规定安排未取得医师资格的医学专业毕业生独立从事临床工作"的情况,死者孟凡海的死亡系医疗意外,自己的行为不构成非法行医罪。

北京市第三中级人民法院经审理认为,一审法院的判决,事实清楚,证据确实、充分,定罪和适用法律正确,量刑适当。审判程序合法。依照《中华人民共和国刑事诉讼法》第二百三十六条第一款第(一)项的规定,裁定驳回上诉,维持原判。

二、主要问题

被告人未取得医生执业资格,在诊所负责人默许的情况下长期独立从事医疗活动,造成一人死亡,应当如何定罪?

三、裁判理由

本案中,对被告人侯春英的行为如何定性,存在以下两种观点:

第一种观点认为,被告人侯春英从事医疗行为,是经过了诊所负责人的允许,属于"医疗机构违反规定安排未取得医师资格的医学专业毕业生独立从事临床工作"的情况,被告人侯春英不构成非法行医罪,构成医疗事故罪。

第二种观点认为,被告人侯春英的行为构成非法行医罪。

我们同意第二种观点,理由如下:

(一)未取得医师资格的医学专业毕业生独立从事临床工作,造成患者损害的,不能一律按照医疗事故处理

本案辩护人提出,根据《卫生部关于医学生毕业后暂未取得医师资格从事诊疗活动有关问题的批复》(以下简称《诊疗活动批复》),被告人侯春英属

于在医疗机构违反规定安排下，独立从事临床工作的情形，本案应当作为医疗事故处理，侯春英不符合非法行医罪的主体要求。

根据《医疗事故处理条例》的规定，医疗事故是指医疗机构及其医务人员在医疗活动中，违反医疗卫生管理法律、行政法规、部门规章和诊疗护理规范、常规，过失造成患者人身损害的事故。而2005年9月5日卫生部的《诊疗活动批复》规定，医学专业毕业生在毕业第一年后未取得医师资格的，可以在执业医师指导下进行临床实习，但不得独立从事临床活动，包括不得出具任何形式的医学证明文件和医学文书。医疗机构违反规定安排未取得医师资格的医学专业毕业生独立从事临床工作的，按照《医疗机构管理条例》(1994)第四十八条的规定处理；造成患者人身损害的，按照《医疗事故处理条例》处理。未取得医师资格的医学专业毕业生违反规定擅自在医疗机构中独立从事临床工作的，按照《执业医师法》第三十九条的规定处理；造成患者人身损害的，按照《医疗事故处理条例》(1994)第六十一条的规定处理。《医疗机构管理条例》第四十八条规定了对相关医疗机构的处罚，而《医疗事故处理条例》第六十一条规定，非法行医，造成患者人身损害，不属于医疗事故，触犯刑律的，依法追究刑事责任；有关赔偿，由受害人直接向人民法院提起诉讼。因而根据该《诊疗活动批复》并不能得出未取得医师资格的医学专业毕业生独立从事临床工作一律按照医疗事故处理的结论。

本案中，被告人侯春英在诊所负责人即其丈夫李中杰的默许下长期独立从事临床活动，造成患者人身损害，其丈夫及诊所的默许行为并不是侯春英构成非法行医罪的阻却条件。侯春英是否符合非法行医罪的主体要求，其行为是否属于非法行医，需根据《刑法》和司法解释的相关条文进行认定。辩护人关于此点的辩护意见，无法律依据。

(二)被告人的行为符合非法行医罪的构成要件

根据《刑法》第三百三十六条的规定，未取得医生执业资格的人非法行医，情节严重或严重损害就诊人身体健康、造成就诊人死亡，构成非法行医罪。故被告人是否构成非法行医罪，应当从该罪的构成要件进行分析。

1. 就犯罪主体而言，非法行医罪的主体是特殊主体，即未取得医生执业资格的人。《最高人民法院关于审理非法行医刑事案件具体应用法律若干问题的解释》第一条规定,未取得医生执业资格包括未取得医师资格或者以非法手段取得医师资格等情形。本案中,被告人侯春英从医学成人中等专业学校毕业后,未能通过医师资格考试,未取得医生执业资格,符合本罪的"身份"要求。

2. 就犯罪行为而言,非法行医罪要求非法从事医疗行为,并且以此为业。本案中,首先,侯春英的行为属于医疗行为。医疗行为有广义和狭义之分,广义的医疗行为是指出于医疗目的所实施的行为,包括疾病的治疗与预防、生育的处置、按摩、针灸等符合医疗目的的行为;狭义的医疗行为则是指广义的医疗行为中,只能由医师根据医学知识与技能实施,否则便对个体产生危险的行为。侯春英的行为属于典型的、狭义的医疗行为。其次,侯春英的行医行为不具有合法性。侯春英长期在没有执业医师的监督、指导的情况下,独自开展临床诊疗活动,这些治疗活动与一名执业医生所进行的医疗活动并无差别,并非属于一些辅助、次要环节。最后,侯春英的行医行为具有反复性、长期性的特征。非法行医罪属于职业犯,要求行为人反复、继续从事医疗、预防、保健活动。本案中,被告人侯春英在长达一年多的时间内,反复、多次实施医疗行为,并收取相应报酬,属于以非法行医为业的情形。

3. 就犯罪结果而言,病患孟凡海经过治疗后,出现了死亡的后果。被告人侯春英在没有医师资格,没有独自开具处方药物权力的情况下,擅自为孟凡海诊疗,并开具药物头孢呋辛钠,由他人为孟凡海输液,导致头孢呋辛钠进入了孟凡海的体内,孟凡海在输入头孢呋辛钠后,很快就产生了激烈的不良反应,后经抢救无效死亡。根据鉴定机构意见,孟凡海符合注射头孢呋辛钠导致过敏性休克死亡,同时死者也未见致死性疾病改变,无机械性损伤致其死亡的证据。故可以认定被告人侯春英的非法行医行为是孟凡海死亡的直接原因。

需要说明的是,本案中鉴定机构以"行医人员是否具有相应资质不是鉴定机构判断范围"及"诊所在对被鉴定人诊疗过程中未有病历材料记载,使本次鉴定无书面材料评价行医人员对被鉴定人的诊断、用药是否合理,并且在使用头孢呋辛钠前是否进行询问,以及在患者出现药物过敏反应时是否进行对应的救治措施"为理由,对被告人侯春英的责任未给出明确意见,对侯春英的行医行为与孟凡海死亡结果之间的因果关系亦未给出明确意见。对此,我们认为,即使鉴定机构出具的鉴定意见未就行医行为与死者死亡结果之间的因果关系给出明确意见,司法机关也有权力、有责任判断具体案件中非法行医行为与死者死亡之间是否具有因果关系。根据本案查明的事实及在案证据,足以认定被告人侯春英未取得医生执业资格从事医疗行为,其行为存在过错,并直接导致了孟凡海的死亡,二者间存在着因果关系。

4. 就主观要件而言,本罪要求行为人主观上存在故意,即行为人明知自己未取得医生执业资格而非法行医,但对就诊病患死亡的后果应当是持过失的心态。本案中,被告人侯春英在主观上明知自己未取得医生执业资格而非法行医:首先,侯春英供述其未取得医生执业资格;其次,在病患死亡后,民警到诊所调查时,侯春英并未出面向民警如实供述,而是任其丈夫安排有医生执业资格的人员冒充行医人,也从侧面说明侯春英明知自己系非法行医。同时对于孟凡海的死亡结果,侯春英明显是不追求、不希望的,在此层面上是过失心态。

综上,我们认为,被告人侯春英未取得医生执业资格,在诊所负责人默许下长期独立从事医疗活动,造成一名就诊人员死亡,其行为符合非法行医罪的犯罪构成,依法构成非法行医罪。

(三)被告人侯春英长期独立行医的行为,不构成医疗事故罪

根据《刑法》第三百三十五条的规定,医疗事故罪是指医务人员严重不负责任,造成就诊人死亡或者严重损害就诊人身体健康的行为。一般情况下,非法行医罪与医疗事故罪并不难区分。两者主体有明显区别,前者主体是未取得医生执业资格的人,而后者主体则是医疗机构的医生、护士、药剂人员,以及经主管部门批准开业的个体行医人员。本案中,因为被告人侯春英是医学专业毕业生,且其在诊所默许的情形下行医,故有必要对其是否构成医疗事故罪进行评析。

在司法实践中,未取得医生执业资格的医护人员,在院方的安排下,并且在医师的授权和指导下,在诊疗活动的某个环节中,实施了执业医生才能实施的医疗行为,因行为人的行为系医院和医师授权下的职务行为,故一般不认定为非法行医罪。在此过程中,如果行为人具有明显过错,并造成了就

诊人死亡或者严重损害就诊人身体健康的,则构成医疗事故罪。

但本案中,被告人侯春英的行为与上述情形有明显区别。侯春英长期独立在诊所内行医的行为,虽然得到诊所负责人即其丈夫李中杰的默许,但侯春英的行医行为是在没有任何医师的授权和指导下独立进行的,且实施了整个诊疗过程,而非其中某一环节,不能将这种行为认定为是在医院和医师的授权下的职务行为,而应当认定为侯春英的擅自行医行为,故侯春英的行为不构成医疗事故罪。同时,我们认为,李中杰明知侯春英未取得医生执业资格,仍然允许其在诊所内长期以医生身份独自提供诊疗服务,李中杰与侯春英构成非法行医罪的共犯。

另外,作为一项过失犯罪,医疗事故罪的量刑幅度为三年以下有期徒刑及拘役。而被告人侯春英长期在没有执业医师的监督、指导的情况下,擅自开展临床诊疗活动,给患者带来了严重风险,而且也造成了本案中就诊人孟凡海的死亡,其行为严重侵害了国家对医疗秩序的管理及公众的生命健康安全。故从罪责刑相适应的角度而言,认定被告人侯春英构成医疗事故罪也明显不合适。

综上,人民法院根据犯罪的事实、性质、情节和危害后果,以非法行医罪判处被告人侯春英有期徒刑十年六个月,并处罚金人民币五万元,是正确的。

(撰稿:北京市顺义区人民法院　赵仁洋
审编:最高人民法院刑二庭　王晓东)

[第1383号]

解景芳非法出售珍贵、濒危野生动物案

——如何准确把握涉人工繁育野生动物资源刑事案件的定罪量刑

一、基本案情

被告人解景芳,女,1983年5月3日出生。2019年5月20日被逮捕,同年8月28日被取保候审。

山东省临沭县人民检察院指控被告人解景芳犯非法出售珍贵、濒危野生动物罪,向临沭县人民法院提起公诉。

被告人解景芳对公诉机关指控的犯罪事实和罪名均无异议,并辩称自己有繁殖鹦鹉的资质,以为销售属于违规行为,没想到构成犯罪,请求从轻处罚。

被告人解景芳的辩护人建议对其判处缓刑。理由是:(1)解景芳出售的鹦鹉是人工繁育的动物,与国家重点保护的珍贵、濒危野生动物在本质上有极大差别。(2)解景芳持有人工繁育鹦鹉的行政许可,其出售人工繁育鹦鹉的行为与出售国家重点保护的纯野生动物的行为相比,在危害后果上有着本质区别。(3)本案与"深圳鹦鹉案"性质类似,但行为更为轻微。(4)解景芳认罪态度较好,系初犯、偶犯。

临沭县人民法院经审理查明:

被告人解景芳的丈夫满某某于2017年注册成立临沂轩雅繁殖有限公司,经营范围为鹦鹉驯养、繁殖、展览、出租、出售。2017年年底,该公司向山东省林业厅申请并获取非洲灰鹦鹉、蓝黄金刚鹦鹉、金头鹦鹉、太阳锥尾鹦鹉和蓝和尚鹦鹉等14种国家一、二级保护野生动物的人工繁育许可证,后经山东省林业厅批准,从泰安爱尔鸟类物种保育有限公司购买了118只鹦鹉用于人工繁育。

2018年5月至12月,被告人解景芳在未取得合法转让许可证的情况下,将6只人工繁育的非洲灰鹦鹉、蓝黄金刚鹦鹉、金头鹦鹉、太阳锥尾鹦鹉和蓝和尚鹦鹉,以人民币22 950元(以下未标明币种均为人民币)的价格,出售给山东省临沂市兰山区春园花鸟市场"百鸟争鸣"宠物店主尹某某(另案处理)。经鉴定,解景芳非法出售的6只鹦鹉均系被列入《濒危野生动植物种国际贸易公约》(以下简称《公约》)附录Ⅰ、Ⅱ的物种,属于国家一、二级保护野生动物。其中,列入《公约》附录Ⅰ中的鹦鹉2只,列入《公约》附录Ⅱ中的鹦鹉4只。

临沭县人民法院认为,被告人解景芳非法出售蓝黄金刚鹦鹉等国家重点保护动物的行为构成非法出售珍贵、濒危野生动物罪。解景芳到案后能够如实供述犯罪事实,依法可从轻处罚;庭审中自愿认罪,积极缴纳非法所得及罚金,可酌情从轻处罚。解景芳非法出售野生动物的数量,达到《最高人民法院关于审理破坏野生动物资源刑事案件具体应用法律若干问题的解释》规定的"情节严重"的标准,法定刑期应为五年以上有期徒刑。因解景芳非法出售鹦鹉的数量刚达到情节严重的标准,且涉案鹦鹉系人工繁育,其行为的社会危害性相对小于非法出售纯野外生长、繁殖的鹦鹉,对其可在法定刑以下减轻处罚,并可适用缓刑。依照《中华人民共和国刑法》第三百四十一条第一款、第六十七条第三款、第六十三条第二款、第七十二条、第六十四条,《最高人民法院关于审理破坏野生动物资源刑事案件具体应用法律若干问题的解释》第一条、第二条、第三条、第十条之规定,以非法出售珍贵、濒危野生动物罪,在法定刑以下判处解景芳有期徒刑三年,缓刑四年,并处罚金三万元。

一审宣判后,检察机关未抗诉,被告人解景芳未上诉,临沭县人民法院依法层报最高人民法院核准。

最高人民法院经复核认为,被告人解景芳非法出售灰鹦鹉、蓝黄金刚鹦鹉等国家重点保护野生动物6只,其行为构成非法出售珍贵、濒危野生动物罪。解景芳非法出售珍贵、濒危野生动物情节严重,依法应当在五年以上十年以下有期徒刑的量刑幅度内判处刑罚。鉴于解景芳具有人工繁育涉案鹦鹉的资质，涉案鹦鹉系其合法购买后又人工繁育的动物，且归案后如实供述所犯罪行，认罪悔罪，综合全案因素，对其依法可以减轻处罚并适用缓刑。原审判决认定的事实清楚，证据确实、充分，定罪准确，量刑适当。审判程序合法。依照《刑法》第六十三条第二款和《最高人民法院关于适用〈中华人民共和国刑事诉讼法〉的解释》第三百三十八条之规定，依法裁定核准临沭县人民法院以被告人解景芳犯非法出售珍贵、濒危野生动物罪，在法定刑以下判处有期徒刑三年，缓刑四年，并处罚金三万元的刑事判决。

二、主要问题

如何准确把握涉人工繁育野生动物资源刑事案件的定罪量刑？

三、裁判理由

根据1988年出台的《野生动物保护法》及之后的相关规范性文件规定，列入《国家重点保护野生动物名录》和《公约》附录Ⅰ、Ⅱ的珍贵、濒危野生动物，其野外和人工繁育种群均属于国家重点保护野生动物，在法律性质和管理措施方面均无区别。《最高人民法院关于审理破坏野生动物资源刑事案件具体应用法律若干问题的解释》（以下简称《野生动物资源解释》）据此规定，《刑法》第三百四十一条第一款规定的"珍贵、濒危野生动物"，包括野生及驯养、繁殖的相关物种，在定罪量刑上未区分野外种群与人工繁育种群。随着经济社会的发展，有关野生动物繁育的科研水平不断提高，不少珍贵、濒危野生动物的人工繁育技术得到突破，形成了较大的、稳定的、完全不依赖野外资源的人工繁育种群。在此情况下，如果仍然将人工繁育种群和野外种群完全按照同一标准进行管理，严格限制对人工繁育种群的经营利用，既会造成资源严重浪费，也会伤害到很多合法从事人工繁育野生动物的企业和个人的切身利益，影响相关产业发展。有鉴于此，立法机关于2016年修订《野生动物保护法》时，对人工繁育技术成熟稳定且纳入人工繁育国家重点保护野生动物名录的国家重点保护野生动物，实行人工繁育种群与野外种群区别管理的制度。

根据《野生动物保护法》的规定，结合野生动物保护和人工繁育的实际情况来看，野生动物资源司法保护的重点应当是野外种群，以及濒危程度和保护等级较高且繁育技术不成熟、繁育规模较小的物种。在定罪量刑时如果对所有破坏人工繁育种群犯罪与破坏野外种群犯罪不加区分，既不符合罪责刑相适应原则，更背离社会公众的一般认知。近年来，各地法院在办理破坏人工繁育野生动物资源犯罪案件时，对于在法定量刑幅度内从宽后判罚仍明显过重的，根据案件的事实、性质、情节和社会危害程度，依法对被告人在法定刑以下判处刑罚，取得了良好的法律效果和社会效果。考虑到实践中的情况纷繁复杂，在办理这类案件时，应当结合案件具体情况，综合考量相关因素，依法准确定罪量刑。从本案以及近年来司法实践中相关案件的情况看，对于破坏人工繁育野生动物资源的行为，在决定是否追究刑事责任以及如何裁量刑罚时，应当结合案件事实和证据，综合考量涉案动物的濒危程度、野外种群状况、人工繁育情况、用途、行为手段和对野生动物资源的损害程度等情节，综合评估社会危害性，依法作出妥当处理，确保罪责刑相适应。

（一）涉案动物的濒危程度和野外种群状况

根据野生动物的濒危程度等因素，我国《野生动物保护法》和《公约》将需要重点保护的野生动物分为一、二级保护野生动物和附录Ⅰ、Ⅱ规定的物种。一般而言，野生动物的濒危程度越高，其保护等级相应就越高，相应犯罪的社会危害性就越大。基于此，《野生动物资源解释》就破坏野生动物资源犯罪根据涉案动物的保护等级规定了相应的定罪量刑标准。

在类似案件的讨论中，有观点认为，既然法律和司法解释规定了根据涉案动物的保护等级进行定罪量刑，涉案的灰鹦鹉与大熊猫等野生动物同属于国家一级保护动物，从保持司法的统一性上来看，在量刑时不宜差别过大。我们认为，在定罪量刑时，除涉案动物的保护等级外，其野外种群和人工繁育情况等因素亦应考虑。如目前大熊猫野外种群数量仅为2 000只左右，人工繁育数量亦只有600只左右。而涉案的灰鹦鹉，近年来由于栖息地被破坏以及非法交易等问题造成其野外种群数量下降，被列入《公约》附录Ⅰ，属于国家一级保护野生动物，但现存野外种群规模仍较大，人工繁育的规模亦很可观。灰鹦鹉的野外种群数和人工繁育规模虽然目前尚无准确数字，但各种数据均显示至少为大熊猫数量的数百倍。因此，两者虽然均属于国家一级保护动物，但野外种群状况和人工繁育情况均差别甚大，在定罪量刑时简单的以保护等级相当为由将两者相提并论，有机械司法之嫌。

因此，在对破坏野生动物资源尤其是破坏人工繁育的野生动物资源的行为定罪量刑时，除了考虑涉案动物的保护等级，还应当注意，有些野生动物虽然规定的保护等级较高，但野外种群规模相对较大，濒危程度相对较低，在量刑时可以适当从宽。另外，对于虽然列入《公约》附录Ⅰ、Ⅱ，但在我国没有野外种群分布的濒危物种的人工繁育种群，还可以考察该物种的人工繁育种群在原产或者引种国家和地区的立法保护情况，量刑时根据具体情况进行适当区分。

（二）涉案动物的人工繁育情况

对于破坏人工繁育野生动物资源犯罪而言，涉案动物的人工繁育情况是此类案件定罪量刑时应当考虑的重要因素。人工繁育是促进濒危野生动物种群恢复和发展的重要途径，根据《野生动物保护法》的规定，经省级政府野生动物保护主管部门批准并取得人工繁育许可证，可以人工繁育国家重点保护野生动物，并在有利于野外种群养护和符合生态文明建设等前提下依法经营利用。中华人民共和国成立以来，我国相继建立了大熊猫、东北虎、野马、扬子鳄、梅花鹿等珍贵、濒危野生动物人工繁育场，人工繁育的国家重点保护野生动物种类达40多种，已初步形成人工繁育产业体系。野生动物人工繁育技术和产业的发展有效缓解了对部分野外动物种群利用的压力，也创造了较好的经济效益。例如，被列入国家一级保护野生动物的梅花鹿，在我国有着悠久的养殖历史，现有养殖规模达上百万头，在一些省份成为重要的养殖产业，人工繁育的梅花鹿已被列入《国家畜禽遗传资源目录》，作为家畜对待。

在此背景下，对于涉案动物系人工繁育技术成熟且养殖规模较大的物种的，在定罪量刑时应与人工繁育技术不成熟、养殖规模较小物种的犯罪有所区别。如果属于濒危程度较高、人工繁育技术不成熟、养殖规模较小的物种，如大熊猫、东北虎、华南虎等，量刑时原则上不宜从宽，确有特殊情况需要从宽处理的,亦应从严掌握;如果属于人工繁育技术成熟且养殖规模较大的物种,如球蟒、黄金蟒、缅甸陆龟、豹纹陆龟、红色吸蜜鹦鹉、珍达锥尾鹦鹉等,考虑行为人的主观恶性较小、行为的社会危害性较低,在决定是否追究刑事责任和量刑时应适当从宽。具体还可以从以下方面作进一步区分:

1. 判断涉案动物是否属于合法繁育的情形

实践中,有的行为人是合法繁育但无证出售其人工繁育的野生动物,相对于由野外非法捕获的动物进行繁育等非法繁育的情形,该行为对野外种群的影响更小,涉案动物的来源可溯,因而危害性更小,行为人的主观恶性也相对较低,量刑上应当体现从宽。

2. 判断涉案动物是否被列入《人工繁育国家重点保护野生动物名录》

根据《野生动物保护法》的规定,人工繁育技术成熟稳定且纳入《人工繁育国家重点保护野生动物名录》的国家重点保护野生动物,其人工繁育种群可以不再列入《国家重点保护野生动物名录》,凭省级政府野生动物保护主管部门核发的许可证和专用标识经营利用,无须再在市场流通环节申请运输、出售、收购、利用等许可证件。原国家林业局(现国家林业和草原局)、农业部等部门据此先后出台了《人工繁育国家重点保护陆生野生动物名录(第一批)》和两批《人工繁育国家重点保护水生野生动物名录》,将包括梅花鹿、马鹿、尼罗鳄、暹罗鳄、湾鳄等30种国家一、二级重点保护野生动物纳入。根据前述规定,被列入名录的30种野生动物的合法人工繁育种群,不再属于破坏野生动物资源犯罪的犯罪对象。

实践中,对于被列入名录的30种野生动物,有的行为人取得了人工繁育许可,但在经营利用相关动物及其制品的过程中未取得专用标识,我们认为,这种情况应当依据行政法规进行处罚,原则上不宜按犯罪处理;如果行为人未取得人工繁育许可,涉案动物系非法人工繁育的,此种情形下,应结合涉案动物的濒危程度、人工繁育状况等因素,依法确定是否应追究刑事责任,确有追究刑事责任必要的,在量刑时亦应与30种野生动物以外的其他野生动物犯罪有所区别。这样的考虑也有充分的法律依据,如原国家林业局2017年发布的《野生动物及其制品价值评估方法》第七条规定:"人工繁育的野生动物及其制品的价值,按照同种野生动物及其制品价值的百分之五十执行。人工繁育的列入《人工繁育国家重点保护野生动物名录》的野生动物及其制品的价值，按照同种野生动物及其制品价值的百分之二十五执行。”根据该规定，是否列入《人工繁育国家重点保护野生动物名录》，在计算人工繁育的野生动物及其制品价值时有着显著差异，该规定在办理人工繁育野生动物案件的定罪量刑时亦可作为参考。

（三）涉案动物的用途

根据《野生动物保护法》以及有关规范性文件的规定，因科学研究、物种保护、展示展演、文物保护或者药用等特殊情况，在按照有关规定严格审批和检疫检验的前提下，可以经营利用人工繁育的野生动物及其制品，禁止非法放生和以食用为目的的经营利用。

禁止非法放生野生动物，主要是考虑未经专业机构严格论证的盲目放生行为，容易造成被放生动物死亡或者对当地生态系统造成破坏等不良后果，此外，随意放生有毒、凶猛或者未经检疫的野生动物，还可能造成人身和财产损害等严重后果。因此，《野生动物保护法》第三十八条规定，任何组织和个人将野生动物放生至野外环境，应当选择适合放生地野外生存的当地物种，不得干扰当地居民的正常生活、生产，避免对生态系统造成危害。随意放生野生动物，造成他人人身、财产损害或者危害生态系统的，依法承担法律责任。

禁止食用野生动物，主要是考虑滥食野生动物的陋习是造成乱捕滥捕野生动物现象屡禁不止的重要原因，不仅对野生动物种群造成严重破坏，败坏了社会风气，而且还成为公共卫生安全的重大隐患，因为许多野生动物常常携带各种疫源疫病。特别是新型冠状病毒疫情发生以来，对非法交易、滥食野生动物的突出问题及对社会公共卫生安全构成的重大隐患，社会各界广泛关注。为了全面禁止和惩治非法野生动物交易行为，革除滥食野生动物的陋习，维护生物安全和生态安全，有效防范重大公共卫生风险，切实保障人民群众生命健康安全，加强生态文明建设，促进人与自然和谐共生，全国人大常委会于 2020 年 2 月 24 日发布了《关于全面禁止非法野生动物交易、革除滥食野生动物陋习、切实保障人民群众生命健康安全的决定》（以下简称《决定》）。《决定》在《野生动物保护法》的基础上，以全面禁止食用野生动物为导向,扩大法律调整范围,确立了全面禁止食用野生动物的制度,从源头上防范和控制重大公共卫生安全风险。最高人民法院、最高人民检察院、公安部、司法部于2020年2月6日联合制定发布的《关于依法惩治妨害新型冠状病毒感染肺炎疫情防控违法犯罪的意见》(以下简称《惩治妨害疫情防控犯罪意见》)第九条亦规定,为食用或者其他目的而非法购买珍贵、濒危野生动物及其制品的,应以非法收购珍贵、濒危野生动物、珍贵、濒危野生动物制品罪定罪处罚,非法经营利用非国家重点保护野生动物及其制品,情节严重的,应当以非法经营罪定罪处罚。

根据上述规定,在办理破坏人工繁育野生动物资源犯罪案件时,应结合涉案动物的用途准确定罪量刑。如涉案动物系用于非法放生或者食用等目的,定罪量刑时应当依法从严。需要注意的是,根据《惩治妨害疫情防控犯罪意见》第十条第二款的规定,对于在疫情防控期间实施有关违法犯罪的,要作为从重情节予以考虑,依法体现从严的政策要求,以有力惩治震慑违法犯罪,维护法律权威,维护社会秩序,维护人民群众生命安全和身体健康。如涉案动物系用于科学研究、物种保护、展示展演、文物保护或者药用等合法用途的,在量刑时应与前者有所区别。

(四)行为方式、手段和对野生动物资源的损害程度

在办理破坏人工繁育野生动物资源犯罪案件时,除了涉案动物的濒危程度和野外种群状况、人工繁育情况、用途等因素外,行为人作案的方式、手段和对野生动物资源的损害程度亦应作为量刑时应当考虑的因素。综合相关法律、规范性文件的规定和司法实践,具有以下情形的,在决定是否从宽量刑时应依法从严掌握:一是武装掩护或者使用军用、警用车辆等特种交通工具实施犯罪的。《野生动物资源解释》中将以武装掩护方法或者使用军用、警用车辆等特种交通工具实施犯罪规定为升档量刑,从实践来看,使用前述作案方式和手段犯罪的,涉案动物数量往往较大,且易造成其他严重后果。二是妨害野生动物的科研、养殖等工作。根据《野生动物保护法》的规定,国家保障依法从事野生动物科学研究、人工繁育等活动,如破坏人工繁育野生动物资源的行为妨害野生动物的科研、养殖等工作,应当依法予以惩处,故《野生动物资源解释》中亦将该情形规定为升档量刑的情节。三是造

成野生动物死亡或者无法追回等严重后果。实践中，一些犯罪分子为逃避打击，采用密闭工具装运非法交易的野生动物，造成动物死亡等严重后果，或者在归案后拒不交代动物去向，在此情况下，对其量刑应依法从严掌握。四是引起重大疫情或者有引起重大疫情风险。一些野生动物携带致命病毒、细菌，如不严加管制，可能会引起重大疫情或者引起重大疫情风险，因此，对于这类破坏人工繁育野生动物资源犯罪案件，在量刑时应从严掌握。五是非法放生或者因动物逃逸造成他人人身、财产损害或者危害生态系统安全的。需要注意的是，如果行为人主动捕回放生或者逃逸的野生动物，尚未造成他人人身、财产损害或者危害生态系统安全的，量刑时可酌情从宽。

本案中，涉案的6种被列入国家重点保护动物的鹦鹉，野外种群数目相对较大，虽然未被列入《人工繁育国家重点保护野生动物名录》，但均属于人工繁育技术较为成熟且养殖规模巨大的物种，系实践中较为常见的宠物鸟类；被告人解景芳拥有人工繁育涉案鹦鹉的许可证，出售的鹦鹉均系从合法的繁养机构购买后又再次人工繁育的子二代或子三代，亲本来源清晰；涉案的鹦鹉流向宠物市场，未被用于非法放生或者食用等非法目的，亦未造成疫病传播等危害后果；同时，行为人没有其他法定从重情节，未引起严重后果或引发相关风险，归案后如实供述罪行，认罪、悔罪。基于以上考虑，法院以非法出售珍贵、濒危野生动物罪在法定刑以下判处被告人解景芳有期徒刑三年，缓刑四年，并处罚金三万元。

另外，需要注意的是，实践中存在以观赏或者饲养宠物等目的购买极少数量人工繁育珍贵、濒危野生动物的行为，通常以人工繁育技术较为成熟且养殖规模巨大的物种为对象，如较为常见的宠物龟、宠物鹦鹉等。我们认为，相比非法出售等行为，此类行为的社会危害性和相关行为人的主观恶性相对更小，在决定是否追究刑事责任时应当更加慎重，在能够通过行政处罚对相关行为予以惩治的情况下，不宜动用刑事手段制裁，确有追究刑事责任必要的，量刑时应注意从宽。

（撰稿：最高人民法院刑二庭　郭　慧

审编：最高人民法院刑二庭　刘为波）

[第1384号]

孙德柱贩卖毒品、容留他人吸毒案

——容留他人吸毒且提供毒品并收取费用的行为如何定性

一、基本案情

被告人孙德柱，男，1981年1月17日出生。2016年6月15日被逮捕。

辽宁省大连市普兰店区人民检察院指控被告人孙德柱犯贩卖毒品罪和容留他人吸毒罪，向普兰店区人民法院提起公诉。

被告人孙德柱及其辩护人提出：孙德柱并未向曲某贩卖毒品，而是向他人索要毒品后与曲某、单某等人一起吸食；孙德柱容留他人吸毒并收取费用的行为，属于牟利性容留他人吸毒行为，不构成贩卖毒品罪。

普兰店区人民法院经审理查明：2016年5月中下旬的一天，车某、单某和孙某某先后来到被告人孙德柱位于大连市普兰店区双塔镇永宁村坡子店屯的家中，由孙德柱提供0.1克甲基苯丙胺、吸毒工具和场所，容留车某、单某和孙某某吸食甲基苯丙胺，后车某支付给孙德柱毒资100元。

2016年5月21日下午，赵某来到被告人孙德柱家中，孙德柱提供0.1克甲基苯丙胺和吸毒工具，容留赵某在其家中吸食甲基苯丙胺，后赵某支付给孙德柱毒资100元。

综上，被告人孙德柱容留他人吸食毒品并贩卖毒品两次，共计贩卖甲基苯丙胺0.2克，获利200元。

另查，2016年5月30日，曲某委托被告人孙德柱帮其购买毒品。孙德柱电话联系后告知曲某购买一袋毒品需要300元，曲某遂给孙德柱300元，孙德柱收钱后离开。嗣后，孙德柱携带0.5克甲基苯丙胺返回并交给曲某，之后曲某、单某及孙德柱一同来到单某朋友袁某家中，将该0.5克甲基苯丙胺吸食掉。

普兰店区人民法院认为，被告人孙德柱违反国家毒品管制法规，贩卖甲基苯丙胺，其行为已构成贩卖毒品罪；为他人吸食毒品提供场所，其行为已构成容留他人吸毒罪，应当依法予以并罚。关于公诉机关指控孙德柱向曲某贩卖毒品一节，经查，根据证人曲某、郭某的证言，能够认定孙德柱代购毒品的客观事实，但孙德柱为曲某代购的是用于吸食的毒品且无证据证实孙德柱存在牟利，不应认定为贩卖毒品，故对该节指控不予认定。依照《中华人民共和国刑法》第三百四十七条第一款、第四款、第七款，第三百五十四条，第六十九条第一款、第三款，第五十二条，第五十三条之规定，判决如下：

被告人孙德柱犯贩卖毒品罪，判处有期徒刑一年八个月，并处罚金人民币一千元；犯容留他人吸毒罪，判处有期徒刑八个月，并处罚金人民币一千元，决定执行有期徒刑二年，并处罚金人民币二千元。

一审宣判后，在法定期限内，被告人孙德柱未提出上诉，检察机关亦未抗诉，判决已发生法律效力。

二、主要问题

容留他人吸毒且提供毒品并收取毒品费用的行为如何定性？

三、裁判理由

本案审理中，对被告人孙德柱容留他人吸毒，并提供毒品，又收取毒品费用的行为如何定性，有以下三种不同观点：

第一种观点认为，被告人孙德柱的行为属于牟利性质的容留他人吸毒行为，应构成容留他人吸毒罪。

第二种观点认为，被告人孙德柱提供毒品是容留他人吸毒的方式，根据牵连犯理论，从一重罪处罚，本案应定贩卖毒品罪。

第三种观点认为，被告人孙德柱容留他人吸毒，并提供毒品，又收取毒品费用的行为分别构成容留他人吸毒罪和贩卖毒品罪，应依法予以并罚。

我们同意第三种观点，即被告人孙德柱容留他人吸毒的行为构成容留他人吸毒罪，为吸毒人员提供毒品并收取毒品费用的行为，构成贩卖毒品罪，应依法予以并罚。理由如下：

(一)被告人孙德柱容留他人在自己家中吸食毒品的行为构成容留他人吸毒罪

容留他人吸毒罪,是指为吸食、注射毒品提供场所或者允许他人在自己管理的场所内吸食、注射毒品的行为。只要行为人认识到他人是在自己管理和控制的场所内吸食、注射毒品即可。2016年4月11日施行的《最高人民法院关于审理毒品犯罪案件适用法律若干问题的解释》(以下简称《毒品解释》)第十二条对构成容留他人吸毒罪的情形进行了明确,规定“容留他人吸食、注射毒品,具有下列情形之一的,应当依照刑法第三百五十四条的规定,以容留他人吸毒罪定罪处罚:(一)一次容留多人吸食、注射毒品的;(二)二年内多次容留他人吸食、注射毒品的;(三)二年内曾因容留他人吸食、注射毒品受过行政处罚的;(四)容留未成年人吸食、注射毒品的;(五)以牟利为目的的容留他人吸食、注射毒品的;(六)容留他人吸食、注射毒品造成严重后果的;(七)其他应当追究刑事责任的情形”。

本案中,被告人孙德柱容留车某、单某、孙某某在其家中一起吸食毒品,属于《毒品解释》第十二条第一款第(一)项规定的“一次容留多人吸食、注射毒品的”的情形,因此,仅依据此节事实,就可认定孙德柱容留他人吸食毒品的行为构成容留他人吸毒罪。至于其还另外容留赵某吸食毒品的行为,则可作为犯罪情节,在量刑时予以考虑。

(二)在容留他人吸毒的场所为吸毒者提供毒品并收取毒品费用的行为,构成贩卖毒品罪

容留他人吸毒罪中行为人的犯罪动机多样,有聚众取乐型,也有谋取利益型。实践中,本罪多发生在旅馆、饭店及茶馆、歌舞厅、棋牌室等休闲娱乐场所,行为人大都是出于招揽生意或者牟取非法收入而容留他人吸毒。容留吸毒的方式一般是仅提供场所,并不包含提供毒品。出于“以牟利为目的”而容留他人吸毒行为的,《毒品解释》规定,此情形下容留他人吸毒行为构成容留他人吸毒罪的,没有人数、次数及其他后果的限制。根据《毒品解释》第十二条第一款第(五)项规定,“以牟利为目的的容留他人吸食、注射毒品的”,以容留他人吸毒罪定罪处罚。

问题的关键在于如何理解这里的“以牟利为目的”? 在容留他人吸毒的

场所向吸毒者提供毒品并收取毒品费用的行为,是贩卖毒品的犯罪行为还是容留他人吸毒行为的定罪量刑情节?我们认为,这里的“以牟利为目的”,指的是通过容留他人吸毒行为而获取场所费用或者管理费用等利益,而不是贩卖毒品所获取的利益。理由如下:(1)符合《毒品解释》的规定。根据《毒品解释》第十二条第二款的规定:“向他人贩卖毒品后又容留其吸食、注射毒品,或者容留他人吸食、注射毒品并向其贩卖毒品,符合前款规定的容留他人吸毒罪的定罪条件的,以贩卖毒品罪和容留他人吸毒罪数罪并罚。”(2)提供场所容留他人吸毒和提供收费毒品是两个互相独立的行为。本案中,被告人孙德柱容留他人吸毒行为与提供收费毒品即贩卖毒品行为,虽然发生在同一个场所,且行为人为同一主体,侵犯的客体从大的方面讲,也都是国家对毒品的管制,但行为的客观方面却是不相同的。前者实施的是提供吸毒场所行为,后者实施的是贩卖毒品行为。(3)符合行为本身的罪质,也有利于突出打击重点。从罪质方面看,贩卖毒品罪的罪质明显重于容留他人吸毒罪的罪质,即使因为法律规定可以作一罪处理,也是重罪吸收轻罪,而不是轻罪吸收重罪。因而认为构成容留他人吸毒罪一罪的观点显然不成立。(4)“以牟利为目的”并非构成容留他人吸毒罪的必要条件。《毒品解释》只是规定了行为人在“以牟利为目的”的情形下,对容留他人吸毒行为构成犯罪的条件作了有别于其他情形的规定,但不能因为《毒品解释》的这一规定,而将贩卖毒品行为的牟利特征理解为容留他人吸毒罪的必要构成要件。

在实践中,行为人在收取费用时,如果不提供毒品,仅提供场所,对这种情形认定为“以牟利为目的”的容留他人吸毒行为,没有争议。有争议的是,行为人不仅提供吸毒场所,而且提供毒品、收取费用,但却与吸毒者言明,此费用仅是场所费用及其他非毒品费用,如茶水费等,且明确毒品系赠食的情况下,其行为性质应该如何认定?我们认为,对此种情形,要透过现象看本质。在一般情况下,行为人所收取的费用当然包括购买毒品的费用。实际上,这是行为人销售毒品的一种方式,销售毒品的数量就是其提供的毒品数量。根据司法解释的规定,贩卖毒品与容留吸毒均应单独评价。需要注意的是,一般情况下,只要行为人有向他人提供毒品、收取费用的行为即可认定贩卖毒品,而无须证明行为人从中获利。但同样需要注意,避免对收取费用行为进行重复评价,尤其在“以牟利为目的”构成容留他人吸毒罪的情形中,除非有证据支持行为人收取的费用中既包括贩卖毒品的费用,也包括提供场地、吸毒便利的费用。

另外,本案第三节事实即被告人孙德柱为曲某代购0.5克甲基苯丙胺后用于其与曲某、袁某、单某一同吸食的行为,原审法院未将此认定为贩卖毒品行为是正确的。认定孙德柱代购行为是否构成贩卖毒品罪的关键在于孙德柱是否通过代购毒品谋取了非法利益。但在案证据不能证实此点。《全国部分法院审理毒品犯罪案件工作座谈会纪要》规定:“有证据证明行为人不以牟利为目的,为他人代购仅用于吸食的毒品,毒品数量超过刑法第三百四十八条规定的最低数量标准的,对托购者、代购者应以非法持有毒品罪定罪。代购者从中牟利,变相加价贩卖毒品的,对代购者应以贩卖毒品罪定罪”。根据这一规定,对于孙德柱代购毒品,仅是为了与他人共同吸食的行为,因其数量未超过《刑法》第三百四十八条非法持有毒品罪规定的最低数量标准(10克),原审法院未作犯罪处理是正确的。

综上,原审法院认定被告人孙德柱既提供场所容留他人吸食毒品,又提供毒品且收取费用的行为,分别构成容留他人吸毒罪、贩卖毒品罪,予以数罪并罚,是正确的。

(撰稿:辽宁省大连市中级人民法院　马晓国

审编:最高人民法院刑四庭　陆建红)

[第 1385 号]

齐先贺贩卖、运输毒品案

——如何区分毒品代购与加价贩卖

一、基本案情

被告人齐先贺,男,1972 年 10 月 2 日出生。1993 年 9 月 25 日因犯敲诈勒索罪被判处有期徒刑二年,缓刑二年;2009 年 10 月 23 日因犯盗窃罪被判处有期徒刑一年;2011 年 3 月 30 日因犯盗窃罪被判处有期徒刑二年六个月,2012 年 8 月 31 日刑满释放。2015 年 6 月 19 日因本案被逮捕。

辽宁省营口市人民检察院指控被告人齐先贺犯贩卖、运输毒品罪,向营口市中级人民法院提起公诉。

被告人齐先贺辩称,自己购买的近 3 公斤甲基苯丙胺(冰毒)是为了吸食,没有贩卖过毒品。被抓时才知道同案被告人信国、信平的 4 公斤甲基苯丙胺也在其车上。其辩护人提出,齐先贺是代购代买,在贩卖毒品共同犯罪中是从犯。

营口市中级人民法院经审理查明:2015 年 5 月初,被告人齐先贺与信国(同案被告人,已判刑)一起吸食毒品后,提及自己可买到低价甲基苯丙胺,信国与其哥哥信平(同案被告人,已判刑)即欲购买。同月 9 日,齐先贺乘火车到广东省陆丰市,与毒品上家商定取货每克 40 元,送货每克 80 元。齐先贺遂电话告知信国每克 80 元,信国与信平商议后,决定购买甲基苯丙胺 4 000 克,先汇购毒款 22 万元,尾款收货时付清。后信国、信平先后向齐先贺汇款 15 万元、7 万元。齐先贺到广东省东莞市购买银色福特轿车一辆,以备运输毒品之用。同月 14 日,齐先贺从上家购买甲基苯丙胺 7 包,并驾车运往辽宁省。16 日 15 时许,齐先贺在京沈高速公路塔山服务区被抓获,公安人员当场从其所驾车辆备胎存放处查获甲基苯丙胺 3 包(2 973 克)、从后备厢矿泉水箱底部查获甲基苯丙胺4包(4 001.8克),共计6 974.8克。

营口市中级人民法院认为,被告人齐先贺违反国家毒品管理法规,贩卖、运输甲基苯丙胺,其行为已构成贩卖、运输毒品罪。检察机关指控的事实清楚,证据确实、充分,指控的罪名成立。齐先贺跨省运输甲基苯丙胺6 974.8克,其中明知购毒者以贩卖为目的,而帮其代买甲基苯丙胺4 001.8克,构成贩卖毒品罪共犯,齐先贺是毒品主要联络者、实际交易者,系主犯。齐先贺贩卖甲基苯丙胺数量特别巨大,社会危害性极大,罪行极其严重,且系累犯,应从重处罚。依照《中华人民共和国刑法》第三百四十七条,第二十五条,第二十六条第一款、第四款,第四十八条,第五十七条第一款,第六十四条,第六十五条第一款之规定,判决如下:

被告人齐先贺犯贩卖、运输毒品罪,判处死刑,剥夺政治权利终身,并处没收个人全部财产。

一审宣判后,被告人齐先贺上诉提出,其购买的3 000克毒品用于吸食,对将信国、信平购买的4 000克冰毒运输回来并不知情。其辩护人提出,齐先贺属代购代买,应认定为从犯;自愿认罪,具有坦白情节;涉案毒品被全部查获,未流入社会,未造成较大危害。

辽宁省高级人民法院经审理认为,被告人齐先贺赴南方购回大量甲基苯丙胺,将其中4 000余克以每克80元送货价转卖给信平、信国,系与信平、信国的实际交易人,应认定为独立毒品上线,原判认定齐先贺为信平、信国代购毒品,系共犯不妥,应予纠正。齐先贺贩卖、运输毒品数量巨大,罪行极其严重,又系累犯,依法应当判处死刑。归案后虽能积极认罪,但不足以从轻处罚。据此,判决如下:

驳回被告人齐先贺的上诉,维持原判。并依法报请最高人民法院核准。

最高人民法院经复核认为,被告人齐先贺违反国家毒品管制法规,贩卖、运输甲基苯丙胺,其行为已构成贩卖、运输毒品罪。其贩卖、运输毒品数量大,社会危害大,且曾多次犯罪被判刑,又系累犯,依法应从重处罚。依照《中华人民共和国刑事诉讼法》第二百三十五条、第二百三十九条[①]和《最高

① 此处引用的是2012年《刑事诉讼法》,对应2018年修正后的《刑事诉讼法》第二百四十六条、第二百五十条。

人民法院关于适用〈中华人民共和国刑事诉讼法〉的解释》第三百五十条第（一）项的规定，裁定如下：

核准辽宁省高级人民法院（2016）辽刑终315号维持第一审以贩卖、运输毒品罪判处被告人齐先贺死刑，剥夺政治权利终身，并处没收个人全部财产的刑事判决。

二、主要问题

被告人齐先贺为同案被告人信平、信国购买的4 001.8克甲基苯丙胺是代购还是加价贩卖？

三、裁判理由

本案审理过程中，对被告人齐先贺为同案被告人信平、信国购买的4 000余克毒品如何定性，有两种不同观点：

第一种观点认为，现有证据只能证明信平、信国共给被告人齐先贺汇款22万元，因毒品上家“阿日”并未到案，齐先贺从上家购买的单价、支付毒资等均无充分证据证明，认定齐先贺牟利的证据不足。但现有证据足以证实齐先贺明知信平、信国贩毒，仍为二人代买毒品，构成贩卖毒品罪的共犯。

第二种观点认为，被告人齐先贺独自前往广东与上家交易，其与上家约定是每克40元，而告知信平、信国的交易价格是每克80元，信平、信国据此先行汇款22万元，并准备在接货时支付另外8万元。齐先贺供称已向上家付款27万元，尚欠17万元，齐先贺所付的27万元与当面交易价格每克40元（7 000克）最为接近。齐先贺供述已与上家交易完，上家已将其联系的电话卡销毁。广东与辽宁相距甚远，如失去联络，所欠17万元尾款恐很难收回，齐先贺被抓时又在其车上搜出全部6 974.8克毒品，可推定齐先贺与上家钱货两清。齐先贺是信平、信国的上家，而非共犯关系。

我们同意第二种观点。具体理由如下：

1. 被告人齐先贺不属于狭义的毒品代购

毒品“代购”一词始于2000年4月印发的《全国法院审理毒品犯罪案件工作座谈会纪要》（以下简称《南宁会议纪要》，已废止）的规定：“有证据证明行为人不是以营利为目的,为他人代买仅用于吸食的毒品,毒品数量超过刑法第三百四十八条规定数量最低标准,构成犯罪的,托购者、代购者均构成非法持有毒品罪。”2008年12月印发的《全国部分法院审理毒品犯罪案件工作座谈会纪要》(以下简称《大连会议纪要》)对此予以完善:“有证据证明行为人不以牟利为目的,为他人代购仅用于吸食的毒品,毒品数量超过刑法第三百四十八条规定的最低数量标准的,对托购者、代购者应以非法持有毒品罪定罪。代购者从中牟利,变相加价贩卖毒品的,对代购者应以贩卖毒品罪定罪。明知他人实施毒品犯罪而为其居间介绍、代购代卖的,无论是否牟利,都应以相关毒品犯罪的共犯论处。”2015年5月印发的《全国法院毒品犯罪审判工作座谈会纪要》(以下简称《武汉会议纪要》)在《大连会议纪要》的基础上进一步补充规定:“行为人为吸毒者代购毒品,在运输过程中被查获,没有证据证明托购者、代购者是为了实施贩卖毒品等其他犯罪,毒品数量达到较大以上的,对托购者、代购者以运输毒品罪的共犯论处。行为人为他人代购仅用于吸食的毒品,在交通、食宿等必要开销之外收取‘介绍费’‘劳务费’,或者以贩卖为目的收取部分毒品作为酬劳的,应视为从中牟利,属于变相加价贩卖毒品,以贩卖毒品罪定罪处罚。”

根据以上规定,毒品代购有广义和狭义之分,狭义的毒品代购,是指行为人受吸毒者委托无偿为吸毒者代为购买仅用于吸食的毒品。广义的毒品代购,既包括狭义的毒品代购,也包括明知他人实施毒品犯罪而为其代购毒品以及介绍毒品买卖等情形。在狭义的毒品代购中,如果代购毒品数量超过《刑法》第三百四十八条规定的最低数量标准的,对托购者、代购者均应以非法持有毒品罪定罪处罚;如果代购毒品在运输途中被查获,且没有证据证明托购者、代购者是为了实施贩卖毒品等其他犯罪,毒品数量达较大以上的,对托购者、代购者以运输毒品罪的共犯论处;如果代购者从中牟利的,对代购者以贩卖毒品罪定罪处罚。

具体到本案中,对被告人齐先贺的行为显然不能用狭义的毒品代购来评价,理由如下:

第一,狭义的毒品代购要求委托者需是吸毒者,且其购买毒品的目的仅为吸食。本案中,信平、信国购买毒品数量达4 000余克,显然超出了正常吸食量,且被告人齐先贺明知信平、信国是贩毒者而不是单纯的吸毒者,其二人购买毒品的目的是贩卖而非吸食。

第二,狭义的毒品代购一般要求代购者代购毒品是无偿的,只有在无偿且构成犯罪的前提下,代购者与托购者才构成非法持有毒品罪或者运输毒品罪的共犯。但被告人齐先贺关于其未牟利的辩解明显不成立。其一,从齐先贺与信平、信国的关系看,齐先贺与信国只是普通的狱友,信平是信国的哥哥,之前与齐先贺无任何交往,双方之间的关系密切度较低,与代购并长途运输大量毒品的巨大风险不相称。其二,根据齐先贺、信国供述,齐先贺先要求信平、信国最低购买5公斤毒品,信平、信国因钱不够,说只能买3公斤,齐先贺不同意,二人才答应借钱买4公斤。此节充分说明,齐先贺对毒品数量与信平、信国进行了协商,不符合代购中被代购者确定购买量的常理。其三,从银行账户明细看,信国、信平先后共向齐先贺汇款22万元,公安机关抓获信平后,从信平处扣押其准备从齐先贺处接收毒品时支付的尚欠毒资8万元,信平、信国共应向齐先贺支付30万元,二人购买毒品的价格接近每克80元。齐先贺供称其已向上家支付毒资27万元(交易期间,齐先贺银行卡共支出29.9万元,抓获齐先贺时从其身上扣押现金2万元),从其车上共查获毒品约7公斤,可印证其供述从上家购买毒品价格是每克40元的细节。齐先贺供上门取货是每克40元,上家送货是每克80元。则信平、信国以每克80元的价格买进毒品,必须上家送货。而本案所涉毒品全部从齐先贺所驾汽车上查获,且除齐先贺外,再无其他人同行,齐先贺明显是送货人。齐先贺以每克40元的价格从上家购买,再以每克80元的价格卖给信平、信国,每克赚取差价40元,其辩解未牟利不能成立。

2. 被告人齐先贺的行为亦不属于广义的毒品代购

《大连会议纪要》规定,明知他人实施毒品犯罪而为其居间介绍、代购代卖的,无论是否牟利,都应以其实施的毒品犯罪的共犯论处。那么,本案能否以此为依据,从广义的毒品代购角度来认定齐先贺与信平、信国是贩卖毒品罪的共犯?我们持否定意见。主要理由如下:

第一,被告人齐先贺不属于居间介绍。居间介绍一般是指居间人按照自己的意愿为贩毒者、购毒者提供交易信息或介绍交易对象等帮助行为,积极促成贩毒者与购毒者达成毒品交易。在交易过程中,居间介绍人只是中间人,并不是一方交易主体,实际的交易主体仍然是贩毒者与购毒者。《武汉会议纪要》规定,居间介绍者受贩毒者委托,为其介绍联络购毒者的,与贩毒者构成贩卖毒品罪的共同犯罪;明知购毒者以贩卖为目的购买毒品,受委托为其介绍联络贩毒者的,与购毒者构成贩卖毒品罪的共同犯罪;同时与贩毒者、购毒者共谋,联络促成双方交易的,通常认定与贩毒者构成贩卖毒品罪的共同犯罪。因为上述情形下,居间人主观上有共同犯罪的故意,客观上有贩卖毒品或者为毒品犯罪分子提供信息帮助的行为,故不论其是否获利,都可以构成贩卖毒品罪的共犯。本案中,齐先贺主观上与贩毒者及购毒者信平、信国均无共同的犯罪故意,客观上也不是为贩毒者与信平、信国提供交易机会,以促成贩毒者与信平、信国达成毒品交易,而是其本人实际参与交易,即先作为下家与贩毒者达成交易,再作为上家与购毒者信平、信国达成交易,其与前后环节的交易对象都是上下家关系,显然不属于居间介绍。

第二,被告人齐先贺亦不属代购代买。司法实践中,为他人代购毒品一般可分两种情况:一种情况是托购者自己直接或者间接与贩毒者进行联系,但因为时间、地点或其他一些特殊原因,托购者无法或不愿亲自前往,即委托代购者向贩毒者代为购买指定数量、品种或者价格等相对固定的毒品。此种情形下,代购者主观上有帮助托购者购买毒品的故意,客观上充当了托购者的工具,替代托购者去购买了毒品,如果其明知托购者是为贩卖而代购,不论其是否牟利,当然与托购者构成贩卖毒品罪的共犯。另一种情况是托购者不知购毒渠道,但知道代购者有毒品来源,即委托代购者代为购买。此种情形下,虽然代购者并未将毒品买卖双方介绍到一起,看似是一种为他人代买的行为,但此时代购者因为自己认识和熟悉贩毒者,在得知托购者有购毒需求后,即通过自己的撮合让托购者实现了其购毒的需求,也帮助贩毒者顺利找到了买家,故其实质上仍然是一种具有居间性质的行为。如果代购者明知托购者购买毒品的目的是贩卖,则与托购者构成贩卖毒品罪的共犯。本案中,齐先贺的行为显然不属于第一种情形,虽接近第二种情形但仍有区别。因为,第二种情形下的代购实质仍为居间介绍,且第二种情形下的毒品代购,托购者与代购者之间也需以存在委托关系为前提,即代购者必须是受托购者的委托而代为购买毒品。在委托关系中,托购者与代购者必须事先对代为购买毒品的数量、种类、价格、代购者是否获利及获利多少、获利方式等均需有明确约定。如果双方事先没有约定,事后代购者向托购者隐瞒重要价格信息等从中牟利,实质上即相当于变相加价贩卖,代购者即成为托购者的实际上家,而不再是居间介绍人。本案中,从三人供述看,信平、信国与齐先贺对双方是委托关系还是上下家关系并不明确,此时即需要结合毒品的实际交易过程来分析。在案证据显示,信平、信国与齐先贺事先对齐先贺是否获利,获利多少、获利方式等均无约定,但在实际交易时,齐先贺先以每克 40 元的价格与贩毒者完成交易,而后对信平、信国隐瞒该重要价格信息,再以每克 80 元的价格卖与信平、信国,此时,齐先贺实际上已经是信平、信国的上家而非共犯,故齐先贺与信平、信国不构成贩卖毒品罪的共犯。

综上,二审法院认定被告人齐先贺为独立毒品上线,不属于毒品代购是正确的。法院以贩卖、运输毒品罪判处被告人死刑,剥夺政治权利终身,并处没收个人全部财产是适当的。

(撰稿:最高人民法院刑四庭　曾广东　郭艳地
审编:最高人民法院刑四庭　周　峰)

[第 1386 号]

王怀珍容留卖淫案

——容留卖淫罪的入罪标准

一、基本案情

被告人王怀珍，女，汉族，1966 年 10 月 10 日出生，因容留卖淫于 2017 年 6 月 2 日被行政拘留十日，同年 9 月 14 日被行政拘留十二日。因涉嫌犯容留卖淫罪于 2017 年 9 月 24 日被刑事拘留，同月 30 日被取保候审。

湖北省当阳市人民检察院以被告人王怀珍犯容留卖淫罪向当阳市人民法院提起公诉。

被告人王怀珍对公诉机关的指控无异议。

当阳市人民法院经审理查明：

被告人王怀珍在当阳市玉阳办事处东正街建安小区大门旁经营一家休闲店。2017 年 6 月 2 日，王怀珍因容留侯某某在店内卖淫，被当阳市公安局行政拘留十日。2017 年 9 月 13 日，王怀珍又因容留林某某在店内卖淫，被当阳市公安局民警当场查获。

当阳市人民法院认为，被告人王怀珍曾因容留卖淫被行政处罚，在一年内又实施容留卖淫，其行为已构成容留卖淫罪。公诉机关指控罪名成立。王怀珍到案后如实供述犯罪事实，当庭认罪，属坦白，依法可从轻处罚。依照《中华人民共和国刑法》第三百五十九条第一款、第六十七条第三款、第七十二条，《最高人民法院、最高人民检察院关于办理组织、强迫、引诱、容留、介绍卖淫刑事案件适用法律若干问题的解释》第八条第一款第（四）项的规定，判决如下：

被告人王怀珍犯容留卖淫罪，判处拘役四个月，缓刑六个月，并处罚金三千元。

一审宣判后,被告人王怀珍未上诉,检察机关亦未抗诉,判决已发生法律效力。

二、主要问题

一年内曾因容留卖淫行为被行政处罚又实施容留卖淫行为的,如何定性?

三、裁判理由

关于容留卖淫罪,《刑法》第三百五十九条第一款规定:“引诱、容留、介绍他人卖淫的,处五年以下有期徒刑、拘役或者管制,并处罚金;情节严重的,处五年以上有期徒刑,并处罚金。”该条规定源自1991年9月4日公布的《全国人民代表大会常务委员会关于严禁卖淫嫖娼的决定》(以下简称《严禁卖淫决定》)中“引诱、容留、介绍他人卖淫的,处五年以下有期徒刑或者拘役,并处五千元以下罚金;情节严重的,处五年以上有期徒刑,并处一万元以下罚金;情节较轻的,依照治安管理处罚条例第三十条的规定处罚”的规定。与《严禁卖淫决定》相比,《刑法》增加了本罪管制刑的刑种,对并处罚金的数额不再规定上限,删除了情节较轻,依照《治安管理处罚法》规定处罚的内容。但是对于引诱、容留、介绍卖淫罪的入罪标准,无论是刑法还是《严禁卖淫决定》都没有具体规定。为此,《最高人民法院、最高人民检察院关于办理组织、强迫、引诱、容留、介绍卖淫刑事案件适用法律若干问题的解释》(以下简称《涉卖淫刑案解释》)第八条第一款规定,引诱、容留、介绍他人卖淫,具有以下五种情形之一的,应当以引诱、容留、介绍卖淫罪定罪处罚:(1)引诱他人卖淫的;(2)容留、介绍二人以上卖淫的;(3)容留、介绍未成年人、孕妇、智障人员、患有严重性病的人卖淫的;(4)一年内曾因引诱、容留、介绍卖淫行为被行政处罚,又实施容留、介绍卖淫行为的;(5)非法获利人民币一万元以上的。上述五种情形即引诱、容留、介绍卖淫罪的入罪标准,主要是从四个方面考虑而设置的:一是从卖淫人数考虑;二是从卖淫人员的类别考虑;三是参照其他司法解释的范例,对具有同类行为被行政处罚过的人作出降低入罪门槛的规定;四是根据行为人获利情况确定入罪标准。

本案中,被告人王怀珍曾因容留一人卖淫被行政拘留十日,又容留一人卖淫,是否构成容留卖淫罪,涉及《涉卖淫刑案解释》第八条第四种情形的认定,故本文主要阐述第八条第一款第(四)项规定的含义及司法实践中认定时需要注意的问题。

(一)"一年内曾因引诱、容留、介绍卖淫行为被行政处罚,又实施容留、介绍卖淫行为的"含义

《涉卖淫刑案解释》规定,一年内曾因引诱、容留、介绍卖淫行为被行政处罚,又实施容留、介绍卖淫行为的,以容留、介绍卖淫罪定罪处罚。此规定是对具有同类行为被行政处罚过的人作出降低入罪门槛的规定,主要是考虑此类人员主观恶性较深,人身危害性更大些,因此,相对于没有受过行政处罚的行为人,在入罪门槛上设置较低的标准。对于这一规定应从以下几方面来理解:

1. 本规定的前半句包括"引诱、容留、介绍卖淫行为",而后半句只有"容留、介绍卖淫行为",没有引诱卖淫行为。这是因为,根据《涉卖淫刑案解释》的规定,引诱他人卖淫一人即构成犯罪,因此,对于引诱他人卖淫的行为,不存在是否需要受过行政处罚才能构罪的问题,而是直接认定构成引诱卖淫罪。那么前半句规定的"引诱卖淫行为"该如何理解呢?我们认为,虽然引诱他人卖淫一人就构成犯罪,但是《治安管理处罚法》仍然有引诱卖淫的规定,这是由行政违法上的"卖淫"概念与刑事犯罪中的"卖淫"概念不同造成的。行政处罚中的"引诱卖淫"存在的空间主要在于引诱他人进行手淫和引诱他人卖淫未遂的情形,这两种情形均不作刑事处罚,但根据公安部《关于对同性之间以钱财为媒介的性行为定性处理问题的批复》的规定,"不特定的异性之间或者同性之间以金钱、财物为媒介发生不正当性关系的行为,包括口淫、手淫、鸡奸等行为,都属于卖淫嫖娼行为,对行为人应当依法处理",即可以治安处罚。综上,本规定前半句的"引诱、容留、介绍卖淫行为"中的"卖淫"既包括刑法上的卖淫行为也包括治安管理处罚法上的卖淫行为,而后半句的"容留、介绍卖淫行为"中的"卖淫"仅指刑法上的卖淫行为。本规定的入罪包括两种情形:一是行为人一年内曾因容留、介绍卖淫行为被行政处罚,又实施容留、介绍卖淫行为的,前行为既包括容留、介绍卖淫的行为未

达到容留、介绍卖淫罪入罪标准的刑法上的卖淫行为，也包括容留、介绍他人手淫等不认为是犯罪的行为，后行为则要求是刑法上的卖淫行为；二是行为人一年内曾因引诱卖淫行为被行政处罚，又实施容留、介绍卖淫行为的，这里前行为是引诱他人手淫等不认为是犯罪的行为，后行为同样要求是刑法上的卖淫行为。

2. 关于“一年内”的时间起止如何计算的问题。我们认为，此处的“一年内”是指自然跨度上满一年，就是前一次行为与后一次行为的时间跨度在一年的十二个月内。如果前一个行为与后一个行为发生的时间超出了十二个月，即使只多出一天，也属于超过一年，不属于“一年内”了。此外，关于“一年内”的时间起算节点如何认定，在司法实践中也存在困惑，我们认为，“一年内”的时间起算节点是指行为的发生时间，而不是行为的行政处罚时间。这主要是考虑行为的发生时间是固定的，而行政处罚时间则可能由于行政执法机关等多种原因有所拖延，从有利于被告人的原则出发，应理解为行为的发生时间，即前后两个行为发生的时间在一年内。

本案中，被告人王怀珍于2017年6月2日因容留一人在其店内卖淫，被公安机关行政拘留十日，一年的时间应从其实施容留卖淫行为时即2017年6月2日起算，至2018年6月1日为一年。被告人在2017年9月13日又容留一人在其店内卖淫，属于一年内曾因引诱、容留、介绍卖淫行为被行政处罚，又实施容留、介绍卖淫行为的情形，符合《涉卖淫刑案解释》规定的容留卖淫罪的入罪条件，因此对其第二次容留卖淫的行为应直接认定为容留卖淫罪，而无须再进行行政处罚。公安机关对被告人第二次容留他人卖淫的行为先给予行政拘留十二日，在行政拘留到期前转为刑事拘留，而后又取保候审，虽然严格说来这种处理不够规范，但考虑被告人最终被判处缓刑，总体上还是妥当的。

（二）一年内因引诱、容留、介绍卖淫犯罪被判处刑罚的不适用前述入罪规定

《涉卖淫刑案解释》公布实施后，司法实践中出现了一些曾因引诱、容留、介绍卖淫犯罪被判处刑罚的行为人，（特别是在一年之内）又实施容留、介绍卖淫行为的情况，此种情形下如果后实施的容留、介绍卖淫行为未达到

一般入罪标准的,能否比照适用《涉卖淫刑案解释》第八条第一款第(四)项关于"一年内曾因引诱、容留、介绍卖淫行为被行政处罚,又实施容留、介绍卖淫行为的"规定而认定构成犯罪呢?

有的观点认为,根据"举轻以明重"的解释原理,"一年内曾因引诱、容留、介绍卖淫行为被行政处罚,又实施容留、介绍卖淫行为的",要以容留、介绍卖淫罪定罪处罚,那么,一年内因引诱、容留、介绍卖淫犯罪被判处刑罚,又实施同类违法行为的,更应当被评价为刑事犯罪行为。对此,我们认为,一年内因引诱、容留、介绍卖淫犯罪被判处刑罚的不适用《涉卖淫刑案解释》第八条第一款第(四)项规定。主要理由是:

1. 符合罪刑法定原则。《涉卖淫刑案解释》第八条第一款对《刑法》所规定的引诱、容留、介绍卖淫罪的入罪标准已经作了明确而详尽的规定,并包涵了司法实践中方方面面的情况,实践中应当严格依照该规定执行,而不宜再突破《涉卖淫刑案解释》规定的入罪标准。

2. "举轻以明重"规则的适用应有一定限制性。"举轻以明重",其基本含义是,如果《刑法》将较轻的甲行为规定为犯罪,那么比甲行为更严重的乙行为,应当构成犯罪;如果《刑法》对较轻的甲行为规定了重处罚,那么比甲行为更严重的乙行为,也应当受到重处罚。显然,举轻以明重,是从轻的、小的方面向重的、大的方面推论,是就入罪、处罚重而言的,或者说,是就不利于被告人的结论而言。由于刑法实行罪刑法定原则,在适用"举轻以明重"的规则进行解释时,不能简单地以案件事实严重为由定罪处刑,否则就涉嫌类推。对于一年内曾因引诱、容留、介绍卖淫行为被判处刑罚,又实施容留、介绍卖淫行为的,前一行为已经被刑法所评价,如果将前一次的犯罪行为,作为后一次行为是否构成犯罪的标准,则有重复评价之嫌,对后一次行为应严格适用《涉卖淫刑案解释》的入罪标准判断是否构罪。

3. 符合刑法的谦抑性原则。从司法实践来看,《刑法》第六章第八节的罪名当中,社会危害性较大,需要重点打击的主要是组织、强迫卖淫类犯罪,这是由于此类犯罪通常具有一定规模性,容易造成较大的社会影响或者衍生其他犯罪,而引诱、容留、介绍卖淫类犯罪,除了具有"情节严重"情形之外的,在刑法本节犯罪中属于罪小刑轻类的犯罪,根据刑法的谦抑性原则,不宜再降低入罪标准或扩大《刑法》的处罚范围。

综上,原审法院认定被告人王怀珍构成容留卖淫罪,并根据其认罪态度好从轻处罚判处拘役四个月,缓刑六个月,并处罚金三千元是基本适当的。

(撰稿:最高人民法院刑五庭　杨　华

审编:最高人民法院刑四庭　陆建红)

立法、司法规范

最高人民法院
最高人民检察院
公　告

《最高人民法院、最高人民检察院关于办理虚假诉讼刑事案件适用法律若干问题的解释》已于2018年1月25日由最高人民法院审判委员会第1732次会议、2018年6月13日由最高人民检察院第十三届检察委员会第二次会议通过,现予公布,自2018年10月1日起施行。

最高人民法院
最高人民检察院
2018年9月26日

最高人民法院　最高人民检察院
关于办理虚假诉讼刑事案件适用法律若干问题的解释

(法释〔2018〕17号)

为依法惩治虚假诉讼犯罪活动,维护司法秩序,保护公民、法人和其他组织合法权益,根据《中华人民共和国刑法》《中华人民共和国刑事诉讼法》《中华人民共和国民事诉讼法》等法律规定,现就办理此类刑事案件适用法律的若干问题解释如下：

第一条　采取伪造证据、虚假陈述等手段，实施下列行为之一，捏造民事法律关系，虚构民事纠纷，向人民法院提起民事诉讼的，应当认定为刑法第三百零七条之一第一款规定的“以捏造的事实提起民事诉讼”：

（一）与夫妻一方恶意串通，捏造夫妻共同债务的；

（二）与他人恶意串通，捏造债权债务关系和以物抵债协议的；

（三）与公司、企业的法定代表人、董事、监事、经理或者其他管理人员恶意串通，捏造公司、企业债务或者担保义务的；

（四）捏造知识产权侵权关系或者不正当竞争关系的；

（五）在破产案件审理过程中申报捏造的债权的；

（六）与被执行人恶意串通，捏造债权或者对查封、扣押、冻结财产的优先权、担保物权的；

（七）单方或者与他人恶意串通，捏造身份、合同、侵权、继承等民事法律关系的其他行为。

隐瞒债务已经全部清偿的事实，向人民法院提起民事诉讼，要求他人履行债务的，以“以捏造的事实提起民事诉讼”论。

向人民法院申请执行基于捏造的事实作出的仲裁裁决、公证债权文书，或者在民事执行过程中以捏造的事实对执行标的提出异议、申请参与执行财产分配的，属于刑法第三百零七条之一第一款规定的“以捏造的事实提起民事诉讼”。

第二条　以捏造的事实提起民事诉讼，有下列情形之一的，应当认定为刑法第三百零七条之一第一款规定的“妨害司法秩序或者严重侵害他人合法权益”：

（一）致使人民法院基于捏造的事实采取财产保全或者行为保全措施的；

（二）致使人民法院开庭审理，干扰正常司法活动的；

（三）致使人民法院基于捏造的事实作出裁判文书、制作财产分配方案，或者立案执行基于捏造的事实作出的仲裁裁决、公证债权文书的；

（四）多次以捏造的事实提起民事诉讼的；

(五)曾因以捏造的事实提起民事诉讼被采取民事诉讼强制措施或者受过刑事追究的;

(六)其他妨害司法秩序或者严重侵害他人合法权益的情形。

第三条 以捏造的事实提起民事诉讼,有下列情形之一的,应当认定为刑法第三百零七条之一第一款规定的"情节严重":

(一)有本解释第二条第一项情形,造成他人经济损失一百万元以上的;

(二)有本解释第二条第二项至第四项情形之一,严重干扰正常司法活动或者严重损害司法公信力的;

(三)致使义务人自动履行生效裁判文书确定的财产给付义务或者人民法院强制执行财产权益,数额达到一百万元以上的;

(四)致使他人债权无法实现,数额达到一百万元以上的;

(五)非法占有他人财产,数额达到十万元以上的;

(六)致使他人因为不执行人民法院基于捏造的事实作出的判决、裁定,被采取刑事拘留、逮捕措施或者受到刑事追究的;

(七)其他情节严重的情形。

第四条 实施刑法第三百零七条之一第一款行为,非法占有他人财产或者逃避合法债务,又构成诈骗罪,职务侵占罪,拒不执行判决、裁定罪,贪污罪等犯罪的,依照处罚较重的规定定罪从重处罚。

第五条 司法工作人员利用职权,与他人共同实施刑法第三百零七条之一前三款行为的,从重处罚;同时构成滥用职权罪,民事枉法裁判罪,执行判决、裁定滥用职权罪等犯罪的,依照处罚较重的规定定罪从重处罚。

第六条 诉讼代理人、证人、鉴定人等诉讼参与人与他人通谋,代理提起虚假民事诉讼、故意作虚假证言或者出具虚假鉴定意见,共同实施刑法第三百零七条之一前三款行为的,依照共同犯罪的规定定罪处罚;同时构成妨害作证罪,帮助毁灭、伪造证据罪等犯罪的,依照处罚较重的规定定罪从重处罚。

第七条 采取伪造证据等手段篡改案件事实,骗取人民法院裁判文书,构成犯罪的,依照刑法第二百八十条、第三百零七条等规定追究刑事责任。

第八条 单位实施刑法第三百零七条之一第一款行为的,依照本解释规定的定罪量刑标准，对其直接负责的主管人员和其他直接责任人员定罪处罚，并对单位判处罚金。

第九条 实施刑法第三百零七条之一第一款行为，未达到情节严重的标准，行为人系初犯，在民事诉讼过程中自愿具结悔过，接受人民法院处理决定，积极退赃、退赔的，可以认定为犯罪情节轻微，不起诉或者免予刑事处罚；确有必要判处刑罚的，可以从宽处罚。

司法工作人员利用职权，与他人共同实施刑法第三百零七条之一第一款行为的，对司法工作人员不适用本条第一款规定。

第十条 虚假诉讼刑事案件由虚假民事诉讼案件的受理法院所在地或者执行法院所在地人民法院管辖。有刑法第三百零七条之一第四款情形的，上级人民法院可以指定下级人民法院将案件移送其他人民法院审判。

第十一条 本解释所称裁判文书，是指人民法院依照民事诉讼法、企业破产法等民事法律作出的判决、裁定、调解书、支付令等文书。

第十二条 本解释自 2018 年 10 月 1 日起施行。

《关于办理虚假诉讼刑事案件适用法律若干问题的解释》的理解与适用

周　峰　汪　斌　李加玺

为明确虚假诉讼刑事案件的法律适用,依法惩治虚假诉讼犯罪活动,最高人民法院、最高人民检察院联合发布了《关于办理虚假诉讼刑事案件适用法律若干问题的解释》(法释〔2018〕17号,以下简称《解释》),自2018年10月1日起施行。为便于实践中准确理解和正确适用,现对《解释》的制定背景、起草过程中的总体原则和主要内容予以简要介绍。

一、《解释》的制定背景

近年来,随着我国经济社会的快速发展和人民群众法治观念的不断增强,公民、法人和其他组织之间发生民事纠纷后,选择向人民法院提起民事诉讼,通过法律途径保护自身权利、定分止争,成为解决民事争议、维护自身合法权益的重要途径,各级人民法院受理的民事案件数量大幅增长。特别是2015年5月1日人民法院全面启动立案登记制改革之后,民事审判工作压力空前繁重。其中,个别单位和个人出于各种目的,故意捏造事实提起虚假民事诉讼,意图骗取人民法院裁判文书,牟取不正当利益。此类行为不仅严重侵害他人合法权益,同时也极大损害了司法权威,扰乱了正常诉讼秩序。在极少数民事案件中,司法工作人员与当事人恶意串通,帮助其实施虚假诉讼行为,意图达到非法确认驰名商标、规避商品房或者机动车限购政策等不正当目的,造成了恶劣影响。

虚假诉讼违法行为的社会危害性十分严重,有必要通过刑罚手段予以规制。十八届四中全会通过的《中共中央关于全面推进依法治国若干重大问题的决定》提出，加大对虚假诉讼的惩治力度。2012年修订的《民事诉讼法》第一百一十二条、第一百一十三条规定，当事人之间或者被执行人与他人恶意串通，企图通过诉讼、调解等方式侵害他人合法权益或者逃避履行法律文书确定的义务的，人民法院应当驳回其请求，并根据情节轻重予以罚款、拘留；构成犯罪的，依法追究刑事责任。但是，由于当时的《刑法》并无专门的虚假诉讼罪名，司法实践中，对于虚假诉讼违法犯罪行为应当如何定性和处罚存在很大争议。为了解决这个问题，中央和地方司法机关相继出台了一系列规范性文件。例如，最高人民检察院2002年出台了《关于通过伪造证据骗取法院民事裁判占有他人财物的行为如何适用法律问题的答复》（法研〔2006〕73号，以下简称《2002年最高检答复》），浙江、江苏等部分省、区、市司法机关也陆续出台了一些地方性规范文件。理论界和实务界普遍认为，虚假诉讼违法犯罪行为的社会危害性较大，且司法机关对相关问题的认识不统一，建议尽早在立法上予以明确。

立法机关经审慎研究，采纳了在《刑法》中增设专门罪名规制虚假诉讼犯罪的意见。2015年11月1日施行的《刑法修正案（九）》决定在《刑法》第三百零七条后面增加一条，作为第三百零七条之一。该条第一款规定："以捏造的事实提起民事诉讼，妨害司法秩序或者严重侵害他人合法权益的，处三年以下有期徒刑、拘役或者管制，并处或者单处罚金；情节严重的，处三年以上七年以下有期徒刑，并处罚金。"第二款、第三款、第四款还对单位犯罪、数罪竞合、司法工作人员共同犯罪等问题作出了规定。《最高人民法院、最高人民检察院关于执行〈中华人民共和国刑法〉确定罪名的补充规定（六）》把该条规定的罪名确定为虚假诉讼罪。

最高人民法院历来高度重视依法惩治虚假诉讼违法犯罪活动，在《刑法修正案（九）》施行前后开展了认真调研。调研发现，在《刑法》增设虚假诉讼罪后，全国范围内审结的虚假诉讼犯罪案件数量总体偏少，且各地区分布极不平衡，量刑方面，绝大部分案件均适用第一档法定刑，适用第二档法定刑、判处三年以上有期徒刑的案件极少，说明部分地区司法机关对虚假诉讼罪的认识有待进一步深入，对定罪量刑标准把握不准，迫切需要出台司法解释对法律适用等方面问题进行明确。最高人民法院会同最高人民检察院共同深入调研，广泛听取了各方面意见，经反复研究论证，起草了《解释》。2018年1月25日和6月13日，最高人民法院审判委员会第1732次会议、最高人民检察院第十三届检察委员会第二次会议分别审议通过了《解释》。

二、《解释》起草过程中的总体原则

为确保《解释》规定内容科学合理，能够有效指导司法实践，解决实践中存在的突出问题，起草过程中着重把握了以下几个总体原则：

第一，惩罚犯罪与保护诉权并重。诉权是法律赋予当事人的基本权利。依法惩治虚假诉讼犯罪活动，不能侵害人民群众依法享有的诉权，否则就偏离了刑事立法的初衷。为此，《解释》起草过程中着重解决了以下三个方面问题：首先，明确规制重点，合理界定刑事处罚范围，将虚假诉讼犯罪限定为“无中生有型”捏造事实行为。其次，设置明确的定罪量刑标准，对于什么情况下可以认定为虚假诉讼罪，给人民群众以明确的行为预期和规范指引。最后，注意与《民事诉讼法》第一百一十二条、第一百一十三条规定内容的协调衔接，将定罪标准确定为人民法院采取保全措施、开庭审理或者作出裁判文书等重要程序节点，确保对大部分虚假诉讼违法行为由民事诉讼强制措施予以规制，形成司法处罚和刑事惩罚手段的层次递进关系，避免造成犯罪行为大面积侵占妨害民事诉讼违法行为的局面。

第二，立足实际需要，突出打击重点。司法解释不仅是裁判规范，也是行为规范。在发挥对人民群众的行为指引功能方面，列举式规定比定义式更加有效。但是，司法实践中存在的虚假诉讼犯罪行为多种多样，要作出完全列举，既无必要，也不可能。《解释》在认真总结审判经验的基础上，在第一条第一款中选取实践中常见多发、人民群众反映强烈的六种典型的虚假诉讼犯罪行为作了不完全列举，并设置了兜底性条款。另外，自2016年3月以来，人民法院全面打响“基本解决执行难”攻坚战。在民事执行过程中，部分被执行人与他人恶意串通，以捏造的事实对执行标的提出异议或者申请参与执行财产分配，以达到非法转移财产、逃避执行义务的目的，此类行为严重干扰民事执行程序的正常进行，社会危害严重，应依法予以严惩。《解释》第一条第三款明确，在民事执行过程中对执行标的提出异议、申请参与执行财产分配，以及申请执行仲裁裁决或者公证债权文书，均属于虚假诉讼罪中“提起民事诉讼”的范畴。

第三，坚持宽严相济原则。为最大限度地体现宽严相济，发挥刑法的威慑作用和教育功能，首先，《解释》第五条、第六条明确，司法工作人员犯虚假诉讼罪的，从重处罚；司法工作人员或者诉讼代理人、证人、鉴定人等诉讼参与人犯虚假诉讼罪，同时构成其他犯罪的，根据择一重从重原则进行处罚，体现依法从严的一面。其次，《解释》第九条第一款规定，实施了虚假诉讼犯罪行为但未达到情节严重标准的犯罪人，如果系初犯，在民事诉讼过程中自愿具结悔过，接受人民法院处理决定，积极退赃、退赔的，可以认定犯罪情节轻微，不起诉或者免予刑事处罚，确有必要判处刑罚的，可以从宽处罚，体现依法从宽的一面。此外，考虑司法工作人员利用职权与他人串通实施虚假诉讼犯罪行为的严重危害性，该条第二款还规定，司法工作人员利用职权与他人共同实施虚假诉讼犯罪行为的，不适用第一款规定，体现“宽中有严”的政策要求。

三、虚假诉讼罪的行为特征

虚假诉讼罪的行为特征，解决的是什么样的行为可以构成虚假诉讼罪的问题。《解释》第一条对此作了明确规定。

1.“捏造事实”的认定

有意见认为，《刑法》规定的“以捏造的事实提起民事诉讼”，既可能表现为行为人自己捏造事实向人民法院提起诉讼，也可能表现为利用他人捏造的事实向人民法院提起诉讼，虚假诉讼罪并非复行为犯，行为并不是由捏造行为+起诉行为所构成。[①] 研究认为，上述意见正确。但是，在行为人利用他人捏造的事实向人民法院提起民事诉讼的情况下，起诉人与捏造事实行为人至少成立片面共犯，在此情况下，认定起诉人是否构成虚假诉讼罪，仍需对该他人的行为是否属于捏造事实进行审查。因此，虽然虚假诉讼罪不属于复行为犯，但正确认定“捏造事实”的内涵，仍然是正确适用本罪的必要

---

① 参见张明楷：《虚假诉讼罪的基本问题》，载《法学》2017年第1期。

条件。

准确认定"捏造事实"，应当从《刑法》条文的通常语义、《刑法》增设虚假诉讼罪的立法目的以及立法沿革等方面进行考虑。首先，根据一般理解，"捏造"一般是指完全没有依据，仅靠自己的凭空想象臆造事物，与"杜撰""虚构"等基本属于同义词。《刑法》第二百四十三条关于诬告陷害罪的规定、第二百四十六条关于诽谤罪的规定等多个条文均使用了"捏造"一词，理论和实践中一般认为，上述条文中的"捏造"，是指对相关事实无中生有的行为。从保持《刑法》用语含义的一致性考虑，虚假诉讼罪中的"捏造"，原则上也应限定为无中生有、凭空虚构。其次，从立法本意来看，刑法增设虚假诉讼罪的目的，主要是依法惩治不具有合法诉权的行为人故意捏造事实，制造自己具有诉权的假象，意图骗取人民法院裁判文书、达到非法目的的行为。对于虚假诉讼中的"诉讼"一词来讲，行为人行使诉权、提交诉状为"诉"，人民法院立案受理为"讼"，在人民法院实行立案登记制改革之后，"讼"是"诉"的必然逻辑结果。因此，所谓虚假诉讼，重点是其中"诉"的虚假性，刑罚打击的对象是行为人行使虚假诉权的行为。根据民事诉讼理论，诉权具有程序和实体两个方面的内涵，程序内涵即在程序上请求法院行使审判权，旨在启动诉讼程序；实体内涵是指原告行使诉权或提起诉讼所欲获得的实体法上的具体法律地位或具体法律效果。[①] 据此，从实体意义和程序意义上来讲，原告享有诉权的前提，分别是其与他人之间存在的特定民事法律关系，以及因该民事法律关系产生的民事纠纷，因此，行为人行使虚假诉权，也应体现在民事法律关系的虚假性和民事纠纷的虚假性两个方面。最后，《刑法修正案（九）》（草案一次审议稿）对虚假诉讼罪罪状的规定为，为谋取不正当利益，以捏造的事实为案由，向人民法院提起民事诉讼，骗取人民法院裁判文书的，构成虚假诉讼罪，明确虚假诉讼罪中捏造的事实属于案由范围内的事实。

综上所述，研究认为，虚假诉讼罪中的"捏造"，应当是指"无中生有""凭空虚构"；捏造的"事实"，应当是足以对起诉能否获得人民法院受理以及人

① 参见江伟、肖建国主编：《民事诉讼法》，中国人民大学出版社2015年版，第40页。

民法院作出何种裁判结果产生影响，属于民事案由范围内的事实。根据《民事案件案由规定》的规定，民事案件的案由反映案件涉及的民事法律关系的性质，是对诉讼争议所包含的法律关系进行的概括，表述方式原则上为“法律关系的性质”加“纠纷”组成。据此，《解释》第一条第一款明确，虚假诉讼罪中的“捏造事实”，包括捏造民事法律关系、虚构民事纠纷两个方面。捏造民事法律关系，是指行为人与他人之间根本不存在特定的民事法律关系，但是，行为人通过伪造证据、虚假陈述等手段无中生有、凭空伪造双方存在民事法律关系的假象；虚构民事纠纷，是指双方本来不存在民事纠纷，故意虚构因为捏造出来的民事法律关系产生民事纠纷的事实。同时满足上述两个条件的，才能认定为“捏造事实”。具体案件处理过程中，对于是否属于捏造民事法律关系，应当坚持实质性判断，不能进行形式化、简单化认定。根据《民事案件案由规定》的规定，行为人起诉的法律关系与实际诉争的法律关系不一致的，人民法院结案时应当根据法庭查明的当事人之间实际存在的法律关系的性质，相应变更案件的案由，不能一概认定为捏造民事法律关系。另外，考虑虚假诉讼罪的实质是通过欺骗手段获得人民法院立案受理和作出裁判，而《刑法》中典型的以欺骗手段实施的犯罪，如诈骗罪，理论上认为虚构事实和隐瞒真相两种行为方式均可以构成，且实践中存在的采用隐瞒真相方式虚构民事法律关系的行为，其社会危害性与采用积极行为虚构民事法律关系行为的社会危害性并无本质上的区别，没有理由将隐瞒真相行为排除在虚假诉讼罪之外。《解释》第一条第二款明确，隐瞒债务已经全部清偿的事实，向人民法院提起民事诉讼，要求他人履行债务的，以“以捏造的事实提起民事诉讼”论。

《解释》起草过程中，有意见提出，行为人与他人存在特定的民事法律关系，为了达到不法目的，故意篡改该民事法律关系的部分内容并提起民事诉讼的行为，即理论上所谓的“部分篡改型”虚假诉讼行为，社会危害性并不一定小于“无中生有型”虚假诉讼行为，也可能构成虚假诉讼罪。研究认为，首先，如果行为人与他人之间确实存在真实的民事法律关系和民事纠纷，则行为人依法享有诉权，将其在起诉时或者民事诉讼过程中伪造部分证据的行为认定为虚假诉讼罪，不符合《刑法》增设本罪的立法目的；其次，民事诉讼的情况比较复杂,部分原告采取伪造证据等手段故意提高诉讼标的额,其实是出于诉讼策略的考虑,如果对这种情况一律认定为虚假诉讼犯罪,可能会侵害人民群众的合法诉权;最后,如果将"部分篡改型"行为认定为虚假诉讼罪,涉及如何合理确定罪与非罪的判断标准问题,实践中不具有可操作性。《解释》第七条明确,采取伪造证据等手段篡改案件事实,骗取人民法院裁判文书的,不构成虚假诉讼罪,构成其他犯罪的,可以以伪造公司、企业、事业单位、人民团体印章罪或者妨害作证罪等罪名定罪处罚。

关于虚假诉讼犯罪参与人仅限于双方当事人,还是也包括单方当事人,在《刑法修正案(九)》审议过程中和施行之后,一直存在不同意见。有意见认为,根据《民事诉讼法》第一百一十二条、第一百一十三条的规定,虚假诉讼罪仅应包含双方当事人恶意串通提起的虚假民事诉讼,仅限于"双方串通型"一种形式。研究认为,上述意见难以成立。首先,《刑法》并没有对虚假诉讼罪设置当事人恶意串通的限制条件,一方当事人以捏造的事实提起民事诉讼的行为,完全可能造成妨害司法秩序或者严重侵害他人合法权益的危害后果,进而构成虚假诉讼罪。其次,《刑法》第三百零七条之一第三款规定:"有第一款行为,非法占有他人财产或者逃避合法债务,又构成其他犯罪的,依照处罚较重的规定定罪从重处罚。"其中的"非法占有他人财产"行为即属于"单方欺诈型"虚假诉讼。最后,《刑法》第三百零七条之一属于叙明罪状,不需要参照其他法律法规的具体规定来确定虚假诉讼罪的构成要件特征,成立虚假诉讼罪,不以违反《民事诉讼法》第一百一十二条、第一百一十三条的具体规定为前提。《解释》第一条第一款明确,单方或者与他人恶意串通,捏造事实,向人民法院提起民事诉讼的,均可以认定为虚假诉讼犯罪行为。

2."提起民事诉讼"的认定

如上所述,虚假诉讼罪的惩治对象,是不具有合法诉权的行为人采用欺骗手段提起民事诉讼,致使虚假民事案件进入人民法院诉讼程序的行为,规制重点原则上是导致案件首次进入诉讼程序的起诉和申请立案执行等行为。因此,不能认为《刑法》第三百零七条之一规定的"提起民事诉讼"包括了民事诉讼法规定的所有诉讼程序。一方面,根据《最高人民法院关于适用

〈中华人民共和国民事诉讼法〉的解释》第三百二十三条的规定，民事诉讼二审程序采用续审制原则，除特殊情况外，二审审理范围原则上不超出一审之诉和上诉请求的范围。行为人在一审阶段被动应诉、一审宣判后以捏造的事实提出上诉的，其上诉诉求不超出一审之诉的范围，不符合“无中生有”捏造民事法律关系的行为特征，故一审宣判后提出上诉、启动二审程序的，一般不属于虚假诉讼罪中的“提起民事诉讼”。另一方面，还需要考虑民事诉讼中的特殊情况。案件获得人民法院受理立案、进行诉讼程序后，当事人提出新的独立的诉讼请求的，实质上属于诉的合并，也可以认定为“提起民事诉讼”。

根据上述判断标准，虚假诉讼罪中的“提起民事诉讼”包括以下七种情形：(1)民事案件普通一审程序；(2)第三人撤销之诉和执行异议之诉；(3)特别程序、督促程序、公示催告程序；(4)原告增加诉讼请求，被告提出反诉，有独立请求权的第三人提出与本案有关的诉讼请求；(5)审判监督程序；(6)企业破产程序；(7)执行程序。根据《解释》第一条第三款的规定，此处的执行程序，包括申请执行仲裁裁决和公证债权文书、在执行过程中对执行标的提出异议和申请参与执行财产分配三种情形。还应明确的是，可能构成虚假诉讼罪的审判监督程序，仅包括《民事诉讼法》第二百二十七条规定的执行过程中案外人提起的审判监督程序和《最高人民法院关于适用〈中华人民共和国民事诉讼法〉审判监督程序若干问题的解释》第五条规定的案外人申请再审。原审当事人申请再审的，针对的是原生效裁判认定的事实和确认的诉讼请求，一般不涉及新的诉讼请求，难以成立虚假诉讼罪。

四、虚假诉讼罪的定罪量刑标准

《解释》起草过程中对虚假诉讼罪的定罪量刑标准争议很大。经研究，《解释》第二条、第三条确定了六个方面的定罪标准和七个方面的法定刑升格标准。实际适用中，需要注意以下四个方面问题：

第一，正确认识“妨害司法秩序”与“严重侵害他人合法权益”的关系。“妨害司法秩序”和“严重侵害他人合法权益”均属于虚假诉讼罪的成立条件，满足其一即可构成本罪。实践中，虚假诉讼行为一旦获得立案、进入审判程序,自然会产生妨害司法秩序的危害后果。但是,如果在案件进入执行程序或者人民法院采取保全措施之前就被识破或者中止,一般情况下并不会侵害他人合法权益。从这个意义上讲,司法秩序是虚假诉讼罪侵犯的必然客体,而他人合法权益则仅属于选择客体。另外,《刑法》还对"侵害他人合法权益"设置了"严重"的程度要求,对"妨害司法秩序"则无任何限制。如何合理确定上述两个定罪条件的具体认定标准,值得认真研究,如果把握不当,可能导致"严重侵害他人合法权益"这一定罪条件在实践中失去适用的余地。

研究认为,在《刑法》对某一罪名同时规定有多个定罪条件的情况下,各定罪条件体现的社会危害性应大致相当,否则就违反了罪责刑相适应原则的基本要求。据此,一方面,《解释》将"妨害司法秩序"的认定标准适当提高,将刑事处罚关口适当延后。例如,行为人以捏造的事实提起民事诉讼,致使人民法院开庭审理,干扰正常司法活动,或者致使人民法院作出裁判文书、制作财产分配方案或者基于捏造的事实作出的仲裁裁决、公证债权文书立案执行,等等。实践中,不能认为只要获得人民法院受理立案就达到了妨害司法秩序的程度,进而认定为虚假诉讼罪。还应当注意的是,一般情况下,干扰正常司法活动可以视为人民法院开庭审理的必然结果,在人民法院开庭审理的情况下,无须再对该行为是否干扰正常司法活动进行实质审查,但是,如果刚刚开始法庭调查,行为人的虚假诉讼行为就被识破或者自愿认罪,则可以认定为未达到干扰正常司法活动的程度,不认定为犯罪。另一方面,《解释》将"严重侵害他人合法权益"的认定标准适当降低,不要求人民法院作出的裁判文书得到实际履行或者强制执行。人民法院对他人采取财产保全或者行为保全措施即可,且对财产保全和行为保全措施不设数额限制,也不要求实际造成财产损失。

第二,准确理解"情节严重"的认定标准。从体系解释的角度出发,与虚假诉讼罪的定罪标准相对应,作为法定刑升格标准的"情节严重",也应体现在妨害司法秩序和侵害他人合法权益两个方面。因此,行为人以捏造的事实提起民事诉讼,严重妨害司法秩序,或者给他人合法权益造成特别严重侵害的,才能适用第二档法定刑,判处三年到七年有期徒刑。根据《解释》第三条的规定，严重妨害司法秩序，实践中主要表现为：致使人民法院开庭审理，同时还开展了调查取证等其他方面工作，对人民法院的正常司法活动造成严重干扰；人民法院基于捏造的事实作出的裁判文书虽未生效，也未进入执行程序，但引发当事人上访、闹访或者新闻舆论负面炒作，对司法公信力造成严重损害；行为人在较短时间内频繁以捏造的事实提起民事诉讼，严重干扰正常司法活动，等等。在行为人多次以捏造的事实提起民事诉讼的情况下，什么情况可以认定为“情节严重”，可以参考其他司法解释的规定，以三倍于定罪条件的标准，结合行为人第一次和最后一次提起民事诉讼的时间间隔进行判断，一般不宜超过五年。给他人合法权益造成特别严重侵害，包括采取财产保全或者行为保全措施，造成他人经济损失 100 万元以上；义务人自动履行执行义务或者人民法院基于生效裁判文书执行他人财产权益，数额达到 100 万元以上；通过虚假诉讼手段逃避合法债务，致使他人债权无法实现，数额达到 100 万元以上；通过虚假诉讼手段直接非法占有他人财产，数额达到 10 万元以上；致使他人因为不执行判决、裁定受到刑事打击处罚，等等。

第三，《解释》起草过程中，有意见建议将诉讼标的额以及致使人民法院开展调解活动明确规定为虚假诉讼罪的定罪标准。研究认为：首先，《解释》确定的定罪量刑标准原则上应当与犯罪行为造成的危害后果存在直接联系。根据《刑法》的规定，成立虚假诉讼罪并不要求人民法院作出的裁判得到实际履行，在此种情况下，案件诉讼标的额与虚假诉讼行为是否造成了妨害司法秩序和严重侵害他人合法权益的危害后果之间并不存在直接联系，难以直接反映行为的社会危害性。其次，根据《民事诉讼法》的规定，民事诉讼中的调解活动并无明确的程序性标志。实践中，人民法院对某一民事案件是否已经开展调解、开展调解后对司法秩序的妨害程度等，均缺乏明确的判断标准，将人民法院开展调解作为定罪标准，无法为人民群众提供明确的行为预期。据此，《解释》对上述意见未予采纳。

第四，对于将《解释》第二条第（五）项“曾因以捏造的事实提起民事诉讼被采取民事诉讼强制措施或者受过刑事追究的”作为定罪标准，是否可能导致重复评价，起草过程中分歧较大。经研究，保留了本项规定，理由在于：首先,刑事责任是主客观相统一的整体,本项规定内容符合主客观相统一原则,有利于从严打击虚假诉讼惯犯,贯彻落实宽严相济刑事政策。其次,将行为人的同类前科违法犯罪情况规定为定罪条件,是近年来多个司法解释的通行做法,在《刑法》部分条文中也有体现。最后,实践中,如果作为定罪条件的行为人前科犯罪情况同时符合刑法规定的累犯条件,人民法院依法认定其构成累犯的,从重处罚的幅度可以适当从严把握,不会造成处刑过重。

五、虚假诉讼罪中的数罪竞合和共同犯罪问题

《解释》第四条至第六条规定了虚假诉讼罪中的数罪竞合和共同犯罪问题。有以下三个方面的问题需要说明:

1. 虚假诉讼犯罪行为是否可以构成侵财型犯罪

行为人采用虚假诉讼手段逃避合法债务的,可能构成拒不执行判决、裁定罪,一般争议不大。但是,对于虚假诉讼犯罪中的"单方欺诈型"行为是否可以认定为诈骗罪等侵财型犯罪,理论和实践中存在较大争议。《2002年最高检答复》确立的总体原则是,对此类行为不宜以诈骗罪追究刑事责任,行为人实施的手段行为构成犯罪的,可以认定为伪造公司、企业、事业单位、人民团体印章罪或者妨害作证罪等罪名。但是,理论和实践中的争议并未因为该答复的出台而平息,对于此类行为的定性,长期存在多种观点。一种意见认为,此类行为不符合侵财型犯罪的构成要件,不构成侵财型犯罪。另一种意见认为,"单方欺诈型"行为人的主观目的是借助人民法院的强制执行力,迫使被害人非自愿的交付财物,更加符合敲诈勒索罪的构成要件,应以敲诈勒索罪论处。还有一种意见认为,"单方欺诈型"虚假诉讼行为属于典型的"三角诈骗",认定为诈骗罪等侵财型犯罪,并不存在理论上的障碍,多个省、区、市出台的地方性规范文件基本上采纳了这种观点。

研究认为,从《刑法修正案(九)》的审议过程来看,立法机关采纳了上述第三种意见,认为"单方欺诈型"虚假诉讼行为可以构成诈骗罪等侵财型犯罪。《刑法修正案(九)》(草案一次审议稿)建议增设的《刑法》第三百零七条之一第二款规定:"以捏造的事实提起民事诉讼,非法侵占他人财产或者

逃避合法债务，又构成其他犯罪的，依照本法第二百六十六条（诈骗罪——作者注）的规定从重处罚。”已经明确虚假诉讼犯罪行为可以构成诈骗罪。后续有意见提出，实施虚假诉讼行为非法侵占他人财产，还可能构成职务侵占罪、贪污罪等其他侵财型犯罪，故立法机关对该款规定作了进一步修改，明确此类行为又构成其他犯罪的，依照处罚较重的规定定罪从重处罚。此处的“其他犯罪”，既包括诈骗罪，也包括以欺诈手段实施的职务侵占罪、贪污罪等侵财型犯罪。《解释》第四条明确，行为人以非法占有他人财产为目的实施虚假诉讼犯罪行为，达到诈骗罪、职务侵占罪、贪污罪等侵财型犯罪定罪标准的，应当依法认定为诈骗罪、职务侵占罪、贪污罪等罪名，再比较该罪与虚假诉讼罪适用的量刑幅度，选择其中一个重罪论处，并在法定量刑幅度内从重处罚。

2. 虚假诉讼行为人的手段行为构成其他犯罪的，是否适用择一重从重处罚原则

《解释》起草过程中，有意见提出，虚假诉讼行为人的手段行为同时构成伪造公司、企业、事业单位、人民团体印章罪或者妨害作证罪等其他犯罪的，也属于《刑法》第三百零七条之一第三款的规定范围，应当适用择一重从重处罚原则。经研究，对该意见未予采纳。理由在于：首先，《刑法》规定的对牵连犯和想象竞合犯的处罚原则，多数为择一重处罚，少数情况下为数罪并罚。《刑法》第三百零七条之一第三款、第四款首次规定对牵连犯和想象竞合犯择一重从重处罚，应是对本罪所作的特殊规定，不属于处理牵连犯和想象竞合犯的一般原则，一般不宜扩大适用于其他情形。其次，《刑法》第三百零七条之一第三款对虚假诉讼行为人的主观目的作了明确限制，即“非法占有他人财产或者逃避合法债务”，并不涉及行为人的手段行为。虚假诉讼行为人的手段行为构成其他犯罪的，不属于本款规定情形，不能适用择一重罪从重处罚原则，仍应根据处理牵连犯和想象竞合犯的一般原则，择一重罪处罚。

3. 诉讼参与人的共同犯罪和数罪竞合

《解释》第五条、第六条对司法工作人员和诉讼代理人、证人、鉴定人等诉讼参与人的共同犯罪和数罪竞合问题作了规定，处罚原则存在一定差异。

首先,现行《刑法》废除了1979年《刑法》对主犯从重处罚的原则,《刑法》第三百零七条之一第四款关于司法工作人员利用职权与他人共同实施虚假诉讼行为应当从重处罚的规定内容,应属特殊规定而非一般原则。在《刑法》无明文规定的情况下,对于诉讼参与人与他人共同实施虚假诉讼犯罪行为的情况,不能适用从重处罚,仍应按照共同犯罪的一般处理原则处理。其次,《刑法》第三百零七条第三款、第四款确立了对虚假诉讼罪中的数罪竞合择一重从重处罚原则,诉讼代理人、证人、鉴定人等诉讼参与人与他人通谋,共同实施虚假诉讼犯罪的,将导致虚假诉讼犯罪更加容易得逞,与司法工作人员利用职权共同实施虚假诉讼犯罪的社会危害性并无实质差别,构成其他犯罪的,也应适用择一重从重处罚原则。

六、虚假诉讼犯罪案件的地域管辖

《刑事诉讼法》第二十四条规定,刑事案件由犯罪地的人民法院管辖;如果由被告人居住地的人民法院审判更为适宜的,可以由被告人居住地的人民法院管辖。《最高人民法院关于适用〈中华人民共和国刑事诉讼法〉的解释》第二条规定,犯罪地包括犯罪行为发生地和犯罪结果发生地。根据上述规定,虚假诉讼刑事案件既可以由犯罪行为发生地或者犯罪结果发生地人民法院管辖,也可以由被告人居住地人民法院管辖。但是,在多个人民法院均有管辖权的情况下,有可能导致争夺或者推诿管辖权,还有可能出现虚假民事诉讼案件审判法院与刑事案件审判法院不一致的情况。在审判法院不一致的情况下,由于相关案件材料均集中在虚假民事诉讼案件审判法院,刑事办案机关需要异地调查取证和固定证据,办案成本将大幅增加。更加重要的是,在民事案件审理过程中,被告有可能向异地公安机关报案,称原告存在虚假诉讼犯罪嫌疑,要求异地公安机关立案侦查,要求民事诉讼案件审判法院中止或者终结民事审判程序,从而达到阻碍民事诉讼正常进行、避免自己败诉的不正当目的。类似情况在实践中已经出现,应当引起高度重视,并采取适当措施予以解决。

研究认为,为了维护正常民事诉讼秩序,解决实践中存在的突出问题,有必要对虚假诉讼刑事案件的地域管辖范围作出进一步明确。有意见提出，为了确保此类民刑交叉案件的公正审理，最好由同一审判组织统一审理相关的民事案件和刑事案件。[①] 在现阶段人民法院内部民事、刑事审判部门存在明确分工的情况下，由同一审判组织统一审理民事案件和刑事案件的条件尚不成熟，由同一地区的人民法院审理相关的民事案件和刑事案件，是现阶段可以作出的最优选择。《解释》第十条明确，虚假诉讼刑事案件由虚假民事诉讼案件的受理法院所在地或者执行法院所在地人民法院管辖。虚假诉讼罪属于轻罪，一般应由基层人民法院管辖。实践中，如果虚假民事诉讼案件的受理法院或者执行法院本身就是基层人民法院，这种情况下，由同一人民法院的刑事审判部门审理相关刑事案件即可；如果虚假民事诉讼案件的受理法院或者执行法院属于中、高级法院，则可以由辖区内基层人民法院审理相关刑事案件。采取这种处理方式，有利于民事和刑事办案机关之间相互协调，确保案件及时、公正处理，并可以防止部分当事人利用地域管辖恶意干扰民事诉讼案件的正常审理。

《解释》起草过程中，有意见提出，为确保此类案件公正审理，审理虚假民事诉讼案件的人民法院应当回避，由异地人民法院审理相关刑事案件。研究认为，一般情况下，人民法院与虚假民事诉讼案件当事人之间并无利益关联，一律实行异地管辖，既无必要，可行性也不高。但是，在司法工作人员利用职权与他人相互串通，共同实施虚假诉讼犯罪的情况下，虚假民事诉讼案件的受理法院或者执行法院应当回避，适用《刑事诉讼法》第二十六条的规定，实行异地指定管辖。《解释》第十条明确，有《刑法》第三百零七条之一第四款情形的，上级人民法院可以指定下级人民法院将案件移送其他人民法院审判。

七、虚假诉讼犯罪案件的程序衔接和责任竞合

虚假诉讼犯罪发生在民事诉讼过程中，以行为人提起民事诉讼为前提，属于典型的民刑交叉案件。民刑交叉案件的处理是近年来法学理论和司法实践研究的热点和难点，此处仅讨论其中的程序衔接和责任竞合问题。

① 参见张卫平：《民刑交叉诉讼关系处理的规则与法理》，载《法学研究》2018年第3期。

1.虚假诉讼犯罪案件的程序衔接

虚假诉讼犯罪案件的程序衔接,主要是指在民事案件审理过程中发现有虚假诉讼犯罪线索的,人民法院对民事诉讼程序应当如何处理,以及犯罪线索应当如何移送的问题。对于这个问题,法律和司法解释存在多个规定,但规定内容并不完全一致。根据《民事诉讼法》第一百五十条第(五)项的规定,本案(指民事案件)必须以另一案的审理结果为依据,而另一案尚未审结的,人民法院应当中止审理。其中的“另一案”,包括与民事诉讼案件有关的刑事案件。上述规定内容比较原则,且中止审理并非对民事诉讼案件的终局性处理,如果另一案在较长时间内无法审结,中止审理时间过长,将导致民事诉讼案件久拖不决,当事人的实体权利长期处于不确定状态。为了解决实践中存在的问题,多个司法解释和规范性文件对此问题作出了进一步规定。《最高人民法院关于在审理经济纠纷案件中涉及经济犯罪嫌疑若干问题的规定》第十一条规定:“人民法院作为经济纠纷受理的案件,经审理认为不属于经济纠纷案件而有经济犯罪嫌疑的,应当裁定驳回起诉,将有关材料移送公安机关或检察机关。”《最高人民法院关于审理民间借贷案件适用法律若干问题的规定》第二十条规定:“经查明属于虚假民间借贷诉讼,原告申请撤诉的,人民法院不予准许,并应当根据民事诉讼法第一百一十二条之规定,判决驳回其请求;诉讼参与人或者其他人恶意制造、参与虚假诉讼,人民法院应当……依法予以罚款、拘留;构成犯罪的,应当移送有管辖权的司法机关追究刑事责任。”《最高人民法院关于防范和制裁虚假诉讼的指导意见》第十一条规定:“经查明属于虚假诉讼,原告申请撤诉的,不予准许,并应当根据民事诉讼法第一百一十二条的规定,驳回其请求。”第十二条还规定:“虚假诉讼违法行为涉嫌虚假诉讼罪、诈骗罪、合同诈骗罪等刑事犯罪的,民事审判部门应当依法将相关线索和有关案件材料移送侦查机关。”可见,上述司法解释和规范性文件对于在民事案件审理过程中发现有刑事犯罪线索应当如何处理的问题,并未采用《民事诉讼法》第一百五十条第(五)项规定的处理方式,一律裁定中止审理,而是要求民事审判部门依法作出裁定驳回起诉或者判决驳回诉讼请求等终局性处理结论,然后再将犯罪线索和有关材料移送侦查机关。这种处理方式,有利于相关民事案件及时审结,避免久拖不决。

为有效解决虚假诉讼民事案件与刑事案件的程序衔接问题,《解释》起草过程中,曾考虑作如下规定:“人民法院在审理民事案件的过程中,发现当事人有虚假诉讼犯罪嫌疑的,应当裁定驳回起诉或者判决驳回诉讼请求,并将有关证据材料移送有管辖权的公安机关处理。”征求意见过程中,多个意见提出,在《解释》中明确规定审理民事案件过程中发现的犯罪线索应当移送公安机关处理,等于给民事案件的审判法官设置了及时移送犯罪线索的法定义务,一旦民事法官未能及时发现虚假诉讼犯罪线索,或者虽然发现了犯罪线索,但由于种种原因未及时移送,将可能导致民事法官被追究审判责任,甚至可能被以渎职犯罪追究刑事责任。经反复慎重研究,《解释》删去了相关条文。实践中,民事审判部门在具体民事案件审理过程中,发现有虚假诉讼犯罪嫌疑的,可以按照相关司法解释和规范性文件的规定,对民事案件裁定驳回起诉或者判决驳回诉讼请求,并将案件线索和相关证据材料及时移送侦查机关处理。需要注意的是,判断是否存在虚假诉讼犯罪嫌疑、是否需要将相关材料对外移送,需要有相应的证据支持。不能认为只要一方当事人提出对方有犯罪嫌疑,民事审判部门就需要把案件线索和相关证据移送侦查机关处理,否则,可能导致民事诉讼程序无法正常进行,不当加重民事审判部门的工作负担和法律责任。

2. 虚假诉讼犯罪案件中的责任竞合

《民事诉讼法》和《刑法》分别规定了对虚假诉讼行为的司法处罚和刑事处罚措施,实践中可能涉及不同责任的竞合问题。通行理论认为,对于同一不法行为在不同法律领域间的责任竞合,应当区分不同情况,考虑禁止重复评价等原则进行处理,在刑事责任与行政罚责竞合的问题上,应当仅让不法者承担刑事责任,而不应承担行政责任。[①]《行政处罚法》第二十八条规定:“违法行为构成犯罪,人民法院判处拘役或者有期徒刑时,行政机关已经给予当事人行政拘留的,应当依法折抵相应刑期。违法行为构成犯罪,人民法院判处罚金时,行政机关已经给予当事人罚款的,应当折抵相应罚金。”1988

① 参见孙华璞:《法律责任竞合理论初探》,载《人民司法·应用》2017年第4期。

年《最高人民法院研究室关于行政拘留日期折抵刑期问题的电话答复》指出，最高人民法院1957年法研字第20358号批复规定："如果被告人被判处刑罚的犯罪行为和以前受行政拘留处分的行为系同一行为，其被拘留的日期，应予折抵刑期。"这里所说的"同一行为"，既可以是判决认定同一性质的全部犯罪行为，也可以是同一性质的部分犯罪行为。只要是以前受行政拘留处分的行为，后又作为犯罪事实的全部或者一部分加以认定，其行政拘留的日期即应予折抵刑期。但是，对于司法处罚和刑事责任的竞合问题，法学理论和现行法律及司法解释的规定均鲜有涉及。

研究认为，解决此问题的要点，在于区分不法者承担的公法上的责任和私法上的责任。从理论上讲，公法上责任属于国家权力机关对不法者的否定评价和施加的不利后果，主要体现惩罚功能，而私法上的责任属于平等民事主体之间基于法律规定产生的法律关系，主要实现补偿功能。由于功能存在明显差异，对于同一不法行为所负公法上的责任和私法上的责任，一般情况下应当坚持并科原则。但是，根据禁止重复评价和禁止双重危险的法律原则，一般情况下不应对同一不法行为处以两种或者两种以上公法上的责任。当不法者已经承担一种公法上的责任时，如果其仍需承担另一种公法上的责任，则应按照一定的标准予以折抵。对于虚假诉讼犯罪案件而言，人民法院对虚假诉讼行为人所处罚款、拘留等司法处罚属于公法上的责任。在某一行为人已因实施虚假诉讼行为被处以罚款、拘留等民事诉讼强制措施的情况下，如果其行为又被认定为犯罪，人民法院在对其判处刑罚时，应当参照《行政处罚法》第二十八条的规定进行折抵，并在裁判文书查明的案件事实部分写明被告人被处以民事诉讼强制措施的情况。

八、《解释》的时间效力

《解释》第十二条规定，本解释自2018年10月1日起施行。应当明确的是，司法解释是对审判、检察工作中具体应用法律问题所作的解释，其效力适用于作为其解释对象的法律的施行期间。虚假诉讼罪是2015年11月1日施行的《刑法修正案（九）》增设的罪名。对于2015年10月31日以前发生的行为，除适用从旧兼从轻原则处理的情况外，不能以虚假诉讼罪定罪处罚;对于2015年11月1日以后发生的行为,如果在《解释》施行前已经办结,且认定事实和适用法律没有错误的,不再变动,如果在《解释》施行时尚未处理或者正在处理的,应当适用《解释》的相关规定定罪处罚。实践中,对于发生在《刑法修正案(九)》施行之前的虚假诉讼行为,应当审查其是否符合伪造公司、企业、事业单位、人民团体印章罪、妨害作证罪或者诈骗罪等侵财型犯罪的构成要件,然后再根据从旧兼从轻原则,确定该行为是否构成犯罪和对行为人应当判处的刑罚,不能以行为发生时刑法未规定虚假诉讼罪为由,简单认定行为人无罪。另外,在《刑法修正案(九)》增设虚假诉讼罪,并且明确虚假诉讼罪可能与诈骗罪等侵财型犯罪成立竞合关系后,《2002年最高检答复》的效力仅适用于虚假诉讼罪以外的情形。

(作者单位:最高人民法院刑四庭、刑五庭)

最高人民法院　最高人民检察院　海关总署
关于印发《打击非设关地成品油走私专题研讨会会议纪要》的通知

（署缉发〔2019〕210号）

各省、自治区、直辖市高级人民法院、人民检察院，新疆维吾尔自治区高级人民法院生产建设兵团分院、新疆生产建设兵团人民检察院，海关总署广东分署、各直属海关：

针对当前非设关地成品油走私的猖獗态势，2019年3月27日，最高人民法院、最高人民检察院、海关总署召开了打击非设关地成品油走私专题研讨会。现将会议纪要印发给你们，请在工作中参照执行。执行中遇到重大问题，请及时向最高人民法院、最高人民检察院、海关总署请示报告。

特此通知。

最高人民法院

最高人民检察院

海关总署

2019年10月24日

打击非设关地成品油走私专题研讨会会议纪要

近一时期，我国东南沿海、西南陆路边境等非设关地成品油走私活动猖獗，严重破坏国家进出境监管秩序，给社会公共安全和环境保护带来重大隐患。2019 年 3 月 27 日，最高人民法院、最高人民检察院、海关总署在江苏省南京市召开打击非设关地成品油走私专题研讨会，最高人民法院刑五庭、最高人民检察院第四检察厅、海关总署缉私局及部分地方人民法院、人民检察院和海关缉私部门有关同志参加会议。会议分析了当前非设关地成品油走私的严峻形势，总结交流了办理非设关地成品油走私刑事案件的经验，研究探讨了办案中的疑难问题，对人民法院、人民检察院、海关缉私部门依法严厉打击非设关地成品油走私犯罪、正确适用法律办理案件达成共识。现纪要如下：

一、关于定罪处罚

走私成品油，构成犯罪的，依照刑法第一百五十三条的规定，以走私普通货物罪定罪处罚。

对不构成走私共犯的收购人，直接向走私人购买走私的成品油，数额较大的，依照刑法第一百五十五条第（一）项的规定，以走私罪论处；向非直接走私人购买走私的成品油的，根据其主观故意，分别依照刑法第一百九十一条规定的洗钱罪或者第三百一十二条规定的掩饰、隐瞒犯罪所得、犯罪所得收益罪定罪处罚。

在办理非设关地走私成品油刑事案件中，发现行为人在销售的成品油中掺杂、掺假，以假充真，以次充好或者以不合格油品冒充合格油品，构成犯罪的，依照刑法第一百四十条的规定，对该行为以生产、销售伪劣产品罪定罪处罚。

行为人与他人事先通谋或者明知他人从事走私成品油犯罪活动，而在我国专属经济区或者公海向其贩卖、过驳成品油的，应当按照走私犯罪的共犯追究刑事责任。

明知他人从事走私成品油犯罪活动而为其提供资金、贷款、账号、发票、证明、许可文件，或者提供运输、仓储等其他便利条件的，应当按照走私犯罪的共犯追究刑事责任。

对成品油走私共同犯罪或者犯罪集团中的主要出资者、组织者，应当认定为主犯；对受雇用的联络员、船长等管理人员，可以认定为从犯，如其在走私犯罪中起重要作用的，应当认定为主犯；对其他参与人员，如船员、司机、“黑引水”、盯梢望风人员等，不以其职业、身份判断是否追究刑事责任，应当按照其在走私活动中的实际地位、作用、涉案金额、参与次数等确定是否追究刑事责任。

对在非设关地走私成品油的犯罪嫌疑人、被告人，人民检察院、人民法院应当依法严格把握不起诉、缓刑适用条件。

二、关于主观故意的认定

行为人没有合法证明，逃避监管，在非设关地运输、贩卖、收购、接卸成品油，有下列情形之一的，综合其他在案证据，可以认定具有走私犯罪故意，但有证据证明确属被蒙骗或者有其他相反证据的除外：

（一）使用“三无”船舶、虚假船名船舶、非法改装的船舶，或者使用虚假号牌车辆、非法改装、伪装的车辆的；

（二）虚假记录船舶航海日志、轮机日志，进出港未申报或者进行虚假申报的；

（三）故意关闭或者删除船载AIS系统、GPS及其他导航系统存储数据，销毁手机存储数据，或者销毁成品油交易、运输单证的；

（四）在明显不合理的隐蔽时间、偏僻地点过驳成品油的；

（五）使用无实名登记或者无法定位的手机卡、卫星电话卡等通讯工具的；

（六）使用暗号、信物进行联络、接头的；

（七）交易价格明显低于同类商品国内合规市场同期价格水平且无法作出合理解释的；

（八）使用控制的他人名下银行账户收付成品油交易款项的；

（九）逃避、抗拒执法机关检查，或者事前制定逃避执法机关检查预案的；

（十）其他可以认定具有走私犯罪故意情形的。

三、关于犯罪数额的认定

非设关地成品油走私活动属于非法的贸易活动，计核非设关地成品油走私刑事案件的偷逃应缴税额，一律按照成品油的普通税率核定，不适用最惠国税率或者暂定税率。

查获部分走私成品油的，可以按照被查获的走私成品油标准核定应缴税额；全案没有查获成品油的，可以结合其他在案证据综合认定走私成品油的种类和数量，核定应缴税额。

办理非设关地成品油走私犯罪案件，除主要犯罪嫌疑人以外，对集团犯罪、共同犯罪中的其他犯罪嫌疑人，无法准确核定其参与走私的具体偷逃应缴税额的，可以结合在案相关证据，根据其参与走私的涉案金额、次数或者在走私活动中的地位、作用等情节决定是否追究刑事责任。

四、关于证据的收集

办理非设关地成品油走私犯罪案件，应当注意收集、提取以下证据：

（一）反映涉案地点的位置、环境，涉案船舶、车辆、油品的特征、数量、属性等的证据；

（二）涉案船舶的航次航图、航海日志、GPS、AIS 轨迹、卫星电话及其通话记录；

（三）涉案人员的手机号码及其通话记录、手机短信、微信聊天记录，涉案人员通过微信、支付宝、银行卡等方式收付款的资金交易记录；

（四）成品油取样、计量过程的照片、视听资料；

（五）跟踪守候、监控拍摄的照片、视听资料；

（六）其他应当收集、提取的证据。

依照法律规定采取技术侦查措施收集的物证、书证、视听资料、电子数据等证据材料对定罪量刑有重大影响的，应当随案移送，并移送批准采取技术侦查措施的法律文书和侦查办案部门对证据内容的说明材料。对视听资料中涉及的绰号、暗语、俗语、方言等，侦查机关应当结合犯罪嫌疑人的供述、证人证言等证据说明其内容。

确因客观条件的限制无法逐一收集船员、司机、收购人等人员证言的，可结合已收集的言词证据和物证、书证、视听资料、电子数据等证据，综合认定犯罪事实。

五、关于涉案货物、财产及运输工具的处置

对查封、扣押的涉案成品油及易贬值、不易保管的涉案船舶、车辆，权利人明确的，经其本人书面同意或者申请，依法履行审批程序，并固定证据和留存样本后，可以依法先行变卖、拍卖，变卖、拍卖所得价款暂予保存，待诉讼终结后一并依法处理。

有证据证明依法应当追缴、没收的涉案财产被他人善意取得或者与其他合法财产混合且不可分割的，应当追缴、没收其他等值财产。

侦查机关查封、扣押的财物经审查后应当返还的，应当通知原主认领。无人认领的，应当公告通知，公告满三个月无人认领的，依法拍卖、变卖后所得价款上缴国库；上缴国库后有人认领，经查证属实的，应当申请退库予以返还。

对用于运输走私成品油的船舶、车辆，按照以下原则处置：

（一）对“三无”船舶、无法提供有效证书的船舶、车辆，依法予以没收、收缴或者移交主管机关依法处置；

（二）对走私犯罪分子自有的船舶、车辆或者假挂靠、长期不作登记、虚假登记等实为走私分子所有的船舶、车辆，作为犯罪工具依法没收；

（三）对所有人明知他人实施走私犯罪而出租、出借的船舶、车辆，依法予以没收。

具有下列情形之一的，可以认定船舶、车辆出租人、出借人明知他人实施违法犯罪，但有证据证明确属被蒙骗或者有其他相反证据的除外：

（一）出租人、出借人未经有关部门批准，擅自将船舶、车辆改装为可装载油料用的船舶、车辆，或者进行伪装的；

（二）出租人、出借人默许实际承租人将船舶、车辆改装为可装载油料用船舶、车辆，或者进行伪装的；

（三）因出租、出借船舶、车辆用于走私受过行政处罚，又出租、出借给同

一走私人或者同一走私团伙使用的;

(四)出租人、出借人拒不提供真实的实际承运人信息,或者提供虚假的实际承运人信息的;

(五)其他可以认定明知的情形。

六、关于办案协作

为有效遏制非设关地成品油走私犯罪活动,各级海关缉私部门、人民检察院和人民法院要进一步加强办案协作,依法及时开展侦查、批捕、起诉和审判工作。要强化人民检察院提前介入机制,并加大对非设关地重特大成品油走私案件联合挂牌督办力度。要强化案件信息沟通,积极发挥典型案例指引作用,保证执法司法标准的统一性和均衡性。

七、其他问题

本纪要中的成品油是指汽油、煤油、柴油以及其他具有相同用途的乙醇汽油和生物柴油等替代燃料(包括添加染色剂的“红油”“白油”“蓝油”等)。

办理非设关地走私白糖、冻品等刑事案件的相关问题,可以参照本纪要的精神依法处理。

《打击非设关地成品油走私专题研讨会会议纪要》的理解与适用

郭 慧 王 珅 阎 丽 蔺 剑 陈鹿林*

为准确适用法律,依法惩治非设关地成品油走私违法犯罪,最高人民法院、最高人民检察院、海关总署于2019年10月24日公布了《打击非设关地成品油走私专题研讨会会议纪要》(署缉发〔2019〕210号,以下简称《纪要》)。为便于理解和适用,现对《纪要》的制定背景和主要内容说明如下:

一、《纪要》的制定背景

近一时期,我国非设关地成品油走私违法犯罪活动猖獗,特别是东南沿海的成品油走私违法犯罪活动呈大幅上升态势,同时西南陆路边境成品油走私违法犯罪活动亦趋于活跃。这里所称的成品油,是指汽油、煤油、柴油以及其他具有相同用途的乙醇汽油和生物柴油等替代燃料,主要包括添加染色剂的"红油""白油""蓝油"等柴油。所谓"红油",是我国香港特别行政区政府为了照顾本港的水上居民,在0号柴油中加入红色色素剂,使淡黄色的柴油变成紫红色,俗称"红油",专供在水面上作业的船只使用,我国香港特别行政区的水上居民购买"红油",不收消费税,而香港本地供应普通车辆使用的柴油必须缴纳一定税款,故"红油"在香港特区严禁被用于陆路车辆。所谓"白油"和"蓝油",是指未添加染色剂或者添加了蓝色染色剂的0号柴油,主要来自我国台湾地区和东南亚地区特别是新加坡。由于新加坡、我国香港特区、我国台湾地区等国家和地区一直以来对"红油""白油""蓝油"都

* 作者单位:郭慧,最高人民法院刑二庭;王珅,最高人民法院刑五庭;阎丽,最高人民检察院第四检察厅;蔺剑,海关总署缉私局;陈鹿林,宁波市人民检察院。

有巨额补贴，这些柴油在新加坡、我国香港特区、我国台湾地区等国家和地区的销售价与我国内地柴油的销售价存在较大价差，因此，备受走私犯罪分子青睐，一些走私犯罪分子利用渔船或经专门改装的走私船舶、车辆将“红油”“白油”“蓝油”走私到内地沿海、沿边地区贩卖。

非设关地成品油走私违法犯罪活动冲击了正常的成品油进出口秩序和国内成品油市场，影响我国石化工业的健康发展，严重损害国家进出口关税等经济利益。同时，成品油属于易燃易爆物品，加工、运输、存储均有特殊要求，未经正常途径走私入境的成品油往往存在诸多问题：走私成品油的改装船舶和车辆自身安全难以保障，运输过程存在很大的不安全因素；走私的成品油品质多数不达标，为了规避执法部门的打击，走私犯罪分子或者收购走私成品油的犯罪分子往往在没有生产、加工资质的“黑作坊”进行提纯加工，或者不经加工直接倒卖，使用时有很大隐患；为避免被发现，走私犯罪分子将走私成品油处理过程产生的污水、废油偷排偷放，严重污染环境，危害人民群众身体健康；走私入境的成品油多储存在安全标准不达标的仓库甚至是废弃厂房，一旦发生事故将造成不可估量的损失。

从实践来看，近年来办理非设关地成品油走私犯罪案件主要存在以下法律适用问题：

一是查缉难。非设关地成品油走私多采取分段接驳、机动作案的方式，不同走私团伙之间相互勾连、分段负责，境外“母船”游弋在公海或我国专属经济区，“中巴”船舶前往过驳，运至近海再由“小巴”船舶接驳，从非设关地码头上岸。走私团伙组织严密，幕后组织、指挥者身份隐蔽，现行查获、全链条打击的难度很大。

二是取证难。非设关地成品油走私团伙反侦查意识强、作案手法隐蔽，具体实施偷运成品油入境的走私犯罪分子与“幕后老板”多采取单线联系，随时销毁通信、交易的证据；运油船舶无进出码头海事申报、无船舶自动识别系统（AIS）、无航海日志；码头卸油后直接由油罐车拉走，无油品入库记录；走私油款往往利用多个非团伙成员账户分拆支付，资金流难以查证等，导致该类案件证据体系构建十分困难。

三是定性难。非设关地成品油走私犯罪活动环节多、链条长，涉案主体、行为方式具有多样性，且涉及在公海或我国专属经济区贩卖、过驳，海上偷运，内河及陆上运输，收购、存储、加工、销售等多个环节，涉案人员众多，参与方式、参与程度不同，实践中部分行为定性争议较大。

四是定案难。非设关地走私成品油犯罪案件证据采信、事实认定存在疑难问题较多，由于非设关地成品油走私犯罪案件证据形态的复杂性，各地司法机关对于认定走私主观故意、犯罪情节，在证据规格、证明标准的把握上存在差异，定性处理不一致，执法尺度不一致，容易形成洼地，影响整体打击治理效果。

五是处理难。一些走私犯罪分子为逃避打击，运输成品油的船舶、车辆多采取租赁或者挂靠方式，权属关系难以查证，一旦被缉私部门查获，名义船主就持船舶证书、租赁合同等到办案单位申请发还，有的运油船舶"放了走""走了再放"，没收处理存在一定的法律适用问题。

为准确适用法律，依法严厉打击非设关地成品油走私违法犯罪，最高人民法院、最高人民检察院、海关总署组织专题研究，深入分析当前非设关地成品油走私犯罪的严峻形势，总结交流各地执法、司法机关办理非设关地成品油走私刑事案件的经验，研究探讨了办案中遇到的带有普遍性的法律适用疑难问题，就相关问题达成了共识并形成《纪要》，其主要有以下特点：

一是立足实践需要，解决突出问题。《纪要》基本涵盖了当前办案工作中存在的主要法律适用疑难问题，就收购、存储、加工、销售等环节行为定性，走私主观故意认定，未查获现行部分走私成品油的数额认定，证据收集与审查认定，涉案货物、财产及运输工具的没收处理等法律适用问题，均提出明确的指导意见，具有很强的针对性和可操作性。

二是坚持依法办案，体现从严惩处。《纪要》对非设关地走私成品油及共犯认定，向非直接走私人购买走私的成品油行为、销售不合格成品油行为的定性等，按照特定情形作了具体区分，做到正确适用法律，准确定罪处罚。

三是总结实务经验，统一执法尺度。针对各地执法、司法机关对非设关地成品油走私犯罪案件走私主观故意及走私数额认定在证据规格、证明标准的把握上存在差异，对追诉范围及主从犯认定的执法尺度不够统一，税率适用不一致，针对在我国专属经济区或者公海贩卖、过驳成品油行为的查处认识不一致等问题,《纪要》在总结实务经验的基础上提出了明确意见,以便统一执法尺度,依法有力惩处走私成品油犯罪活动。需要注意的是,虽然《纪要》是针对非设关地成品油走私犯罪的法律适用问题作出的规定,但由于涉及的问题具有普遍性,执法、司法机关在办理涉及白糖、冻品以及其他大宗普通货物的走私犯罪案件时,均可以参照适用《纪要》的规定依法处理。

《纪要》共七部分,涉及非设关地走私成品油行为的定罪处罚、主观故意认定、犯罪数额认定、证据收集、涉案财物处置等法律适用方方面面的问题,择要说明如下:

二、关于非设关地成品油走私的定罪处罚

1. 关于走私成品油行为性质的认定

《纪要》起草过程中,有意见提出,我国对成品油的经营实行许可制度,对成品油的进口采取的是国营贸易管理,个人以及未经许可的企业均不得从事成品油进口业务。据此,在内海、领海、界河、界湖运输、收购、贩卖成品油,数额较大,没有合法证明的,属于《刑法》第一百五十五条第(二)项规定的在内海、领海、界河、界湖运输、收购、贩卖国家限制进出口的货物、物品,应当依照最高人民法院、最高人民检察院2014年《关于办理走私刑事案件适用法律若干问题的解释》(法释〔2014〕10号,以下简称《走私刑事案件解释》)第二十一条第一款的规定,以走私国家禁止进出口的货物、物品罪等罪名定罪处罚,偷逃应缴税额较大,同时又构成走私普通货物、物品罪的,依照处罚较重的规定定罪处罚;如不能认定为走私犯罪的,可以非法经营罪追究其刑事责任。

经研究,我们认为,上述观点错误地理解了我国许可证制度和《走私刑事案件解释》第二十一条第一款关于走私国家限制进出口的货物、物品行为性质的规定,单纯以经营许可为由认为成品油属于国家限制进出口货物、物品的依据不充分:

首先,从我国关于成品油进出口的管理规定来看,成品油属于普通货物、物品而非限制进出口的货物、物品。许可证是一种常见的行政管理措施,并非实行许可证管理的货物、物品就一概属于国家限制经营的对象。根

据原对外贸易经济合作部2002年发布的《原油、成品油、化肥国营贸易进口经营管理试行办法》的规定，国家对原油、成品油的进口实行国营贸易管理，允许非国营贸易企业从事部分数量的进口。国营贸易企业和非国营贸易企业以外的其他企业，不得从事原油、成品油的进口业务，但国家对非国营贸易企业采取的是登记备案制。商务部2004年发布的《货物自动进口许可管理办法》的附件《自动进口许可管理货物目录》也明确将成品油列为自动进口许可证管理的货物，每年更新的《自动进口许可管理货物目录》均将成品油列在其中。《货物进出口管理条例》第二十二条规定，基于监测货物进口情况的需要，国务院经贸主管部门和国务院有关经济管理部门可以按照国务院规定的职责划分，对部分属于自由进口的货物实行自动进口许可证管理。综合上述行政法规和部门规章的规定来看，成品油属于自由进口的普通货物、物品。

其次，从准确理解和把握《走私刑事案件解释》第二十一条第一款的规定以及司法实践的情况来看，对走私成品油的行为也不宜按走私国家禁止进出口的货物、物品罪等非涉税走私罪名定罪处罚。《走私刑事案件解释》第二十一条第一款主要是针对实践中常见的"逃证又逃税"行为应如何处理作出的规定，这里的"逃证"指的是违反或者逃避《中华人民共和国对外贸易法》（以下简称《对外贸易法》）第十六条中规定的限制进出口管理措施或许可证。比照《对外贸易法》第十六条所列举的11类货物、物品的性质或者限制进出口的目的来看，或是为维护国家安全、社会公共利益、公共道德而限制进出口；或是出于保护环境和人民群众生命财产健康的目的而限制进出口；或是基于产业政策的需要而限制进出口；或是因缔结或参加的国际条约所承担的国际义务而限制进出口。从我国关于成品油进口的管理规定来看，成品油显然不属于《对外贸易法》第十六条所列举的11类货物、物品的范围。正是基于成品油普通货物、物品的属性，实践中对走私成品油的行为一直以来也是以走私普通货物、物品罪定罪处罚。

最后，在内海、领海、界河、界湖查获的成品油案件以船舶运输成品油为主，单纯的运输行为仅系提供运输服务，不涉及对成品油的经营，而非法经营罪则要求经营的对象具有特殊性，不宜仅以运输没有合法证明的成品油即认定该行为构成非法经营罪。当然，实践中的情况不能一概而论，不排除在内海、领海、界河、界湖查获的没有合法证明的成品油来源于其他违法犯罪活动，可能构成其他犯罪。

《纪要》起草过程中，还有意见提出，根据国务院办公厅国办发明电〔1999〕13号《关于严格查禁非法进口“红油”的紧急通知》以及海关总署1999年9月30日发布的《关于打击非法进口“红油”的公告》的规定，禁止任何单位和个人运输、储存、买卖、使用“红油”以及“红油”与其他成品油勾兑的混合成品油，经交通主管部门批准航行于国际航线和港澳航线的船舶以及具有双重户籍的港澳流动渔船使用“红油”，一律严格限制在自用合理数量范围内。从国务院办公厅和海关总署的通知和公告精神来看，“红油”应属于国家禁止进口货物。故在非设关地走私成品油犯罪案件中，如行为人走私的成品油为“红油”，应按照《刑法》第一百五十一条第三款的规定以走私国家禁止进口的货物、物品罪定罪处罚。

经研究，我们认为，“红油”不属于《刑法》第一百五十一条第三款规定的“国家禁止进口的货物、物品”。理由是：

首先，从法律法规的层面看，将“红油”视为国家禁止进口的物品没有相关的法律法规依据。截至目前，海关总署、商务部以及原对外贸易经济合作部等部门依据《对外贸易法》《货物进出口条例》颁布的若干批次的《禁止进口货物目录》中，均未将“红油”列为国家禁止进口的物品。另外，国务院办公厅《关于严格查禁非法进口“红油”的紧急通知》与海关总署《关于打击非法进口“红油”的公告》中只是规定禁止在境内运输、储存、买卖、使用“红油”，并没有将“红油”规定为禁止进口物品，无法依据上述两份文件推断“红油”为国家禁止进口物品。

其次，从实质危害性层面看，走私“红油”行为侵犯的主要是税收征管制度。“红油”实际上就是内地市场上销售使用的0号柴油，0号柴油是允许作为普通货物进口的，二者唯一的区别就是“红油”因享有香港政府的补贴而成本低、价格低、只用于香港工厂、船舶，不允许转卖倒卖。与《禁止进口货物目录》中规定的其他禁止进口物品不同，走私“红油”侵害的主要是税收征管制度，并没有像走私其他禁止进口物品那样损害国家的环保或是珍稀物种保护等政策。

最后,将禁止买卖的物品理解为禁止进出口的物品,在逻辑上存在问题。禁止买卖"红油"是因为"红油"在香港特区与内地销售价格的巨大差别,而不是基于"红油"的自然属性。仅因行为人逃税而将"红油"认定为禁止进口的物品,属于同义反复,依照这种观点,所有的走私逃税物品都将会被认定为禁止进口的物品。

2. 直接购买走私成品油行为的认定处理

间接走私,是指《刑法》第一百五十五条第(一)项规定的走私行为,即直接向走私人非法收购国家禁止进口物品的,或者直接向走私人非法收购走私进口的其他货物、物品的行为。从内容上看,《纪要》中"直接向走私人购买走私的成品油,数额较大的,依照刑法第一百五十五条第(一)项的规定,以走私罪论处"的规定,与《刑法》第一百五十五条第(一)项的规定并无二致,因此,准确理解《刑法》第一百五十五条第(一)项的规定,成为实践中准确适用《纪要》前述规定的关键。

我们认为,从《刑法》第一百五十五条第(一)项的字面含义看,间接走私的犯罪对象包括"国家禁止进口的货物、物品"和"其他货物、物品";从实质上理解,间接走私的犯罪对象包括国家禁止进口的货物、物品,国家限制进出口的货物、物品和偷逃应缴税额较大的普通货物、物品。众所周知,"走私罪"是个类罪名,《刑法》第一百五十五条第(一)项规定"以走私罪论处"只是笼统抽象地指明了某种间接走私行为的犯罪性质,但未确定具体罪名,间接走私行为构成何罪还是应以其走私的犯罪对象作为认定标准。从走私罪的犯罪对象来看,间接走私可能触犯的罪名包括《刑法》第一百五十一条规定的走私武器、弹药罪,走私核材料罪,走私假币罪,走私文物罪,走私贵重金属罪,走私珍贵动物、珍贵动物制品罪,走私国家禁止进出口的货物、物品罪,以及《刑法》第一百五十二条规定的走私淫秽物品罪、走私废物罪和《刑法》第一百五十三条规定的走私普通货物、物品罪,另外,《刑法》第三百四十七条规定的走私毒品罪和《刑法》第三百五十条规定的走私制毒物品罪也可能成为该项规定行为可能适用的罪名。《走私刑事案件解释》第二十条第一款规定,行为人直接向走私人非法收购走私进口的货物、物品,构成犯罪的,应当按照走私货物、物品的种类，分别依照《刑法》第一百五十一条、第一百五十二条、第一百五十三条、第三百四十七条、第三百五十条的规定定罪处罚。该款诠释了《刑法》第一百五十五条第（一）项规定的间接走私的认定及具体定罪量刑标准，即行为人无论直接收购何种货物、物品，只要达到对应的定罪量刑标准，均可直接按所构成的走私罪名处理。具体到直接购买走私成品油行为的认定处理，如前所述，成品油属于普通货物、物品，因此，明知是走私入境的成品油直接向走私犯罪分子非法收购的，应适用《刑法》第一百五十三条的规定，以走私普通货物、物品罪定罪处罚。

需要注意的是，直接购私人员如与走私犯罪分子有事前或者事中通谋行为，应当依照《刑法》第一百五十六条的规定，以走私罪的共犯论处，并依照其在共同犯罪中的地位、作用依法确定其主、从犯身份，在此情况下，下游再行收购的人员属于一手购私而非二手购私行为，应依照《刑法》第一百五十五条第（一）项的规定追究其刑事责任。

3. 向非直接走私人购买走私成品油行为的认定处理

对于向非直接走私人购买走私的成品油的行为应如何处理，《纪要》规定，应根据其主观故意，分别依照《刑法》第一百九十一条规定的洗钱罪或者第三百一十二条规定的掩饰、隐瞒犯罪所得、犯罪所得收益罪定罪处罚。实践中，为准确理解和掌握《纪要》的前述规定，应注意以下几点：

一是购买的对象应为非直接走私人出售的走私成品油。根据《刑法》第一百五十五条第（一）项的规定，明知走私的成品油而直接向走私人购买，偷逃应缴税额数额较大的，应以走私普通货物、物品罪定罪处罚；如行为人购买的对象并非“直接走私人”，而是经过倒手后的“二手”甚至是“三手”走私入境的成品油，对其不能再按照《刑法》第一百五十五条第（一）项的规定以走私普通货物、物品罪处理。在此情况下，应当以洗钱罪或者掩饰、隐瞒犯罪所得、犯罪所得收益罪定罪处罚。

二是应当根据行为人的主观故意来确定具体罪名。通常情况下，行为人向非直接走私人购买时，多数情况下均明知系走私入境的成品油，由于走私罪属于《刑法》第一百九十一条规定的洗钱罪的上游犯罪，因此，对其应当以洗钱罪追究刑事责任。从行为方式上看，由于行为人向非直接走私人购买走私入境的成品油多为现金交易方式，属于《刑法》第一百九十一条规定的“协助将财产转换为现金、金融票据、有价证券的”行为。此外，根据2009年《最高人民法院关于审理洗钱等刑事案件具体应用法律若干问题的解释》(法释〔2009〕15号，以下简称《洗钱刑事案件解释》)第三条的规定，行为人明知是犯罪所得及其产生的收益而予以掩饰、隐瞒，构成《刑法》第三百一十二条规定的掩饰、隐瞒犯罪所得、犯罪所得收益罪，同时又构成《刑法》第一百九十一条规定洗钱罪的，依照处罚较重的规定定罪处罚。行为人向非直接走私人购买走私入境的成品油可能同时触犯前述两个罪名，实践中应当注意根据查明的犯罪事实，依照《洗钱刑事案件解释》的前述规定，按照处罚较重的规定定罪处罚。实践中，也不排除行为人对于购买的成品油产生不属于走私入境的成品油，而是其他犯罪的犯罪所得或者收益的错误认识，在此情况下，根据主客观相一致的原则，应当以《刑法》第三百一十二条规定的掩饰、隐瞒犯罪所得、犯罪所得收益罪追究其刑事责任。需要注意的是，根据《洗钱刑事案件解释》第一条第二款的规定，行为人如将向非直接走私人购买的走私成品油误认为《刑法》第一百九十一条规定的上游犯罪范围内的其他犯罪违法所得及其收益的，即误认为系毒品犯罪、黑社会性质的组织犯罪、恐怖活动犯罪、贪污贿赂犯罪、破坏金融管理秩序犯罪、金融诈骗犯罪的所得及其产生的收益的，不影响该条规定的“明知”的认定，仍应以洗钱罪而非掩饰、隐瞒犯罪所得、犯罪所得收益罪追究其刑事责任。

三是应当注意，根据《洗钱刑事案件解释》第四条和2015年《最高人民法院关于审理掩饰、隐瞒犯罪所得、犯罪所得收益刑事案件适用法律若干问题的解释》(法释〔2015〕11号)第八条第一款的规定，行为人向非直接走私人购买走私成品油，构成洗钱罪或者掩饰、隐瞒犯罪所得、犯罪所得收益罪的，应当以上游犯罪事实成立为认定前提。上游犯罪尚未依法裁判，但查证属实的，不影响洗钱罪或者掩饰、隐瞒犯罪所得、犯罪所得收益罪的适用。

4. 非法经营走私入境成品油行为性质的认定

对于未取得成品油经营许可证，从事走私入境的成品油销售、仓储、运输等经营行为应如何处理。《纪要》起草过程中，曾有意见提出，收购无合法证明的成品油或在未获得许可的情况下经营成品油，严重扰乱市场秩序，情节严重的，如不能认定为走私罪的，由于我国对成品油的经营实行许可证制度，成品油的经营需取得行政主管部门颁发的许可证，故成品油属于限制买卖的物品，未取得许可证的情况下从事成品油的经营活动，属于《刑法》第二百二十五条第（一）项规定的“法律、行政法规规定的专营、专卖物品或者其他限制买卖的物品”。理由是：成品油系国家严格控制的重要能源物资，是直接关系国计民生的重要生产资料。根据2004年6月29日国务院会议通过的《国务院对确需保留的行政审批项目设定行政许可的决定》和商务部2006年制定发布的《成品油市场管理办法》的规定，国家对成品油经营实行许可制度，从事成品油的批发、仓储或者零售，应取得商务部或者省级人民政府商务主管部门颁发的许可证，申请成品油零售经营资格的企业，除了应当具备设施、人员、供货渠道等客观性条件外，还必须符合当地加油站行业发展规划，说明国家对成品油的经营实施严格、特殊的市场准入制度，由此判断，成品油也应当属于限制买卖的物品。另有意见认为，即使不能认定成品油属于《刑法》第二百二十五条第（一）项规定的“其他限制买卖的物品”，也可依照该条第（四）项的规定，认定为“其他严重扰乱市场秩序的非法经营行为”。理由是：成品油经营资格审批是《国务院对确需保留的行政审批项目设定行政许可的决定》设定的行政许可，据此，未经许可从事成品油经营活动，属于违反国家规定的经营行为。《国务院对确需保留的行政审批项目设定行政许可的决定》属于《刑法》第九十六条规定的“国家规定”，故无证经营成品油的行为可以依照《刑法》第二百二十五条第（四）项的规定，认定为“其他严重扰乱市场秩序的非法经营行为”，可以非法经营罪追究其刑事责任。

经研究，我们认为，对于未取得成品油经营许可证的情况下从事成品油销售、仓储、运输等经营行为，按照非法经营罪处理应慎重。理由是：

首先，成品油不属于《刑法》第二百二十五条第（一）项规定的“法律、行政法规规定的专营、专卖物品或者其他限制买卖的物品”。从《刑法》第二百二十五条第（一）项的规定来看，该项规定的专营、专卖物品或者其他限制买卖的物品均应为“法律、行政法规”所明确规定。从关于成品油经营的规范性文件来看，《国务院对确需保留的行政审批项目设定行政许可的决定》虽然以国务院决定的形式明确了国家对成品油经营活动实行许可制度,但该决定毕竟不是法律或者行政法规。故成品油不属于《刑法》第二百二十五条第(一)项规定的"法律、行政法规规定的专营、专卖物品或者其他限制买卖的物品",对于未取得成品油经营许可证的情况下从事成品油销售、仓储、运输等经营行为,不能适用《刑法》第二百二十五条第(一)项的规定追究刑事责任。

其次,对于无证经营成品油的行为不加区分地按非法经营罪处理,存在打击面过大的问题。从实践看,非法从事成品油经营的行为主要可以分为超范围经营和无证经营两种情形。对于有成品油经营许可证但超范围经营的行为,一般不宜认定为非法经营罪,主要考虑如下:有许可证但超范围经营成品油的行为,虽然违反了商务部《成品油市场管理办法》中不得超越经营范围进行经营活动的规定,但是这种行为一般情况下社会危害性不大。例如,有成品油零售许可证但从事批发业务的,因从事成品油零售业务亦应符合《成品油市场管理办法》中规定的相应审批标注,且涉及的成品油都是从有成品油批发资质的企业批发而来,并不会造成国家税费的损失,虽然在一定程度上可能会造成零售市场的混乱,但所造成的危害有限,给予行政处罚即可,不宜按照犯罪处理。如根据《成品油市场管理办法》第四十三条的规定,成品油经营企业超越经营范围进行经营活动的,法律、法规有具体规定的,从其规定,如法律、法规未作规定的,由所在地县级以上人民政府商务主管部门视情节依法给予警告、责令停业整顿、处违法所得3倍以下或3万元以下罚款的处罚。对于无证经营成品油的行为是否可按非法经营罪处理,也应慎重。从我国关于成品油经营的政策来看,总体上呈现逐渐放宽管制的趋势,《国务院对确需保留的行政审批项目设定行政许可的决定》对成品油的经营规定实行许可制度,从事成品油的批发、仓储或者零售,应取得商务部或者省级人民政府商务主管部门颁发的许可证。随着经济社会的发展和改革开放的不断深入,对于成品油这一对流通和消费领域具有重要意义的商品经营仍继续沿用严格的审批制度已不利于经济社会的发展。为推动流通创新发展,优化消费环境,促进商业繁荣,激发国内消费潜力,更好地满足人民群众消费需求,促进国民经济持续健康发展,经国务院同意,国务院办公厅于2019年8月16日发布的《关于加快发展流通促进商业消费的意见》(国办发〔2019〕42号)规定,扩大成品油市场准入,取消石油成品油批发仓储经营资格审批,将成品油零售经营资格审批下放至地市级人民政府。在此情况下,对于无证经营成品油的行为不加区分地按犯罪处理,不仅存在打击面过大的问题,也与国家逐渐放开成品油经营审批权,扩大成品油市场准入的政策趋势相悖。

最后,对于无证经营成品油的行为入罪,应严格遵循最高人民法院的有关规定。为规范各级法院对《刑法》中"国家规定"的适用,最高人民法院于2011年发布了《关于准确理解和适用刑法中"国家规定"的有关问题的通知》(法〔2011〕155号)。该通知规定,各级人民法院审理非法经营犯罪案件,要依法严格把握《刑法》第二百二十五条第(四)项的适用范围。对被告人的行为是否属于《刑法》第二百二十五条第(四)项规定的"其他严重扰乱市场秩序的非法经营行为",有关司法解释未作明确规定的,应当作为法律适用问题,逐级向最高人民法院请示。考虑到实践中无证经营成品油的行为差别较大,是否按照犯罪处理,应结合具体案情综合考量,只能对"情节严重"的非法经营行为定罪处罚。要避免将一般的行政违法行为当作刑事犯罪处理,以犯罪论处的非法经营行为应当具有相当的社会危害性和刑事处罚的必要性。并且,判断被告人的行为是否属于《刑法》第二百二十五条第(四)项规定的"严重扰乱市场秩序的非法经营行为",需要有法律、司法解释的明确规定。有关法律、司法解释未作明确规定的,应当作为法律适用问题,按照最高人民法院前述通知的规定,逐级报最高人民法院请示。

实践中,一些非法经营成品油的行为人为获取暴利,在销售的成品油中掺杂、掺假,以假充真,以次充好或者以不合格油品冒充合格油品销售。对此,《纪要》明确,在办理非设关地走私成品油刑事案件中,发现行为人在销售的成品油中掺杂、掺假,以假充真,以次充好或者以不合格油品冒充合格油品,构成犯罪的,应当依照《刑法》第一百四十条的规定,对该行为以生产、销售伪劣产品罪定罪处罚。

5. 走私成品油共犯的认定与处理

实践中,一些行为人与他人事先通谋或者明知他人从事走私成品油犯罪活动,在我国专属经济区或者公海向其贩卖、过驳成品油,或者明知他人从事走私成品油犯罪活动而为其提供资金、贷款、账号、发票、证明、许可文件,或者提供运输、仓储等其他便利条件。

我们认为,上述行为认定处理的关键在于对行为人"通谋"和"明知"的认定。关于"通谋"的认定,根据《刑法》第一百五十六条的规定,与走私罪犯通谋,为其提供贷款资金、账号、发票、证明、海关单证,提供运输、保管、邮寄或者其他方便的,以走私罪的共犯论处。"通谋"是共同犯罪人之间的一种共同故意,通常是发生在行为前的意思联络,称为"事前通谋",但也不排除"事中通谋"。最高人民法院、最高人民检察院、海关总署2002年联合发布的《办理走私刑事案件适用法律若干问题的意见》(法〔2002〕139号,以下简称《走私意见》)第十五条对《刑法》第一百五十六条中的"通谋"作了阐明:"通谋是指犯罪行为人之间事先或者事中形成的共同的走私故意。下列情形可以认定为通谋:(一)对明知他人从事走私活动而同意为其提供贷款、资金、账号、发票、证明、海关单证,提供运输、保管、邮寄或者其他方便的;(二)多次为同一走私犯罪分子的走私行为提供前项帮助的。"关于"明知",《走私意见》第五条第二款也作了阐明性的规定,可以作为认定"明知"他人从事走私成品油犯罪活动认定的依据:"走私主观故意中的'明知'是指行为人知道或者应当知道所从事的行为是走私行为。具有下列情形之一的,可以认定为'明知',但有证据证明确属被蒙骗的除外:……;(二)用特制的设备或者运输工具走私货物、物品的;(三)未经海关同意,在非设关的码头、海(河)岸、陆路边境等地点,运输(驳载)、收购或者贩卖非法进出境货物、物品的;(四)提供虚假的合同、发票、证明等商业单证委托他人办理通关手续的;(五)以明显低于货物正常进(出)口的应缴税额委托他人代理进(出)口业务的;(六)曾因同一种走私行为受过刑事处罚或者行政处罚的;(七)其他有证据证明的情形。"

据此,《纪要》规定,行为人与他人事先通谋或者明知他人从事走私成品油犯罪活动,而在我国专属经济区或者公海向其贩卖、过驳成品油的,或者明知他人从事走私成品油犯罪活动而为其提供资金、贷款、账号、发票、证明、许可文件,或者提供运输、仓储等其他便利条件的,均应当按照走私犯罪的共犯追究其刑事责任。

6. 走私成品油共同犯罪主犯和从犯的认定

走私犯罪中主犯和从犯的认定问题较为复杂，应从犯意的发起、实行行为的分担与完成、获利分配等方面综合加以判断。共同走私犯罪中，原则上应尽量区分主从犯，这样既有利于分化、瓦解犯罪分子，同时也能充分体现宽严相济的刑事政策。实践中，在办理走私成品油犯罪案件时，对于如何追究运输人和联络人的刑事责任，往往存在争议。此类案件中的"运输人"，是指水上走私行为的船舶、其他运输工具上的负责人和其他人员；"联络人"是指"黑引水员"和盯梢望风人员等。与"运输人""联络人"相对应的是"出资人"和"组织者"。通常情况下"出资人"和"组织者"都是在幕后组织、策划、指挥，实践中，对于将"出资人"和"组织者"确定为走私成品油犯罪的主犯并追究刑事责任，通常不存在异议，但"运输人"和"联络人"的处理情况则差异较大，多数案件中对于"运输人"按从犯认定处理，对于"黑引水员"和盯梢望风人员等"联络人"有些按从犯处理，有些则未追究刑事责任。从已经处理的案件来看，大多数案件是对起组织、指挥作用的船长，起主要作用的大副、轮机长、骨干船员等追究刑事责任，对其他船员、勤杂人员、搬运工人不再追究刑事责任，但也有少数案件，对从船长到船员的所有人员都追究了刑事责任。不同案件处理范围不同，主要原因是对"运输人"和"联络人"在共同走私犯罪中所起的作用和所处的地位把握尺度不统一。

为了统一执法标准，《纪要》规定，对成品油走私共同犯罪或者犯罪集团中的主要出资者、组织者，应当认定为主犯；对受雇用的联络员、船长等管理人员，可以认定为从犯；如其在走私犯罪中起重要作用的，应当认定为主犯；对其他参与人员，如船员、司机、"黑引水员"、盯梢望风人员等，不以其职业、身份判断是否追究刑事责任，应当按照其在走私活动中的实际地位、作用、涉案金额、参与次数等确定是否追究刑事责任。

《走私意见》第十四条规定："对于运输人，一般追究运输工具的负责人或者主要责任人的刑事责任，但对于事先通谋的、集资走私的或者使用特殊的走私运输工具从事走私犯罪活动的，可以追究其他参与人的刑事责任。"据此，在理解和把握《纪要》的前述规定时，应注意以下三点：

一是成品油走私共同犯罪或者犯罪集团中的主要出资者和组织者,应当认定为主犯。

二是受雇用的联络员、船长等管理人员一般情况下应认定为从犯,但如系在走私犯罪中起组织、指挥作用的船长,起主要作用的大副、轮机长、骨干船员等,上述人员在走私犯罪链条中属于走私行为的组织者、犯意提起者和支配他人具体实施者,应当依法认定为主犯。如果有证据证明上述人员只是初次参与,尚未获利或者获利较少,考虑到在此情况下其对于走私犯罪的认识相对较模糊、被动,作用较小,可不认定为主犯;如果是多次、反复参与走私,因其参与走私犯罪的主观认识清楚,后续积极参与、主动介入,作用很大,一般应认定为主犯。

三是对受雇佣仅从事劳务活动的其他船员、勤杂人员、搬运工人,一般情况下不再追究刑事责任,但如具有与走私犯罪分子事先通谋、参与集资走私,或者在经改装的特殊走私运输工具上从事走私犯罪活动等情形的,应当根据其在共同犯罪中的地位和作用,依法追究其刑事责任。

7. 关于走私成品油犯罪案件不起诉和缓刑的适用

《纪要》规定,对在非设关地走私成品油的犯罪嫌疑人、被告人,人民检察院、人民法院应当依法严格把握不起诉、缓刑适用条件。对此,有意见提出,前述规定有过于强调打击犯罪的倾向,实践中可能会造成可诉可不诉的尽量起诉、可缓可不缓的不判缓刑的情况。对此,我们认为,从统计数据看,相较于其他犯罪,包括非设关地走私成品油犯罪在内的走私犯罪普遍存在不起诉和适用缓刑率偏高的情况。这种情况的出现,一方面与走私犯罪"一头在外"的特殊犯罪形态有关,很多案件的"出资人"和"组织者"在内的主犯由于在境外未归案,被抓获的往往是运输人和联络人等从犯;另一方面也与部分司法机关对于不起诉和适用缓刑的标准掌握不够严格有关。为规范对非设关地成品油走私犯罪不起诉和缓刑的适用,《纪要》提出,应当依法严格把握不起诉、缓刑的适用条件。实践中,对于非设关地成品油走私犯罪不起诉和缓刑的适用,应当注意以下几点:

一是适用不起诉和缓刑应当以是否具备《刑法》和《刑事诉讼法》规定的适用条件为前提。《刑法》第七十二条规定,对于被判处拘役、三年以下有期徒刑的犯罪分子，同时符合犯罪情节较轻、有悔罪表现、没有再犯罪的危险、宣告缓刑对所居住社区没有重大不良影响等条件的，可以宣告缓刑；对其中不满十八周岁的人、怀孕的妇女和已满七十五周岁的人，应当宣告缓刑。《刑事诉讼法》第一百七十七条第二款规定，对于犯罪情节轻微，依照《刑法》规定不需要判处刑罚或者免除刑罚的，人民检察院可以作出不起诉决定。这里的"依照刑法规定不需要判处刑罚"，主要是指虽然不具有免除处罚的情节，但犯罪嫌疑人的犯罪情节轻微，社会危害较小，综合全案具体情况，结合《刑法》和司法解释关于法定刑和量刑标准的规定，认为不需要判处刑罚；"依照刑法免除刑罚"主要是指具有《刑法》总则规定的可以或者应当免除处罚的诸类情形。综合《刑法》和《刑事诉讼法》的前述规定，非设关地成品油犯走私案件的犯罪嫌疑人和被告人如符合《刑法》和《刑事诉讼法》关于适用缓刑和作出不起诉决定的相关规定，可以依法对其宣告缓刑或者作出不起诉决定。

二是应当结合案件特点和实际情况掌握缓刑和不起诉的适用。根据《刑法》和《刑事诉讼法》的相关规定，结合非设关地成品油走私案件的特点，行为人如具有下列情形的，应当依法不予宣告缓刑和适用不起诉决定：(1)犯罪嫌疑人或者被告人系累犯或者犯罪集团的首要分子的；(2)依法应当判处三年以上有期徒刑的；(3)采用暴力、威胁等手段抗拒执法的；(4)销毁电子证据或者纸质单据等证据的；(5)认罪态度不好，具有包庇同案犯等情节的；(6)曾因走私犯罪被给予刑事追究或者行政处罚后又走私的。走私犯罪分子具有上述情形的，应当依法不予适用或者从严掌握缓刑和不起诉的适用。

三、关于非设关地成品油走私主观故意的认定

实践中，走私犯罪分子主观故意的认定是走私案件常见疑难问题，这在非设关地成品油走私案件中尤为突出。非设关地走私案件具有参与人员众多和团伙化等特点，不同人员往往只参与走私过程的某一环节，被查获后，行为人常常以对其他环节不清楚为由，对犯罪主观故意提出辩解，加大案件办理难度。有鉴于此，《走私意见》第五条第二款规定："走私主观故意中的

‘明知’是指行为人知道或者应当知道所从事的行为是走私行为。具有下列情形之一的,可以认定为‘明知’,但有证据证明确属被蒙骗的除外:(一)逃避海关监管,运输、携带、邮寄国家禁止进出境的货物、物品的;(二)用特制的设备或者运输工具走私货物、物品的;(三)未经海关同意,在非设关的码头、海(河)岸、陆路边境等地点,运输(驳载)、收购或者贩卖非法进出境货物、物品的;(四)提供虚假的合同、发票、证明等商业单证委托他人办理通关手续的;(五)以明显低于货物正常进(出)口的应缴税额委托他人代理进(出)口业务的;(六)曾因同一种走私行为受过刑事处罚或者行政处罚的;(七)其他有证据证明的情形。”

《纪要》在《走私意见》等规范性文件的基础上,总结实践经验,明确了可以认定走私犯罪主观故意的十种具体情形。《纪要》主要采用推定的方式认定走私犯罪主观故意,具体而言,对于行为人没有合法证明,逃避监管,在非设关地运输、贩卖、收购、接卸成品油,可以结合已经查实的特殊情形,综合认定是否具有走私犯罪故意,但有证据证明确属被蒙骗或者有其他相反证据的除外。择要言之如下:

1.关于严重违反基本监管要求的情形

走私行为涉及货物的进出境,从正常货物进出境的角度来看,国家对于货物进出境有各种各样的监管,包括货物、资金、人员、交通工具等各方面监管,这些监管是国家从正面行政管理的角度提出各种要求。走私犯罪分子往往会采取各种方式规避相关部门的监管,以尽量降低被发现的可能性。因此,在走私犯罪案发之后,如果能够查实行为人故意违反相关监管要求,可以推定其具有走私犯罪的主观故意。以海上货物运输为例,根据相关规定,船舶应当有明确的船名、船籍港、船舶证书,改造船舶之前应当向公安边防等部门报告,船舶进出我国港口时,应当向主管机关报告航次计划、船员配备、客货载运信息等,相关信息应记载于航海日志中,配备自动识别系统(AIS)等通信、导助航设备的船舶应当始终保持设备处于工作状态。上述规定都是国家对海上货物运输最基本的要求,而在海上走私成品油中,走私犯罪分子往往大量使用“三无”船舶(无船名、无船籍港、无船舶证书),擅自改装船舶,航海日志不记载或虚假记载,航行中关闭船载 AIS 系统等来规避监管，防止自己的行踪被监管部门发现。司法实践中，具有上述情形的常常作为推定犯罪主观故意的重要依据。据此，《纪要》规定，行为人没有合法证明，逃避监管，在非设关地使用“三无”船舶、虚假船名船舶、虚假号牌车辆、非法改装的船舶、非法改装、伪装的车辆运输、贩卖、收购、接卸成品油的，或者虚假记录船舶航海日志、轮机日志，进出港未申报或者进行虚假申报的，或者故意关闭或者删除船载 AIS 系统、GPS 及其他导航系统存储数据，销毁手机存储数据，或者销毁成品油交易、运输单证的，综合其他在案证据，可以认定具有走私犯罪故意。此外，《走私意见》第五条第二款第（三）项规定的“未经海关同意，在非设关的码头、海（河）岸、陆路边境等地点，运输（驳载）、收购或者贩卖非法进出境货物、物品的”，也属于严重违反监管要求的情形。

2. 关于明显违背商业惯例的情形

正常经济活动通常都有符合经济特征的商业惯例或者公认的行业准则，与之相反的是，可能涉嫌违法犯罪的经济活动在某个或某些环节通常会明显背离这些正常的商业惯例、行业准则。通过查清这些反常情形，有助于对走私犯罪分子主观故意的认定。走私犯罪属于典型的非正常经济行为，结合走私犯罪的一般行为方式，主要可以从货物交接、资金往来、成本收益、信息传递等方面具体分析行为人是否存在明显违背商业惯例的情形：

一是明显违背合法货物交接惯例的情形。走私犯罪分子对于可能涉嫌违法犯罪的货物，常常使用特定暗号进行交接，或者选择在明显不合理的隐蔽时间、隐蔽地点交接货物，或者采用隐蔽的方式交接货物，或者使用特制的隐蔽工具装载货物等。据此，《纪要》规定，在明显不合理的隐蔽时间、偏僻地点过驳成品油，或者使用暗号、信物进行联络、接头的，属于明显违背合法货物交接惯例的情形，可以认定为具有走私犯罪故意。此外，《走私意见》第五条第二款第（二）项规定的“用特制的设备或者运输工具走私货物、物品的”，也属于明显违背合法货物交接惯例的情形。

二是明显违背正常资金往来惯例的情形。作为以谋利为目的的经济犯罪，走私犯罪必然伴随大额资金的往来，这在非设关地成品油走私犯罪中更为明显。实践中，行为人常常在一次交易中将大额货款故意分成多笔支付，或者通过实际控制的他人账户、地下钱庄来收付资金，或者采用直接大额现金支付等异常方式收付资金,这些都有利于认定是否具有走私犯罪的故意。据此,《纪要》规定,"使用控制的他人名下银行账户收付成品油交易款项的",属于明显违背正常资金往来惯例的情形,可以认定为具有走私犯罪故意。

三是明显违背合理成本收益的情形。从经济活动的一般规律来看,理性的经济活动必然要求合理的成本收益,走私犯罪特别是非设关地成品油走私犯罪由于逃避了正常的监管和纳税,其交易价格往往会低于同类产品的正常市场交易价格。因此,在有证据证明交易价格明显不符合合理成本收益这一基本经济规律的情况下,可以作为认定走私犯罪主观故意的重要依据。据此,《纪要》规定,"交易价格明显低于该类商品国内合规市场同期价格水平的",属于明显违背合理成本收益的情形,可以认定为具有走私犯罪故意。

四是明显违背正常通信惯例的情形。非设关地走私参与人员众多,通常伴随不同主体之间信息传递、沟通。通过分析行为人之间是否存在特殊通信方式,在信息传递过程中是否采取明显有别于正常通讯的情形,有利于分析其犯罪主观故意。据此,《纪要》规定,"使用无实名登记或者无法定位的手机卡、卫星电话卡等通讯工具的",属于明显违背正常通讯惯例的情形,可以认定为具有走私犯罪故意。

3. 关于刻意逃避执法检查的情形

走私犯罪分子在作案过程中为逃避打击、躲避检查或者免遭举报,往往会采取各种方式避免被执法人员发现或被他人察觉,即便走私犯罪事实被发现,也会采取各种手段销毁证据、逃避查处。案发后,通过查清走私犯罪分子是否存在刻意逃避执法检查的情形,有利于还原其作案时的主观心态,进而认定其是否具有走私犯罪故意。根据时间节点的不同,可以将逃避执法检查分为预防型和现场型两种情形:

一是预防型逃避执法检查。即在走私犯罪实施之前或者实施过程中,走私犯罪分子为避免被执法人员或他人发现、察觉,有针对性地采取各种预防性的规避措施。实践中,通常表现为派员跟踪特定执法部门活动轨迹,如派人盯梢缉私、边防、海警部门,或者派专人望风,如安排人员在卸油码头望风，或者故意绕开检查关卡或常规路线、有预谋的指使他人冒名顶替等。据此，《纪要》规定，“事前制定逃避执法机关检查预案的”，属于预防型逃避执法检查，可以认定为具有走私犯罪故意。

二是现场型逃避执法检查。即行为人在实施相关违法行为过程中或者实施完毕后，被执法人员人赃俱获时，为避免本人被查处而抗拒检查、丢弃赃物、逃跑或者临时指使他人冒名顶替等。据此，《纪要》规定，“逃避、抗拒执法机关检查”，属于现场型逃避执法检查，可以认定为具有走私犯罪故意。

此外，《纪要》规定的行为人删除船载 AIS 系统、GPS 导航等船载数据，或者销毁手机存储数据，或者销毁成品油交易、运输单证等情形，也属于刻意逃避执法检查的情形。这些情形既可能发生在违法犯罪行为被执法人员发现之前，比如，每一次犯罪结束后有意识地删除数据、销毁单证；也可能发生在执法人员现场查处时，比如，当场删除数据、丢弃设备等。

4. 其他可以认定具有走私犯罪故意的情形

为避免挂一漏万，《纪要》以兜底性条款的方式，规定了其他可以认定具有走私犯罪故意的情形。实践中，其他可以认定具有走私犯罪故意的情形可以从以下两方面来把握：

一是《走私意见》第五条第二款前（六）项规定的可以认定为“明知”的情形，同样适用于非设关地成品油走私犯罪故意的认定。

二是以行为人职业经历、专业背景或者具体案情中其他特别反常的情形为基础，结合经验法则、逻辑规则等判断行为人是否有犯罪主观故意。实践中，以下几类常见情形有利于认定非设关地成品油走私的主观故意：（1）是否具有同类前科走私行为。如果行为人因走私违法犯罪被打击处理后又实施同类行为的，可以认定为具有走私犯罪的主观故意。《走私意见》第二条第二款第（六）项规定的“曾因同一种走私行为受过刑事处罚或者行政处罚的”，就属于此种情形。（2）行为人背景经历。个人教育背景、职业经历、社会阅历等，可以在一定程度上反映其对相关行为特别是违法犯罪的认识程度。具体到非设关地成品油走私犯罪中，如果行为人长期生活在沿海、沿边地区，自己或者周边亲友有出海经历，或者时常通过边境地区进出境，或者长期从事成品油行业相关工作等，就比较有利于分析其是否具有走私犯罪故意。(3)是否有异常记账方式或者操作模式。行为人在实施走私犯罪过程中,如果其记账方式、操作模式等明显异于常理常情常识,严重背离民众从事合法行为的经验法则、逻辑规则,在无法合理解释的情况下,也可以作为认定走私犯罪故意的重要依据。(4)是否使用特殊运输工具。行为人如使用特制设备、夹层、暗格实施走私活动的,可以认定为具有走私犯罪故意。

总之,非设关地成品油走私通常涉及环节多、链条长,相关参与人员时常会在不同环节、不同侧面留下一些异常痕迹,可以作为判断主观故意的基础事实,再结合具体案情进行综合认定。对于这些基础事实,应当重点把握以下两点基本要求:一是基础事实应当查证属实。实践中,不少案件能够反映出行为人有异常行为的线索,如果无法查证属实,仍然不能作为推定主观故意的依据。二是基础事实多多益善。相关基础事实越多,越有利于认定主观明知。事实上,司法实践中大量非设关地成品油走私案件是结合两种或两种以上基础事实来认定主观故意。

四、关于犯罪数额认定和证据收集

1. 关于非设关地成品油走私的税率适用

根据《进出口关税条例》的规定,我国对于进口货物征收关税适用最惠国税率、协定税率、特惠税率、普通税率等税率。此外,对进口货物在一定期限内也可以适用暂定税率。具体来看,上述税率的适用条件分别是:(1)关于最惠国税率。原产于共同适用最惠国待遇条款的世界贸易组织成员的进口货物,原产于我国签订含有互相给予最惠国待遇条款的双边贸易协定的国家或者地区的进口货物,以及原产于我国境内的进口货物,适用最惠国税率。由于我国已加入WTO,故从所有WTO成员进口的货物都适用最惠国税率。即使少数与我国有贸易往来的国家未加入WTO,如俄罗斯等国,由于这些国家都与我国签订了互惠协议,互相承认并给予对方最惠国待遇,可以说与我国建交国家进口货物的关税基本上都适用最惠国税率。(2)关于协定税率。原产于与我国签订含有关税优惠条款的区域性贸易协定的国家或地区的进口货物,适用协定税率。我国与马尔代夫、格鲁吉亚、澳大利亚、秘鲁、新加坡、新西兰、智利、巴基斯坦、东盟等多个国家和地区组织签订了双边或多边自贸区协定，与印度、韩国、孟加拉国、斯里兰卡、老挝签订了优惠贸易的亚太贸易协定，从前述国家进口货物关税适用协定税率。（3）关于特惠税率。原产于与我国签订含有特殊关税优惠条款的贸易协定的国家或地区的进口货物，适用特惠税率。特惠税率主要目的是鼓励不发达国家，如最不发达37国（埃塞俄比亚、刚果、卢旺达等国）增进与我国的友好贸易往来并发展经济。（4）关于暂定税率。暂定税率是在海关进出口税则规定的进口优惠税率和出口税率的基础上，对进口的某些重要的工农业生产原料和机电产品关键部件以及出口的部分资源型产品实施更为优惠的关税税率。暂定税率一般按照年度制定实施，并且可以根据需要随时中止。（5）关于普通税率。原产于上述情形以外国家或者地区的进口货物，以及原产地不明的进口货物，适用普通税率。普通税率高于最惠国税率、暂定税率、协定税率、特惠税率。

实践中，由于认识不同，各地在办理非设关地成品油走私案件中适用的税率标准并不一致，有的适用普通税率，有的适用最惠国税率，造成执法、司法标准不统一，出现了非设关地成品油走私向适用低税率核定偷逃税额的地区转移的现象，形成“走私洼地”。为规范非关地成品油走私案件的办理，统一执法尺度，《纪要》明确，非设关地成品油走私活动属于非法的贸易活动，计核非设关地成品油走私刑事案件的偷逃应缴税额，一律按照成品油的普通税率核定，不适用最惠国税率或者暂定税率。对于《纪要》的上述规定，起草过程中，有意见认为，对原产地不明且办案部门举证不能的案件，应当按照有利于当事人的原则适用优惠税率。支持前述观点的依据主要是海关总署关税司于2006年和2007年分别作出的两个批复。其中，海关总署关税司于2006年给拱北海关的批复（税管函〔2006〕140号）的内容是：“根据关税条例第十条规定，原产地不明的进口货物，适用普通税率。因此，无论是否涉及违规，只要进口货物原产地不明，海关都应按普通税率计核税款。但实践中，在判断货物原产地时，海关和当事人的举证责任视情况有所不同。在正常进口过程中，纳税义务人申报纳税时应首先向海关举证（如提交合同、发票、原产地证明等）所进口货物适用何种税率，如其不同意举证货物原产地,海关即应按普通税率计核税款。但在办理走私违规案件的处理过程中,海关应首先负责举证货物的原产地,如查案部门不能举证涉嫌走私违规货物原产地时,按照最惠国税率等计核税款。”海关总署关税司于2007年给杭州海关的批复(税管函〔2007〕149号)内容是:“在办理走私案件时,海关对证明案件事实负有举证责任,如原产地不明且办案部门举证不能,则应适用优惠税率计核偷逃税款。因此,对于走私违规货物,如原产地不明且办案部门举证不能,海关应适用最惠国税率计核税款;如果同时存在最惠国税率和暂定税率的,应优先适用暂定税率计核税款。”

我们认为,海关总署关税司税管函〔2006〕140号批复的前半部分内容表述“无论是否涉及违规,只要进口货物原产地不明,海关都应按普通税率计核税款”,后半部分内容又表述基于举证责任的不同,走私违规处理中适用“有利当事人原则”,前后内容明显矛盾。另外,海关总署关税司税管函〔2006〕140号批复对正常进口申报完全否认海关的举证责任,在走私违规案件处理中又将海关举证责任绝对化,既机械理解“有利当事人原则”,同时又违反执法合法便利的精神。与海关总署关税司税管函〔2006〕140号批复的问题相似,海关总署关税司税管函〔2007〕119号批复依然围绕举证责任提出有利当事人税率适用标准,其内容与海关总署关税司税管函〔2006〕140号虽然有所不同,但同样存在内容前后矛盾的问题:税管函〔2007〕119号批复的前半部分内容提出,对走私案件(不含违规案件),适用优惠税率计核偷逃税款,应包括最惠国税率、协定税率、特惠税率和暂定税率。后半部分内容又提出,对于走私违规货物,适用最惠国税率计核税款,如果同时存在最惠国税率和暂定税率的,应优先适用暂定税率计核税款。

综合以上分析,我们认为,在办理非设关地成品油走私案件计核偷逃税额的税率适用时,应当将协定税率或特惠税率排除在外并适用普通税率。理由主要有以下两点:

一是根据《海关进出口货物优惠原产地管理规定》(海关总署令第181号)规定,在满足直接运输、真实原产自协定国家等前提条件下,应当适用协定税率或者特惠税率,进口货物收货人或者其代理人要货物申报进口时,必须提交规定形式的原产地证明及有关商业单证,只有按照相应的操作程序获得法定形式的原产地证明的货物，才能适用特惠税率或协定税率。其他货物即使确实原产于优惠协定国家，如没有国家信用背书，也不能适用协定税率或特惠税率。非设关地成品油走私系绕关走私，不可能履行上述通关程序，自然不能适用协定税率或者特惠税率。

二是根据《进出口关税条例》的相关规定，适用最惠国税率的进口货物有暂定税率的，应当适用暂定税率。实践中，从与我国建交的所有国家进口货物，基本都适用最惠国税率，具有一定的普遍性。对走私货物按最惠国税率（有暂定税率的适用暂定税率）计核偷逃税额有一定合理性。《纪要》之所以考虑“计核非设关地成品油走私刑事案件的偷逃应缴税额，一律按照成品油的普通税率核定，不适用最惠国税率或者暂定税率”，主要是考虑《进出口关税条例》规定，原产地不明的进口货物，适用普通税率。走私犯罪作为行政犯，其行政法的前置依据即为《进出口关税条例》，认定时理应作为行政法规依据。非设关地成品油走私链条长，环节多，时间、空间跨度大，“运、购、贮、销”分属不同团伙。境外母船在公海或专属经济区游弋，境内闯关团伙走私团伙中、小船只伺机接驳，境内货主团伙的油罐车在非设关地码头卸油，再分散到地下油库或各地消费市场。海关缉私部门、海警部门等很难一个案件打掉整个走私链条，书证少、电子证据少，没有合法证明文件，涉案船舶多为“三无船舶”或无船籍船舶，真正的组织、操作、策划走私的主犯隐藏在幕后。非设关地成品油走私的特点造成很难查清成品油的原产地。

此外，在办理非设关地成品油走私等涉及计核偷逃应缴税额的案件时需要注意的是，应当根据走私犯罪案件具有的多样性和复杂性的特点，区分不同情形分别核定行为人偷逃的应缴税额。根据《走私刑事案件解释》第十八条的规定，走私刑事案件原则上应以走私行为实施时的税则、税率、汇率和完税价格计算偷逃的应缴税额；多次走私的，以每次走私行为实施时的税则、税率、汇率和完税价格逐票计算；走私行为实施时间不能确定的，以案发时的税则、税率、汇率和完税价格计算。因为，根据《刑法》第一百五十三条的规定，偷逃应缴税额属于走私普通货物、物品罪的构成要件事实，在行为时与案发时相分离的情况下，只有依据行为时的税则、税率、汇率和完税价格，才能准确计核、反映相应走私行为给国家税款造成的实际危害程度。

2.关于《纪要》发布之日起正在处理案件和新立案件的税率适用问题

《纪要》发布时,有些非设关地成品油走私案件尚处于侦查、审查起诉或起诉后尚未判决阶段。对于这些案件,如果是按最惠国税率计核偷逃应缴税额,是否需要按普通税率重新计核,存在不同认识。一种意见认为,根据《最高人民法院、最高人民检察院关于适用刑事司法解释时间效力问题的规定》(高检发释字〔2001〕5号)第二条的规定,对于司法解释实施前发生的行为,行为时没有相关司法解释,司法解释施行后尚未处理或者正在处理的案件,依照司法解释的规定处理。《纪要》虽然不是司法解释,但也属于具有普遍指导作用的规范性司法文件,故在时间效力上应当参照前述司法解释的规定执行,《纪要》发布后,对于正在处理的案件,如果是按最惠国税率计核偷逃应缴税额的,应当重新计核。另一种意见认为,《纪要》不是司法解释,不应简单适用前述"两高"司法解释的规定,《纪要》发布前,毕竟存在海关总署关税司税管函〔2006〕140号和税管函〔2007〕119号两个批复,按最惠国税率计核也是有依据的。故对于正在处理的案件,应当按照"从旧兼从轻"的原则,不按普通税率重新计核偷逃应缴税额。

经研究,笔者同意上述第二种意见。《纪要》发布前,由于没有明确、权威的规定,实践中各地的做法不一致,有的按最惠国税率,有的按普通税率计核偷逃应缴税额。为体现"从旧兼从轻"原则,对于走私成品油行为发生在《纪要》发布前的案件,可以按照惯常做法计核偷逃应缴税额,不必适用《纪要》关于计核税率的规定。从发文层级来看,《纪要》系海关总署与最高人民法院、最高人民检察院联合发布的规范性司法文件,其效力高于海关总署关税司税管函〔2006〕140号批复和税管函〔2007〕119号批复。《纪要》实际上废除了海关总署关税司的前述两个批复,明确了非设关地成品油走私偷逃应缴税额计核税率统一适用的标准,故对于走私成品油行为发生在《纪要》发布后的案件,应当按照《纪要》的规定,一律按照成品油的普通税率计核偷逃的应缴税额。

应当注意的是,在办理走私犯罪案件适用"从旧兼从轻原则"时,关税税率的变动不影响偷逃应缴税额的认定。由于关税税率往往基于国家政策等因素适时作出调整,有些走私案件会出现犯罪行为时税率较高,而在案发或者审判时关税已经降低甚至免征的情况。针对关税税率变动是否影响偷逃应缴税额的认定,实践中有观点认为,关税税率调整在性质上属于政策、法律变更范畴,应当遵循刑法上的"从旧兼从轻原则",以变动后的关税税率重新核定偷逃应缴税额。我们认为,关税税率的调整不属于刑法意义上的政策、法律变更,不具有溯及既往的效力,故并不影响走私犯罪行为时偷逃应缴税额的认定。因为从旧兼从轻原则是一项法律适用原则,实践中应当把"法律调整"与"事实变化"严格区分开来,只有在法律调整的情况下才可以适用"从旧兼从轻原则"。关税税率变更属于犯罪构成要件事实变化的情形,正如具有国家工作人员身份的人实施职务犯罪后,在案发或者审判时已不具备国家工作人员身份的事实变化,并不影响职务犯罪的认定一样,不能适用"从旧兼从轻原则"。

3. 关于走私成品油种类和数量的认定问题

非设关地成品油走私犯罪隐蔽性强、留存证据少,走私成品油上岸后迅速分销各地,走私分子定期销毁证据,走私货物种类、数量认定难。实践中,一些地区执法司法机关仅对现场查获的成品油予以认定,对未能在现场查获的成品油以及走私分子之前的走私行为多以难以取证为由不予认定。为解决非设关地成品油走私的种类和数量的认定问题,《纪要》对此作了专门规定:"查获部分走私成品油的,可以按照被查获的走私成品油标准核定应缴税额;全案没有查获成品油的,可以结合其他在案证据综合认定走私成品油的种类和数量,核定应缴税额。"

适用《纪要》的前述规定时应注意,"查获部分走私成品油"既包括查获了一次走私行为中的部分成品油,也包括查获了行为人多次走私行为中部分成品油。对于查获了一次走私行为中的部分成品油案件,因涉案成品油来源一致,可直接根据在扣成品油认定全案走私成品油的种类、品质。对于查获了行为人多次走私行为中部分成品油的案件,因成品油走私犯罪具有的隐秘性特点,不同走私团伙有相对固定的成品油来源渠道和销售渠道,如无相反证据,可根据在扣成品油认定多次走私的走私成品油种类和品质。关于"全案没有查获成品油的,可以结合其他在案证据综合认定走私成品油的种类和数量,核定应缴税额"的规定,主要是考虑走私分子走私成品油的动机是非法牟利，为防止被骗或“黑吃黑”，走私分子在“运、购、贮、销”各个环节要进行油品鉴别、测量或称重。对全案没有查获成品油的案件，可根据走私团伙中负责采购、销售、过驳人员的供述，收付款情况，记载测量或称重的书证，手机微信、短信等电子证据，予以综合认定。除上述认定方法外，还可以参照同期执法部门在同一海域查获的其他成品油来认定货物种类。从非设关地成品油走私特点来看，同期同一海域走私的成品油基本来源于同一批游弋于公海上的供油母船，不同走私团伙走私的成品油在货物种类上比较相近，在无相反证据的情况下，可以参照借鉴作为核税的依据。

4. 关于犯罪情节在追究刑事责任中的作用

非设关地成品油走私环节多、参与人员多、行为隐蔽，实践中，部分案件因证据所限，无法准确核定有些涉案人员走私的具体偷逃应缴税额，一些地方的司法机关以无法认定这些涉案人员偷逃的具体税额为由不予处理，影响了对成品油走私犯罪的打击效果。

我们认为，上述问题的由来主要是受1997年《刑法》第一百五十三条将走私普通货物、物品罪规定为数额犯的影响，1997年《刑法》第一百五十三条规定，偷逃数额5万元以上即构成犯罪，实践中遂将该罪视为单纯的数额犯。2011年2月25日，第十一届全国人民代表大会常务委员会第十九次会议通过的《刑法修正案（八）》将该走私普通货物、物品罪的构成要件修正为“数额+情节”，除将“小额多次走私”规定为走私普通货物、物品罪的入罪要件外，还规定该罪的第二档、第三档量刑幅度不能只考虑数额，行为人具有“其他严重情节”或者“其他特别严重情节”的，同样应当适用对应的量刑幅度。《走私刑事案件解释》根据《刑法修正案（八）》的上述规定和走私犯罪的特点，明确了走私普通货物、物品罪“数额+情节”的具体认定标准。因此，在办理走私普通货物案件中，不能只以偷逃税额作为定罪量刑的唯一标准，特别是对于集团犯罪、共同犯罪中主要犯罪嫌疑人、被告人以外的其他参与走私人员，在因客观原因确实无法准确核定其参与走私的具体偷逃应缴税额的情况下，可以结合在案相关证据，根据其在走私犯罪中的地位、作用等情节来准确认定其刑事责任。据此，《纪要》规定，办理非设关地成品油走私犯罪案件，除主要犯罪嫌疑人以外，对集团犯罪、共同犯罪中的其他犯罪嫌疑人，无法准确核定其参与走私的具体偷逃应缴税额的，可以结合在案相关证据，根据其参与走私的涉案金额、次数或者在走私活动中的地位、作用等情节决定是否追究刑事责任。

实践中，适用《纪要》上述规定时应当注意，可根据情节决定是否追究刑事责任的情形，限于主要犯罪嫌疑人以外的集团犯罪、共同犯罪中的其他犯罪嫌疑人，对犯罪集团的首要分子或者共同犯罪中的主犯等主要犯罪嫌疑人追究刑事责任时，应当根据其组织、指挥或者参与的走私成品油准确核定其偷逃的应缴税额。主要是考虑走私普通货物、物品罪作为经济犯罪，其社会危害性体现在走私行为造成国家税款的流失，其他情节的社会危害程度对偷逃应缴税额有一定的从属性。准确核定主要犯罪嫌疑人走私具体的偷逃应缴税额，有利于确定整个案件的是否构成犯罪及适用的量刑幅度，并为其他按情节处罚非主要犯罪嫌疑人树立了“标杆”，即参照主要犯罪嫌疑人从轻或减轻处罚。

5. 关于非设关地成品油走私案件的证据收集

非设关地成品油走私作为一种隐蔽犯罪，现场遗留的证据少，走私犯罪分子之间往往订立“攻守同盟”，有罪供述少、互相指证少，非设关地成品油走私案件取证难问题一直困扰执法和司法机关。《纪要》结合非设关地成品油走私的特点、规律及总结执法司法实践经验，强调了应当重点收集、提取的证据，以形成证据链条，满足犯罪构成要件和案件定性、定量的要求。通过收集通信工具、交易记录、违法所得分配记录等证据，重点是确定走私活动的幕后组织、指挥、策划人员及直接从事走私活动的运输工具负责人、交易人、盯梢望风人员等，从而确定各犯罪嫌疑人在案件中的地位、作用；通过收集涉案地点、环境，涉案船舶的航次航图、航海日志、GPS、船载 AIS 轨迹，跟踪守候、监控拍摄的照片、视听资料等证据，重点是证明行为人非法绕越设关地走私的客观行为和由此体现出来的逃避海关监管主观故意；通过收集涉案船舶、车辆、油品的特征、数量、属性，涉案人员通过微信、支付宝、银行卡等方式收付款的资金交易记录，成品油取样、计量过程的照片、视听资料等证据，重点是通过这些直接或间接证据确定走私成品油的种类和数量，并且进一步查清未现场查获的其他成品油走私活动。执法机关一定要重视非设关成品油走私取证条件脆弱的特点，及时、全面收集、固定上述证据，避免时过境迁，相关证据灭失。

6. 关于非设关地成品油走私案件技术侦查措施的规范

由于非设关地成品油走私的高度隐蔽性，案件的侦查取证往往需要采用技术侦查措施。实践中，部分侦查机关采取技术侦查措施收集证据不规范，影响了证据的客观性、关联性和合法性。《纪要》就非设关地成品油走私案件的技术侦查措施专门作出规范：依照法律规定采取技术侦查措施收集的物证、书证、视听资料、电子数据等证据材料对定罪量刑有重大影响的，应当随案移送，并移送批准采取技术侦查措施的法律文书和侦查办案部门对证据内容的说明材料。对视听资料中涉及的绰号、暗语、俗语、方言等，侦查机关应当结合犯罪嫌疑人的供述、证人证言等证据说明其内容。除了强调通过技术侦查措施收集的对定罪量刑有重大影响的证据要随案移送外，《纪要》还强调来源合法，即移送批准采取技术侦查措施的法律文书，以备司法机关对技术侦查措施的批准程序和是否按照批准的技术侦查措施的种类、适用对象和期限执行进行司法审查。《纪要》还强调对技术侦查措施收集的证据内容要制作说明材料，说明其要证明的内容和与案件的关联性，对视听资料中涉及的绰号、暗语、俗语、方言等，侦查机关应当结合犯罪嫌疑人的供述、证人证言等证据说明其内容，以便于司法机关准确认定涉案人员和审查涉嫌犯罪事实。

7. 关于证人证言的认定标准

《最高人民检察院、公安部关于办理经济犯罪案件的若干规定》(公通字〔2017〕25号)第三十八条规定："公安机关办理非法集资、传销及利用通讯工具、互联网等技术手段实施的经济犯罪案件，确因客观条件的限制无法逐一收集被害人陈述、证人证言等相关证据的，可以结合已收集的言词证据和依法收集并查证属实的物证、书证、视听资料、电子数据实物证据，综合认定涉案人员人数和涉案金额等犯罪事实，做到证据确实、充分。"非设关地成品油走私系团伙犯罪或集团犯罪，走私链条长，涉及"运、购、贮、销"多个环节；时间、空间跨度大，走私行为持续几年，走私地域跨多省份，参与人员众多，有的案件有数十艘船舶和数百辆车辆参与走私。执法实践中，有的地方司法机关要求侦查机关对所有船员、司机、收购人等人员逐一调查核实,不但增加了办案难度,也影响了对案件的处理。为解决前述困扰执法、司法的取证问题,《纪要》根据《关于办理经济犯罪案件的若干规定》第三十八条的规定,就非设关地成品油走私案件证人证言的收集认定作出规范:确因客观条件的限制无法逐一收集船员、司机、收购人等人员证言的,可结合已收集的言词证据和物证、书证、视听资料、电子数据等证据,综合认定犯罪事实。

五、关于非设关地成品油走私案件涉案财物的处置

规范刑事诉讼涉案财物处置工作,对保证刑事诉讼顺利进行、保障当事人合法权益、确保司法公正具有重要意义。涉案财物处置涉及不同的诉讼领域、不同的执法司法环节,情况较为复杂,政策性、可操作性要求都很高。从执法司法实践来看,一些地方的执法司法机关在涉案财物处置工作方面仍然存在保管不规范、处置不及时、救济不到位等问题,严重损害当事人合法权益,严重影响司法公信力。为解决非设关地成品油走私案件中涉案财物的处置问题,《纪要》根据《刑法》《刑事诉讼法》和相关司法解释、规范性文件关于涉案财物处置的相关规定,结合非设关地成品油走私案件的特点,进一步明确了非设关地成品油走私案件中涉案财物和运输工具的处置原则、处置程序和处置方式:

对于权利人明确的被查封、扣押的涉案成品油及易贬值、不易保管的涉案船舶、车辆的处置方式,《纪要》明确,经权利人书面同意或者申请,依法履行审批程序,并固定证据和留存样本后,可以依法先行变卖、拍卖;针对涉案财物被他人善意取得或者与其他合法财产混合且不可分割的情况应如何处理,《纪要》明确,应当依法追缴、没收走私犯罪分子的其他等值财产;就建立健全被查封、扣押的涉案财物应审查后返还的处理机制,《纪要》规定应当通知原主认领,无人认领的,应当公告通知,公告满三个月无人认领的,依法拍卖、变卖后所得价款上缴国库,上缴国库后有人认领,经查证属实的,应当申请退库予以返还。此外,《纪要》还明确了走私运输工具的认定处理标准,规定船舶、车辆的出租人、出借人具有擅自改装或者默许他人将船舶、车辆改装为可装载油料的船舶、车辆;或者对船舶、车辆进行伪装;或者因出租、出

借船舶、车辆用于走私受过行政处罚,又出租、出借给同一走私人或者同一走私团伙使用;或者拒不提供真实的实际承运人信息;或者提供虚假的实际承运人信息等情形的,可以认定其明知他人将车辆、船舶用于实施违法犯罪,对于符合上述情形之一的车辆船舶以及“三无”船舶、无法提供有效证书的船舶、车辆,或者假挂靠、长期不作登记、虚假登记等实为走私分子所有的船舶、车辆,均应当作为犯罪工具依法没收。

实践中,在理解和适用《纪要》的上述规定时,应重点把握好以下几个方面:

1.关于涉案财物的先行处置

涉案财物的先行处置,是指执法司法机关在诉讼程序终结前对容易毁损、价值易于贬损等的刑事涉案财物,通过拍卖、变卖等方式予以提前处置的措施。对于刑事涉案财物的先行处置,《刑事诉讼法》和有关司法解释、规范性文件中均有规定。《刑事诉讼法》第二百四十五条规定,对违禁品或者不宜长期保存的物品,应当依照国家有关规定处理。《最高人民法院关于适用〈中华人民共和国刑事诉讼法〉的解释》(法释〔2012〕21号,以下简称《刑事诉讼法解释》)第十六章“查封、扣押、冻结财物及其处理”中就刑事涉案财物的先行处置程序作出规定:权利人申请出卖被扣押、冻结的债券、股票、基金份额等财产,以及扣押、冻结的汇票、本票、支票有效期即将届满的,人民法院可以在裁判生效前依法出卖,所得价款由人民法院依法保管并及时告知当事人或者近亲属;对于易腐烂、霉变和不易保管的物品,查封、扣押机关可先行变卖处理,并随案移送原物照片、清单、变价处理的凭证(复印件)等。为贯彻落实《中共中央关于全面深化改革若干重大问题的决定》有关要求,进一步规范刑事诉讼涉案财物处置工作,根据《刑法》和《刑事诉讼法》的有关规定,中共中央办公厅、国务院办公厅于2015年1月24日下发《关于进一步规范刑事诉讼涉案财物处置工作的意见》(中办发〔2015〕7号),意见第七条就完善涉案财物的先行处置程序作出规定:“对易损毁、灭失、变质等不宜长期保存的物品,易贬值的汽车、船艇等物品,或者市场价格波动大的债券、股票、基金份额等财产,有效期即将届满的汇票、本票、支票等,经权利人同意或者申请,并经县级以上公安机关、国家安全机关、人民检察院或者人民法院主要负责人批准，可以依法出售、变现或者先行变卖、拍卖。所得款项统一存入各单位唯一合规账户。涉案财物先行处置应当做到公开、公平。”意见发布后，最高人民法院、最高人民检察院、公安部等部门先后出台文件，就刑事涉案财物的处置程序和方式作出了规定。

《纪要》在前述规定的基础上，结合非设关地成品油走私案件办理的特点，就非涉关地成品油走私案件涉案财物的先行处置程序作出明确：“对查封、扣押的涉案成品油及易贬值、不易保管的涉案船舶、车辆，经权利人同意或者申请依法履行审批程序，并固定证据和留存样本后，可以依法先行变卖、拍卖，变卖、拍卖所得价款暂予保存，待诉讼终结后一并依法处理。”实践中，适用《纪要》的上述规定时应注意，适用先行处置应以权利人同意或者申请为前提条件。根据中办发〔2015〕7 号《关于进一步规范刑事诉讼涉案财物处置工作的意见》第七条以及最高人民法院、最高人民检察院、公安部等部门根据意见制定出台的规范性文件规定，刑事涉案财物的先行处置应当经权利人同意或者申请，目的就是纠正此前执法司法实践中对于刑事涉案财物处置不规范的问题，《纪要》秉承上述规定精神，明确非设关地成品油走私案件涉案财物的先行处置应当经权利人本人同意或者申请，并依法履行审批程序，同时应当固定证据和留存样本，可以拍照或者录像，以备在诉讼过程中出示和使用。这主要是考虑涉案成品油和船舶、车辆往往是案件的关键物证，如不做好证据的固定和样本留存工作，可能会给诉讼过程带来不必要的困扰。

2. 关于涉案财物的追缴和没收

《刑法》第六十四条规定，犯罪分子违法所得的一切财物，应当予以追缴或者责令退赔，违禁品和供犯罪所用的本人财物，应当予以没收。就非设关地成品油走私犯罪而言，应予追缴和没收的涉案财物主要是走私犯罪分子的违法所得及其产生的收益，以及用于走私犯罪的运输工具等财物。对于走私犯罪分子的违法所得，即使赃款财物形态发生转化，也应最大限度地予以追缴、没收，真正实现“不让犯罪分子从犯罪中获得利益”。

实践中，对于应当依法追缴、没收的涉案财产被他人善意取得或者与其他合法财产混合且不可分割的情况下应如何处理，一直是困扰执法、司法机关的难题。《纪要》借鉴最高人民法院、最高人民检察院、公安部、司法部2019年4月9日联合发布的《关于办理黑恶势力刑事案件中财产处置若干问题的意见》的相关规定,就非设关地成品油走私案件中涉案财物被他人善意取得或者与其他合法财产混同且不可分割的情况下的追缴和没收作出明确:"有证据证明依法应当追缴、没收的涉案财产被他人善意取得或者与其他合法财产混合且不可分割的,应当追缴、没收其他等值财产"。适用《纪要》的上述规定时应注意以下三点:

一是不能将"追缴、没收其他等值财产"直接适用,必须有证据能证明应当追缴、没收的涉案财产已被他人善意取得或者与其他合法财产混合且不可分割,才能启动没收等值财产这种处理方式。例如,走私犯罪分子将用于运输成品油的车辆、船舶等运输工具合法转让给善意第三人,或者将走私违法所得和他人共同投资房产,或者购买的房产被家人用于居住且仅有一处住所等情形。

二是要慎重区分善意取得与恶意取得。区分相对第三人是善意取得还是恶意取得,主要从取得是否支付合理对价、获得时间、获得地点、运输工具是否经过特殊改装、主观认知等方面全面予以认定。

三是要严格遵循适当性原则,对于依法应当追缴、没收的涉案财产与其他合法财产混合且不可分割,应当按相同比例或者份额,追缴、没收走私犯罪分子的其他等值财产。没收的财产数额必须是与依法应当追缴、没收的涉案财产对应的数额,也就是"不能多也不能少",必须是等值财产,不能损害被告人的合法权益。

此外,《纪要》还参照《刑事诉讼法解释》第三百六十六条的规定,对被查封、扣押的涉案财物返还和无人认领情况下的后续处置问题作出了规定。《刑事诉讼法解释》第三百六十六条规定,查封、扣押、冻结的财物及其孳息,应当判决返还被害人,或者没收上缴国库,但法律另有规定的除外。判决返还被害人的涉案财物,应当通知被害人认领;无人认领的,应当公告通知;公告满三个月无人认领的,应当上缴国库;上缴国库后有人认领,经查证属实的,应当申请退库予以返还;原物已经拍卖、变卖的,应当返还价款。《纪要》参照上述规定:"侦查机关查封、扣押的财物经审查后应当返还的,应当通知原主认领。无人认领的，应当公告通知，公告满三个月无人认领的，依法拍卖、变卖后所得价款上缴国库；上缴国库后有人认领，经查证属实的，应当申请退库予以返还。”既保证了诉讼的顺利进行，同时对被害人及利害关系人的合法财产权利也给予了有力保障。

3. 走私运输工具的认定和处理

针对实践中困扰执法司法机关的船舶、车辆等走私运输工具的处置问题，《纪要》根据相关法律、行政法规和司法解释的规定，结合非设关地成品油走私案件的特点，明确了走私运输工具的处置原则，规定对于无船名船号、无船籍港、无船舶证书的“三无”船舶，以及无法提供有效证书、属于犯罪分子所有的船舶、车辆，或者明知他人实施走私犯罪而出租、出借的船舶、车辆，原则上予以没收。适用该规定时应注意以下两点：

一是适用没收原则上应以法院裁判为依据。根据《刑事诉讼法》第二百四十五条，《刑事诉讼法解释》第三百六十四条、第三百六十五条、第三百六十九条等规定，对随案移送的进入刑事诉讼程序的查封、扣押、冻结的财物及其孳息，除违禁品或者不宜长期保存的物品应当依照国家有关规定处理外，须经人民法院判决才能作出处理，对人民法院未判决处理的，有关单位不得自行处理。因此，对扣押的走私犯罪运输工具，应当由人民法院依法判决处理，走私犯罪侦查机关、人民检察院、人民法院对扣押的犯罪运输工具，应当调查其权属情况，对于权属明确的，依法作出判决；对于权属不明确的，可以暂不判决没收，可移交主管机关依待查清后再作处理；对于未移送司法处理的走私犯罪运输工具，可由海关缉私部门依照《海关法》《海关行政处罚实施条例》等法律、行政法规的规定依法自行处理。

二是对走私犯罪运输工具的没收，应当体现罪刑相当原则，并区分不同情况处理。《刑法》第六十四条规定，供犯罪所有的本人财物，应当予以没收。《走私意见》第二十三条规定，属于走私犯罪分子所有的犯罪工具，走私犯罪侦查机关应当及时追缴，依法予以查扣、冻结。据此，没收走私犯罪运输工具，仅限于犯罪分子本人所有，对不属于犯罪分子本人所有的走私运输工具，依法不能没收。但是，对于行为人明知他人实施走私犯罪而提供自己所有的运输工具，或者名为他人所有，实为犯罪分子本人所有的运输工具，应当依法予以没收;对于平时主要用于正常生产、生活,只是偶尔用于走私被查获的,可以基于司法人道主义的原则,考虑适用替代没收。

针对实践中常见的出租、出借船舶、车辆给他人用于走私如何处理的问题,《纪要》根据刑事司法实践长期坚持的一贯立场,参照《海关法》《海关行政处罚实施条例》以及一些地方执法司法机关制定的规范性文件的成果,结合实践经验列举了五种推定"明知"的具体情形:(1)出租人、出借人未经有关部门批准,擅自将船舶、车辆改装为可装载油料用的船舶、车辆,或者进行伪装的。(2)出租人、出借人默许实际承租人将船舶、车辆改装为可装载油料用船舶、车辆,或者进行伪装的。(3)因出租、出借船舶、车辆用于走私受过行政处罚,又出租、出借给同一走私人或者同一走私团伙使用的。(4)出租人、出借人拒不提供真实的实际承运人信息,或者提供虚假的实际承运人信息的。(5)其他可以认定明知的情形。对于上述五种情形,除有证据证明确属被蒙骗或者有其他相反证据的之外,均可以认定船舶、车辆出租人、出借人对他人实施走私违法犯罪具有主观"明知"。

河南省高级人民法院　河南省人民检察院　河南省公安厅　关于印发《关于办理合同诈骗刑事案件若干问题的座谈会纪要》的通知

各省辖市中级人民法院、人民检察院、公安局：

现将河南省高级人民法院、河南省人民检察院、河南省公安厅《关于办理合同诈骗刑事案件若干问题的座谈会纪要》印发给你们，请各地结合本地实际认真抓好贯彻落实。

河南省高级人民法院
河南省人民检察院
河南省公安厅
2020 年 6 月 18 日

关于办理合同诈骗刑事案件若干问题的座谈会纪要

为进一步加强对我省办理合同诈骗刑事案件的指导，准确适用法律，提升办案质量，依法打击犯罪，2020 年 4 月 27 日，河南省高级人民法院、河南省人民检察院、河南省公安厅在河南省高级人民法院召开了座谈会。河南省高级人民法院刑二庭、河南省人民检察院第四检察部、河南省公安厅经侦总队、法制总队相关人员参加了座谈会。会议对合同诈骗犯罪中的合同、非法占有目的的认定、司法实践中的疑难情形等问题进行了深入研讨,达成共识。现纪要如下:

一、合同诈骗罪中的"合同"

1.合同诈骗罪中的"合同"包括书面合同、口头合同和其他形式。

2."合同"应当体现一定的市场秩序。与市场秩序无关以及主要不受市场调整的"合同""协议",如不具有交易性质的赠与合同、婚姻、收养、扶养、监护等有关身份关系的协议,主要受劳动法、行政法调整的劳务合同、行政合同等,通常情况下不应视为合同诈骗罪中的"合同"。

3.合同诈骗罪与诈骗罪是特殊与一般的关系,二者均表现为以非法占有为目的,虚构事实或者隐瞒真相,以骗取财物。合同诈骗罪仅发生在合同的签订、履行过程中,行为人实施的是与合同内容有关的活动,合同是导致被害人陷入认识错误而做出财产处分的主要原因。

二、"非法占有目的"的认定

4.合同诈骗犯罪与合同经济纠纷的本质区别,在于行为人是否具有非法占有的目的。主要区分行为人是以骗取财物为目的,还是通过履行约定的民事法律行为而获得经济利益。

5.合同诈骗罪主观方面由直接故意构成,非法占有目的既可以产生在合同签订前,也可以产生在合同履行过程中。

6.判断行为人是否具有非法占有目的,要结合案件客观事实综合判定,从事实、行为、手段、后果等方面,全面收集、审查对行为人有利和不利的证据。

7.在判断是否具有非法占有目的时,应当根据行为人的行为是否符合刑法所规定的行为类型,综合考虑事前、事中、事后的各种主客观因素进行整体判断:(1)主体资格是否真实;(2)是否签订虚假合同、使用虚假担保;

(3)行为人有无履约能力;(4)在签订合同后有无履行合同的实际行为;(5)违约后有无承担责任的表现;(6)取得财物后的主要处置情况;(7)未履行合同的原因。

8. 司法实践中,对于行为人通过合同诈骗方法非法获取资金,造成数额较大资金不能返还,并具有下列情形之一,且没有相反证据的,可以认定为具有非法占有目的:(1)没有履行合同的条件,而骗取他人财物不返还的;(2)无正当理由,以明显低于市场的价格变卖货物,导致不能归还货款的;(3)抽逃、转移资金、隐匿财产,以逃避返还财物的;(4)隐匿、销毁账目的,或者通过假破产、假倒闭,以逃避返还财物的;(5)携款逃匿的;(6)没有履行能力,故意制造违约或者肆意认定违约,多次骗取保证金和违约金的;(7)收到对方财物后,不履行合同义务,主要用于赌博、高利贷等非法活动,导致财物不能归还的;(8)已经严重资不抵债,行为人仍将骗取的资金用于高风险的投资项目,如炒股、炒期货等活动,造成资金客观上无法归还的;(9)其他非法占有资金、拒不返还的行为。

9. 在根据资金用途判断行为人是否具有非法占有目的时,应综合全案,分析行为人资金用途的主要方面,对于行为人取得资金后,如果大部分资金用于合法经营,到期不能归还资金主要是由于经营不善、市场风险等原因造成的,一般不宜认定为具有非法占有的目的。后续资金主要用于归还前期银行贷款或者个人借款的,要根据归还目的、后续资金使用情况、是否实施欺骗行为等综合判断。

10. 要坚持主客观相一致的原则。对仅有履约态度,没有履约行为的,或者虽然采取了欺骗手段,但有部分履约行为的情形,认定非法占有目的时,应当考察签订、履行合同的全部客观行为,并结合行为人对主观故意的供述,慎重处理。

三、犯罪数额的认定

11. 合同诈骗罪是结果犯,一般以一定的犯罪结果作为犯罪既遂的判断标准,以诈骗行为人取得被害人财物为既遂。

12. 合同诈骗罪的既遂数额应为犯罪所得数额,即合同诈骗行为人通过诈骗行为实际控制的非法所得,其给被害人造成的其他直接损失应在适用加重犯或者量刑时考虑。对行为人骗取款项在立案前归还被害人的,已归还部分,不计入诈骗数额。

四、几种疑难情形的司法认定

13.“借鸡生蛋”行为。利用合同,骗取对方的预付款,供自己经营使用或者进行其他牟利活动,当对方催促履行合同时则以种种借口推脱。此种行为是否构成犯罪,要综合主客观因素认定行为人主观上是否具有非法占有的目的。

14.“连环诈骗”行为。行为人在取得相对人财物后,不履行合同,迫于对方追讨,又与他人签订合同骗取财物,用以充抵前一合同的债务。这种采用“借新还旧”方式循环骗取他人资金,导致资金不能归还,符合合同诈骗罪构成要件的,应当以合同诈骗罪定罪处罚。

15.通过银行贷款方式骗取担保人财产的行为。行为人以非法占有为目的,采取虚构事实、隐瞒真相手段,通过银行贷款方式骗取担保人财产行为,这种情形表面上看是骗取银行贷款,但银行可通过担保实现债权,实际受损失的是担保人的财产权益,侵犯对象并非银行贷款而是担保合同一方当事人的财产,应以合同诈骗罪论处。同时要注意审查银行工作人员与行为人是否有共谋情形。

16.以借款方式实施的诈骗行为。对于利用手续完备、充分体现市场经济活动特征的借款合同诈骗的行为,符合合同诈骗罪构成要件的,应认定为合同诈骗罪;对于当事人之间基于亲友、熟人等关系签订的普通借条、欠条等形式的借款协议后出现的诈骗行为,没有体现市场经济活动、无市场交易特点的,一般不以合同诈骗罪处理。构成其他犯罪的,按其他犯罪处理。

17.本意见仅供办案参考,个案如需请示、汇报的,按规定程序执行。

刑事案件息诉服判五步工作法

邱学锋[*]　张　晶[**]

定分止争、服判息诉，是人民法院工作的重要目标和价值追求，同时也是发挥司法功能、提高裁判公信力的必然要求。刑事司法实践中，适用刑事简易程序、速裁程序的案件，被告人大多认罪认罚，通过庭审法律释明、文书裁判析理，基本上能够达到一审服判息诉效果。目前刑事二审案件中，以一审量刑重、从轻量刑情节未考虑、未适用缓刑等为由提起上诉的案件约占到30%的比例，①此类案件在二审阶段撤回上诉或被维持原判比例也很高。在繁简分流的大趋势下，如何进一步提升刑事案件质量、提高刑事司法效率，笔者建议在庭前、庭中、庭后，综合运用"五步工作法"，以期能够实现更多的一审刑事案件息诉服判效果。

第一步：重视庭前沟通、取得信任。

第一印象往往起着先入为主的首因效应，进而形成光环效应。刑事法官应当重视与被告人的首次接触、第一次面对面交流。刑事法官展现出谦抑、审慎、中立、庄重，更容易让被告人信赖法官，产生法官是公正的认知效果，进而认可最终的裁判结果。

刑事立案后，主审法官接触被告人的第一步应是送达起诉书副本，但当前司法实践中，送达起诉书副本往往安排书记员或法官助理进行，且多是交

---

* 邱学锋，江苏省徐州市中级人民法院审判委员会专职委员。

** 张晶，江苏省徐州市中级人民法院刑二庭法官助理。

① 该数据系江苏省徐州市中级人民法院对2017年1月至2019年6月刑事二审上诉案件的统计。

代立案时间、告知准备开庭时间、询问是否聘请辩护人或法律援助等,而对于案件审理中各项程序、被告人的权利义务以及案件实体等方面几乎不涉及。被告人在开庭前没有机会和主审法官交流,想问、想说的事情也会被审判辅助人员告知在庭审中向法官阐述。被告人往往抱着忐忑的心情等待庭审,对法官的第一印象是严肃认真、正襟危坐的"法官大人",不容易产生心理依赖。

为增强信任感,主审法官在案件立案后,有必要快速阅卷、判断案件繁简程度,对于一审服判息诉把握不大的案件,主审法官有必要规范着装,直接参与起诉书副本的送达,做好与被告人的第一次沟通工作,注意从中立角度出发,遵循无罪推定原则,体现人文关怀,尊重被告人人格。具体而言,一是送达时的言行举止要展现出法官的良好修养,向被告人讲明《刑事诉讼法》规定的基本程序、告知被告人依法享有的诉讼权利及需要履行的义务,针对被告人提出的案件事实认定和法律适用等实体方面的问题、辩解,必须耐心认真、客观记录,并根据阅卷的情况能够作出简单法律释明的,则及时给予解答,暂时不能够作出法律释明的,可以告知会认真研究。二是深入细致阅卷,针对送达时被告人所提辩解情况,主审法官可以在开庭前提审被告人或召开庭前会议,进一步了解情况、听取意见,强化庭前法律释明工作,根据阅卷情况对被告人反映的实体方面的问题答疑解惑,以此让被告人端正心态,对即将到来的庭审和裁判结果有正确预期。总之,主审法官要充分利用送达、提审、庭前会议等法定程序,重视庭前沟通工作,让被告人真诚感受到法官的秉公执法、无私无偏,从心理上取得认同感、破除对立情绪,为顺利庭审打好基础。

第二步:重视庭审、居中指挥。

刑事开庭审理对于被告人而言,是最为重要的刑事诉讼程序,这是公开体现对被告人公平审理、并给予充分发言辩护的时机,有助于被告人在庭审中感受到公平正义。具体而言,一是庭审时审判长要公开表明"根据《刑事诉讼法》第十二条规定,未经人民法院依法判决,对任何人都不得确定有罪"。宣布庭审的主要任务是"通过公开公正的审判,作到诉讼证据质证在法庭、案件事实查明在法庭、诉辩意见发表在法庭、裁判理由形成在法庭。

确保无罪的人不受刑事追究,有罪的人受到公正惩罚”。二是在公诉人举证前,审判长要强调表达对本案的审理“重证据不轻信口供”,并提醒强调“法庭会高度重视当庭辩解、质证意见”。三是在举证环节,法庭应当提醒被告人、辩护人“是否有证明无罪、罪轻的证据或者线索向法庭提交或申请调取”,以表明法庭重视对被告人有利的证据。针对被告人和辩护人提出异议的事实,重点引导、组织举证质证,并注意详略得当。四是要用被告人听得懂的语言展开诉讼活动,并适时体现人文关怀:(1)宣读起诉书后,让被告人坐下,告知“如果感觉身体不适,可以向法庭示意”等;(2)中午休庭时,提醒“请法警安排好被告人的饮食、休息和安全”;(3)庭审小结时,告知被告人“耐心等待、服从看守所管理,注意身体”。庭审中,要认真耐心听取被告人发言、辩护人辩护,并注意打断、制止的时机、效果。五是在查明事实的基础上,应充分利用庭审小结,明确合议庭在庭后评议时审查判断的重点、焦点,表明态度“合议庭本着对事实负责、对法律负责、对被告人负责、合议庭终身负责的态度,作到不枉不纵、罚当其罪”。

第三步:重视庭后评议、文书说理。

作为对社会公开的裁判文书,应当全面、准确叙述案件事实,并对所述事实精准引用证据证实,作出令人信服的说理。特别在量刑方面,被告人往往将量刑结果与个人心理预期对比以及与同类犯罪量刑情况横向对比,若达不到心理预期、找不出与同类犯罪量刑差异的原因,往往会不接受判决结果,达不到息诉服判效果。因此,首先要充分重视庭后评议工作,按照《最高人民法院关于人民法院合议庭工作的若干规定》的要求,通过集体商讨、决议,汇聚合议庭各成员的智慧,作出公正合理的裁判。具体而言,一是评议要涵盖证据采信、定罪事实与量刑事实的认定、辩解辩护意见的采驳、赃款赃物的追赃与处置、定罪量刑及案件程序等各方面内容。二是评议要有一定顺序,一般而言,主审法官就案件先发表评议意见,最后发言的是审判长,并需要根据评议的情况作出总结、定结论。三是评议要独立发表意见,合议庭成员应当本着认真负责的态度,就自己的观点进行论证分析,提出如此判定的依据,独立进行表决,不能以简单同意其他法官看法的表态代替个人独立的意见,必要时审判长应当要求合议庭成员提交书面意见,一并附内卷归档。四是要坚决避免合而不议、议而不透、陪而不审、合议庭独任化、书记员自行编写合议庭笔录、从审查报告中复制粘贴合议庭笔录内容、判决后补记合议庭笔录入卷等不规范甚至违法现象。

在认真细致评议的基础上,主审法官要进一步重视裁判文书的草拟。最高人民法院印发了《关于加强和规范裁判文书释法说理的指导意见》,提出了裁判文书方面的要求,具体而言,要阐明事理、释明法理、讲明情理和讲究文理,强调法院应当以案件的裁判形成过程以及裁判结果的正当性理由为中心,特别是驳斥辩解、辩护意见的理由要充分、到位、精准,不断增强裁判文书释法说理的厚度、温度、尺度,从情理法相融合的角度,从三个效果统一的要求,不断增强判决的可接受度,努力实现案结事了、定分止争。

第四步:重视公开宣判、答疑析理。

作为刑事司法制度中的一项重要原则,刑事诉讼法明确规定公开审判包括公开审理和公开宣判两个程序。公开宣判是公开审理的继续,是法院将依法认定的事实、证据及适用的法律依据清楚告知当事人,并宣布裁判结果的活动,是严格执行程序公正原则、树立公正司法形象、履行法制宣传教育职责的必然要求。与此同时,宣判活动对于被告人而言,也是其参加诉讼活动过程后所盼望的最后结果,其程序意义对于被告人而言绝不逊色于开庭审理。然而,刑事实践中,对公开宣判的这一法定规定动作缺失严重,往往由书记员或法官助理到看守所送达判决书,代替公开宣判。简单化和随意性的不良做法,容易导致被告人对裁判结果的不理解、不相信、不认同,损害司法权威、影响法院公正形象,也不利于息诉服判工作的开展。具体而言,要准确、全面落实好公开宣判的制度要求,一是要重视公开宣判的程序,司法仪式感不可或缺。明确所有案件都一律开庭公开宣判,各方当事人均应传唤、通知到庭,由审判长或主审法官宣布裁判结果,一审宣判后被告人的诉讼权利。二是将公开宣判与判后答疑有机结合起来。判决书的文字表达更多体现司法的庄重、凝练,有时不能够详尽裁判背后的说理,特别是量刑过程、形成步骤很难反映在文书中,这就需要主审法官作好判后答疑解惑释明工作,促使当事人的不良情绪得以消减,转化为理解,最终理智地对待裁判。因此,要善于设身处地、换位思考,要耐心引导被告人说出对判决的顾虑和疑惑。三是要有针对性地让被告人找到平衡点，尤其是量刑轻重问题，可以让被告人对照事实和法律自我评估、预期，并说明理由依据，主审法官重点向其阐明据以量刑的主要事实、证据采信的原因、量刑情节，以及相应的法律依据、量刑规范化步骤等，并引导被告人明白尽早服刑有利于减刑、假释，有利于早日回归社会、正常生活等，让被告人切身感受到判决的公正、法官的正直、司法的关怀，彻底从心理上打消疑虑，服从一审判决。

第五步：重视协调配合、借助外力。

看守所作为是临时羁押场所，衔接着侦查、审查起诉、审判等刑事诉讼全过程，负责看管依法被逮捕、刑事拘留的犯罪嫌疑人、被告人及余刑在三个月以下的犯人。为了保证安全监管，要对被看管人员进行必要的思想教育和法治教育，使其能够配合刑事诉讼活动的进行，而被告人服判息诉，看守所亦能够尽快将其投牢，减轻看守所羁押看管的压力。刑事审判庭应当与看守所加强协调、达成共识、形成合力。具体而言，一是主动与管教人员沟通案件，利用思想教育和法治教育的契机，引导被告人端正思想态度、正确面对法院的审判；二是法院可以把被告人在看守所的日常行为表现纳入量刑时酌情考虑的因素，以获得看守所的认同、配合；三是在案件宣判后、上诉期内，协调管教人员帮助做好被告人认罪服判工作。

在当前法律援助全覆盖的形势下，辩护人已成为刑事司法活动不可或缺的组成部分。辩护人作为为社会提供法律服务的执业人员，在审判阶段要根据事实和法律，提交并提出证明被告人无罪、罪轻或者减轻、免除其刑事责任的材料和意见。刑事法官要正确认识辩护人在刑事诉讼活动中的地位和作用，改善目前辩护人提出意见水平不高、审判人员对待辩护人意见不重视的现状。具体而言，一是要加强和辩护人的庭前沟通，听取辩护人对本案在实体和程序方面的意见和建议，并及时通过电话、约见或庭前会议交流意见，通过沟通将辩护人提出的主要问题作为庭审重点查明、论证的事项；二是要重视保护庭审中辩护人的各项权利，耐心听取辩护人的辩护意见，有礼有理有据有节制止其不当发问、发言，引导辩护人与公诉人进行充分辩论；三是要加强与辩护人的判后沟通，针对辩护人对判决书提出异议的部分进行有效沟通，借助辩护人对判决的认可，进而帮助被告人全面客观地分析判决书的事实认定、量刑结果和上诉改判的可能性，引导被告人正确对待一审判决。

当前不稳定因素多发、刑事案件仍居高不下、案多人少矛盾日益加剧，刑事审判法官必须把服判息诉工作摆在更加突出的位置，增强服判息诉意识，强化服判息诉责任，不断探索总结有效工作方法，切实做到简案快审、繁案精审、快慢分道、轻重分离，始终坚持打击与保护并重、程序与实体并重、定罪与量刑并重，确保无罪的人不受刑事追究，有罪的人受到公正惩罚，努力让人民群众在每一个司法案件中感受到公平正义。

REFERENCE TO CRIMINAL TRIAL

CONTENTS

勘误声明

《刑事审判参考(总第123集)》由于编辑审核工作上的疏忽,在编辑委员会页出现了失误,向各位参编作者及广大读者致歉,现更正如下:

编辑委员会页“特约编辑”第七行左二应为“黄建屏(广东)”、第八行左二应为“王世楳(四川)”。

法律出版社

2020年12月

图书在版编目(CIP)数据

刑事审判参考．总第124集／中华人民共和国最高人民法院刑事审判第一、二、三、四、五庭主办．-- 北京：法律出版社，2020
ISBN 978－7－5197－5134－0

Ⅰ．①刑… Ⅱ．①中… Ⅲ．①刑事诉讼－审判－中国－丛刊 Ⅳ．①D925.218.4

中国版本图书馆CIP数据核字(2020)第225973号

刑事审判参考(总第124集)
XINGSHI SHENPAN CANKAO
(ZONG DI－124 JI)

中华人民共和国
最高人民法院刑事审判
第一、二、三、四、五庭 主办

责任编辑 许 睿 连晓敏
装帧设计 李 瞻

出版 法律出版社
总发行 中国法律图书有限公司
经销 新华书店
印刷 固安华明印业有限公司
责任印制 胡晓雅

编辑统筹 司法实务出版分社
开本 710毫米×1000毫米 1/16
印张 16
字数 235千
版本 2020年12月第1版
印次 2020年12月第1次印刷

法律出版社／北京市丰台区莲花池西里7号(100073)
网址／www.lawpress.com.cn
投稿邮箱／info@lawpress.com.cn
举报维权邮箱／jbwq@lawpress.com.cn
销售热线／400－660－8393
咨询电话／010－63939796

中国法律图书有限公司／北京市丰台区莲花池西里7号(100073)
全国各地中法图分、子公司销售电话：
统一销售客服／400－660－8393/6393
第一法律书店／010－83938432/8433 西安分公司／029－85330678 重庆分公司／023－67453036
上海分公司／021－62071639/1636 深圳分公司／0755－83072995

书号：ISBN 978－7－5197－5134－0 定价：38.00元
(如有缺页或倒装，中国法律图书有限公司负责退换)

征稿启事

《刑事审判参考》是最高人民法院刑事审判第一、二、三、四、五庭共同主办、法律出版社出版、面向国内外公开发行的刑事司法业务指导和研究性出版物。

为能够以最前沿的视野、最权威的高度和最贴近刑事司法实践的方式编辑本书,欢迎各位同仁向本书以下栏目提供稿件:

1. 指导案例。在认定事实、采信证据和适用法律、司法解释定罪量刑方面具有研究价值和指导意义的典型、疑难案件,并附一审、二审裁判文书。

2. 理论前沿。对刑事司法的前沿理论问题进行深入研讨的论文。

3. 域外司法。评介域外的刑事立法及司法制度、实务问题和典型案件的文章。

4. 经验交流。地方司法机关制定的刑事司法规范性文件及其背景说明,地方人民法院院领导在刑事审判工作会议上的讲话,等等。

5. 实务探讨。对某一类刑事实务问题提出的解决方案。

6. 裁判文书。具有较强说理性、充分体现法官裁判思维和判案智慧的优秀裁判文书。

7. 编辑部答疑。读者在刑事司法实践中遇到的法律适用方面的疑难、复杂问题。

8. 疑案争鸣。针对刊登的疑难案例争议问题进行分析、发表观点,等等。

稿件应有问题意识,观点明确,语言平实,不晦涩。

来稿请注明作者的联系方式(包括地址、邮编和电话)。来稿一经采用,将按著作权的规定支付报酬。

来稿可向以下任何一位执行编辑投递：

北京市东城区北花市大街9号最高人民法院刑一庭　赵俊甫

zhaojunfu81@163.com

北京市东城区北花市大街9号最高人民法院刑二庭　段　凰

cankaodh@163.com

北京市东城区北花市大街9号最高人民法院刑三庭　周　川

xingsanting@sohu.com

北京市东城区北花市大街9号最高人民法院刑四庭　陆建红

Lu_Lu_jianhong@126.com

北京市东城区北花市大街9号最高人民法院刑五庭　方文军

fwjzgf@sina.com

邮编：100062

特别提示：为避免各庭之间采稿重复，来稿不可同时投递。

最高人民法院刑事审判第一、二、三、四、五庭